t r a n s
p o s i t i o n s

Thierry de Duve

Hommes, encore un effort…

Anthropogenèse, christianisme, sexuation

DIAPHANES

girlboys may nothing more than boygirls need:
i can entirely her only love
e.e. cummings

Avant-propos

> *L'incertitude où l'homme se trouve par rapport à son Dieu est précisément le motif qui l'attache à sa religion.*
>
> Donatien A. F. de Sade[1]

Hommes, encore un effort… Choisie pour titre de ce livre, que peut bien annoncer cette peu discrète allusion au pamphlet politique du marquis de Sade, *Français, encore un effort si vous voulez être républicains* ? Sûrement pas une apologie du sadisme mais peut-être bien, beaucoup moins pesante que chez Sade et courant entre les lignes, une légère réhabilitation des droits de la *nature*, droits que le paradigme structuraliste qui informe encore notre époque avait mis à mal. Par « nature » on doit entendre « biologie » et, derrière ce mot, supputer un athéisme qui n'a rien de militant, comme chez Sade, mais qui assume d'être la conséquence épistémologique du désenchantement du monde accompli par la science moderne.

En réalité le titre du livre dérive du sous-titre du premier chapitre, *Humains, encore un effort si vous voulez être post-chrétiens*. La généralisation de « Français » en « Humains » se passe de commentaires. La traduction de « républicains » par « post-chrétiens » fait l'objet du chapitre en question. Et la mention de « post » suggère non pas un rejet du christianisme mais sa poursuite athée *après* le désenchantement du monde, au sens de Max Weber *et* au sens que lui donna Marcel Gauchet quand il en tira le constat que le christianisme est la religion de la sortie de la religion, prémisse que *Hommes, encore un effort…* adopte sans hésiter[2]. Le dernier chapitre adresse d'ailleurs à Gauchet une suggestion qui s'attaque à la grande question qu'il pose concernant l'anthropogenèse : pourquoi l'humanité archaïque a-t-elle fait le choix du religieux d'abord, et celui de sortir de la religion ensuite et si tardivement ?

---

1   D. A. F. de Sade, *Français, encore un effort si vous voulez être républicains*, Fourbis, Paris, 1988, p. 18.
2   Marcel Gauchet, *Le désenchantement du monde, Une histoire politique de la religion*, Gallimard, Paris, 1985.

Le titre de mon livre dit « Hommes » et non « Humains ». Il suppose un lecteur et surtout une lectrice qui ne manqueront pas de sexuer ou de « genrer » la supposée neutralité de l'universel anthropologique. L'exhortation à l'effort s'adresse bien, par priorité, aux humains mâles, ce qui inclut l'auteur. Fait-elle pour autant de ce livre un écrit militant, ou prêcheur, ce qui n'est pas très différent ? L'auteur s'en défend mordicus : il ne cherche ni à mobiliser ni à convertir quiconque, il cherche à comprendre ce qui est. Mais son désir de comprendre est aussi désir de changement, d'amélioration, de progrès politique autant que personnel et personnel autant que politique. C'est sa justification pour la dimension qu'il n'hésite pas à dire *féministe* de ce livre, même s'il se doute qu'il y aura des féministes à qui le livre déplaira.

Il se pourrait non seulement que le livre déplaise mais surtout qu'il paraisse daté au point de sembler appartenir à une autre époque. Sauf un, les six essais qui le composent ont été écrits entre 1999 et 2008, et pour mille raisons ils sont restés inédits jusqu'à ce jour. Quatre d'entre eux tournent autour de *l'incertitude de la paternité*, c'est dire si celle-ci a été au centre de mes réflexions durant ce temps. Or, qui s'en soucie aujourd'hui ? En 1999 la question était déjà réglée, techniquement : un test d'ADN y suffisait. Culturellement, elle faisait hausser les épaules. Et en 2008 la cause était entendue : incertain ou non, le père était en passe de perdre sa place dans l'ordre symbolique, avec des conséquences incalculables sur les mœurs, les rôles sociaux et les identifications sexuelles.

Je vis et j'enseigne aux États-Unis, où j'apprends de nouveaux mots tous les jours. Dans un article lu récemment (c'est une femme qui parle) : « *My wife is cisgender, I'm genderqueer*[3] » (Googlez les définitions au besoin). Chaque année le nombre de mes étudiant(e)s qui se disent « non-binary » ou demandent à être appelés « they » plutôt que « he » ou « she » augmente. Ils/elles ne sont pas pour autant trans, gay ou bisexuels, ils/elles ne cultivent pas forcément un look délicieusement androgyne, et surtout, ils/elles ne sont pas plus en révolte contre la société que ce que leur prescrit leur âge. Ils sont dans la norme ou, s'ils ne le sont pas encore tout à fait, ils sont le symptôme de ce qu'une nouvelle norme se cherche, à toute allure.

---

3 Ceci est écrit sans guillemets ni explication par Allyson McCabe, une critique musicale basée à New York, dans un article du *New York Times Magazine* en date du 9 janvier 2022, p. 19.

Nous sommes en pleine mutation de l'ordre symbolique, cet ordre dont les sciences humaines auxquelles ma génération a été formée, au premier chef l'anthropologie et la psychanalyse, avaient déclaré que la pierre angulaire était la fonction paternelle. La paternité est une relique d'un autre âge, et mon livre arrive trop tard.

À moins qu'il n'arrive à point nommé. C'est précisément parce que la fonction paternelle est en voie d'être une relique d'un autre âge que le moment est idéal pour se pencher sur elle, surtout si c'est par le biais de son incertitude, un aspect de la paternité qui a reçu remarquablement peu d'attention, même du temps où personne, et surtout pas Jacques Lacan, qui sera une source d'inspiration et un interlocuteur imaginaire privilégié tout au long de ce livre, ne doutait de la place centrale du père dans l'ordre symbolique. Et c'est précisément parce que nous sommes en pleine mutation de cet ordre, et que nous ne pouvons pas prévoir où elle nous entraînera, qu'il peut être utile et instructif de jeter un regard neuf sur l'ordre symbolique que nous sommes en train de quitter.

J'écris cet avant-propos au beau milieu d'une actualité américaine apocalyptique. Le pire, qui date de la semaine dernière, est la révocation par la Cour Suprême de *Roe v. Wade*, la décision historique, en 1973, de reconnaître le droit des femmes à l'avortement. Il crève les yeux que ce renversement ultra-réactionnaire plonge ses racines idéologiques dans des siècles sinon des millénaires de crispation mâle sur ce que Françoise Héritier (qui m'a donné le *la* pour le chapitre deux) a nommé « une volonté de contrôle de la reproduction de la part de ceux qui ne disposent pas de ce pouvoir tout particulier[4]. » Certains mâles ne peuvent supporter cette « infirmité ». Que la cible de leur fureur soit le droit pour une femme de décider d'être mère ou de ne pas l'être masque à peine le motif réel inconscient de leur hargne et la cause réelle de leur panique. Il fallait punir les femmes, toutes les femmes, pour ne pas avoir admis une fois pour toutes que c'était aux hommes de dire qui était l'enfant de qui, et si cet enfant méritait de vivre. Le renversement de *Roe v. Wade*, survenu dans la foulée d'au moins trois meurtres de masse perpétrés par des adolescents à la masculinité dérangée, était annoncé. Cette tragique régression a été voulue et préparée par une fraction de

---

4 Françoise Héritier, *Masculin/Féminin, La pensée de la différence*, Odile Jacob, Paris, 1996, p. 25.

la population blanche, chrétienne, caricaturalement patriarcale et armée jusqu'aux dents, dont la motivation ultime est d'établir une théocratie aux États-Unis. Et on voudrait qu'une réflexion calmement menée entre 1999 et 2008 liant fonction paternelle, chrétienté et différence des sexes ne soit plus d'actualité !

Elle est d'autant plus actuelle que la crispation de l'extrême-droite évangélique sur les questions sexuelles – sa prochaine cible est le mariage gay – est pathétiquement désynchronisée de l'évolution de l'opinion publique. La rapidité avec laquelle celle-ci a changé sur le mariage gay, justement, dans l'intervalle 1999–2008 est sidérante. En 1999, le PACS était créé en France. Perçu à l'époque comme une avancée considérable des droits des homosexuels, il fut vite relégué au rang d'une antiquité par l'instauration du mariage gay, autorisé en Hollande dès 2001 et légal dans 29 pays depuis 2021. En France, on n'a pas attendu sa légalisation en 2013 pour que certains s'inquiètent, non seulement pratiquement et politiquement mais aussi philosophiquement, des effets de l'union homoparentale sur les enfants. À peine promulgué, le PACS devait rapidement faire voler en éclats le couple conceptuel paternité/maternité, puisqu'il posait la question de l'adoption par deux « parents » de même sexe. Dans un article publié dans *Le Monde* en 2007, la philosophe Sylviane Agacinski mettait en cause l'homoparentalité avec ces mots :

C'est, à l'évidence, le couple complémentaire et dissymétrique mâle-femelle qui donne son modèle à la distinction des côtés paternel et maternel de la filiation[5].

Cette évidence n'en est plus une. J'y souscrivais quand l'article d'Agacinski est paru et, à ceci près que, lecteur de Lacan, j'ai peu d'illusions sur la *complémentarité* du couple, j'y souscris toujours, philosophiquement parlant. Ce qu'écrivait la psychanalyste féministe et lacanienne Marie-Claire Boons en 1987 me paraît toujours exact :

Il y aura toujours deux sexes et par conséquent, la structuration sexuelle se fera toujours dans cette bipolarité, dont on commence d'apercevoir la

---

5   Sylviane Agacinski, « L'homoparentalité en question », *Le Monde*, 22 juin 2007, p. 20.

substructure logique. C'est dire que « masculin » et « féminin » demeure-
ront des pôles, même si, du point de vue des rôles sociaux, le marquage
tend à être évacué[6].

Mais je conçois aujourd'hui que si l'ordre symbolique d'une société
est une construction culturelle en grande partie arbitraire, je veux
dire contingente – et il l'est, d'être précisément *symbolique* –, ses
changements ne se font pas tout seuls : ils demandent de l'imagination et de l'invention théoriques pour *accéder* au symbolique, sans
quoi ils n'ont que des effets pathogènes, comme on le voit aux États-
Unis. La réalité sociale est un guide pour l'invention, et un guide
précieux qu'il ne faut pas négliger. Or ce que la réalité de l'homoparentalité montre aujourd'hui, c'est que les enfants sont légion, qui
ont deux pères ou deux mères, ou un père qui joue le rôle de mère,
ou une mère qui joue le rôle de père, et qui ne s'en portent pas
plus mal. Le modèle *adoptif* de la parentalité, qui résulte de facto
de l'existence d'unions homosexuelles ayant le désir de fonder une
famille, et qui se constate aussi bien dans les unions hétérosexuelles
à la base des nombreuses familles recomposées d'aujourd'hui, est
en passe de devenir le modèle général. Si tel est le cas, les objections
de Sylviane Agacinski tombent ou se révèlent même erronées. Elle
écrit en effet :

> Or c'est bien l'institution d'un couple parental homosexuel qui fait ques-
> tion, dans la mesure où il abolirait la distinction homme/femme au profit
> de la distinction entre homosexuels et hétérosexuels[7].

Il y a là, me semble-t-il, une confusion entre deux effets séparés
du « trouble dans le genre », pour reprendre l'expression de Judith
Butler[8]. La « gender-fluidity » que je constate dans la génération
de mes étudiant(e)s vise peut-être à abolir la distinction homme/
femme –y réussira-t-elle, c'est une autre question –, mais l'homoparentalité ne vise à rien de tel. Elle vise plutôt à proposer l'adoption comme nouveau modèle de parentalité. C'est ici qu'un regard

---

6 Marie-Claire Boons, « Les NTR [nouvelles techniques de reproduction] : une
double approche », *Les Cahiers du GRIF* n° 36, automne 1987, p. 94.
7 Agacinski, « L'homoparentalité en question », *op. cit.*
8 Judith Butler, *Trouble dans le genre, Le féminisme et la subversion de l'identité*,
trad. Cynthia Kraus, La Découverte, Paris, 2005.

tourné vers un passé lointain à l'inertie historique profonde peut s'avérer plus riche de potentiel inventif que la course avec l'actualité. Voici comment un autre philosophe, Michel Serres, a répondu aux objections de Sylviane Agacinski, probablement sans le vouloir puisque sa cible était l'homophobie de la hiérarchie catholique :

> Dans la Sainte Famille, le père n'est pas le père : Joseph n'est pas le père de Jésus. Le fils n'est pas le fils : Jésus est le fils de Dieu, pas de Joseph. Joseph, lui, n'a jamais fait l'amour avec sa femme. Quant à la mère, elle est bien la mère mais elle est vierge. La Sainte Famille, c'est ce que Lévi-Strauss appellerait la structure élémentaire de la parenté. […] L'Église donc, depuis l'Évangile selon Saint-Luc, pose comme modèle de la famille une structure élémentaire fondée sur l'adoption : il ne s'agit plus d'enfanter mais de se choisir. […] De sorte que pour moi, la position de l'Église sur ce sujet du mariage homosexuel est parfaitement mystérieuse : ce problème est réglé depuis près de 2 000 ans. Je conseille à toute la hiérarchie catholique de relire l'Évangile selon Saint-Luc. Ou de se convertir[9].

Le propos est polémique et mise sur l'humour. Il est loin d'être historiquement exact. L'Église n'a jamais posé l'adoption en modèle de la parentalité, loin s'en faut. Mais quand Serres conseille à la hiérarchie catholique de se convertir à sa propre doctrine, de revenir aux sources évangéliques, de se tourner vers le passé plutôt que de courir après l'actualité, il fait preuve de plus d'inventivité théorique que s'il avait tenté de déduire une nouvelle définition de la parentalité des perspectives ouvertes par les nouvelles technologies reproductives, le clonage, le cyborg ou que sais-je. Du reste, il ne parle pas de parentalité mais bien de parenté et de sa « structure élémentaire », Lévi-Strauss à l'appui. Comment la parentalité s'adapte à des conditions sociales changeantes renvoie aux arrangements – Lacan dirait, aux pactes imaginaires – que la société et la famille passent avec l'ordre symbolique afin de « fonctionner », c'est-à-dire – selon Lacan, toujours – de maintenir le *réel* du non-rapport sexuel à distance. Le mot « parenté » désigne l'ordre symbolique tel quel. Michel Serres est donc en plein dans le mille de la mutation de l'ordre symbolique quand il défend le mariage homosexuel, et son

---

9 Michel Serres, « La saine famille », *Études*, février 2013.

droit à l'adoption d'enfants, en des termes qui renvoient à l'union de Marie et Joseph. Mon livre était écrit depuis longtemps quand j'ai lu cette intervention polémique de Serres dans le débat sur l'homoparentalité. Il se fait que j'étais sans le savoir sur les mêmes pistes que lui : voir le chapitre trois, intitulé « Incertitude de paternité et certitude de non-paternité » et sous-titré « Éloge de saint Joseph ».

Les six essais qui composent ce recueil sont inédits. Le premier dans l'ordre chronologique de rédaction et dans l'ordre de présentation a son origine dans une commande : en 1999, Doreet LeVitte Harten, qui fait profession de *free-lance curator* et dont j'aime beaucoup le nez qu'elle a pour l'air du temps, projetait de monter une exposition témoignant du retour du religieux dans l'art contemporain. Elle m'a invité à écrire un essai pour le catalogue, ce que je n'ai pu faire que parce que j'ai totalement esquivé le thème imposé. Intitulé ici « République et vertus théologales » (et écrit sous le titre « Humains, encore un effort si vous voulez être post-chrétiens ! »), il est paru en traduction allemande lors de l'ouverture de l'exposition à la Kunsthalle de Dusseldorf en juillet 1999, puis en anglais quelques mois plus tard, quand l'expo voyagea à la Tate Gallery Liverpool[10]. Il est inédit en français. J'ai été effrayé tout autant que flatté qu'il ait connu une seconde vie en anglais dans une anthologie intitulée *Political Theologies* dans laquelle figurait un essai dû au cardinal Ratzinger, pape et aujourd'hui ex-pape Benoît XVI (mais aussi, qu'on se rassure, maints essais dus à des agnostiques patentés)[11] ! Cette version gomme les références à l'exposition *Heaven* et c'est elle qui m'a servi pour adapter mon texte français d'origine pour la présente publication. En 2009 l'éditeur zurichois Michael Heitz me proposa de republier la version allemande comme un petit livre[12]. Je lui en suis fort reconnaissant.

---

10 Thierry de Duve, « Auf, ihr Menschen, noch ein Versuch, post-christlich zu werden, » *in* Doreet LeVitte Harten, *Heaven* (catalogue), Kunsthalle Düsseldorf, 1999 ; « Come on, Humans, One More Stab at Becoming Post-Christians », *in* Doreet LeVitte Harten, *Heaven* (catalogue), Tate Gallery, Liverpool, 1999.
11 Thierry de Duve, « Come on, Humans, One More Effort if You Want to Be Post-Christians », *in* Hent de Vries et Laurence E. Sullivan, éds., *Political Theologies, Public Religions in a Post-Secular World*, Fordham University Press, New York, 2006.
12 Thierry de Duve, *Auf, ihr Menschen, noch eine Anstrengung, wenn ihr post-christlich sein wollt!*, Diaphanes, Zurich-Berlin, 2009.

Le second essai par ordre chronologique, « Émancipation et néoténie », apparaît ici en dernier. Il a été rédigé en 2005 dans le feu de l'actualité éditoriale du moment sous le titre « Une suggestion à Marcel Gauchet pour le livre que Luc Ferry souhaite le voir écrire ». Je n'ai pas trouvé (ni beaucoup cherché) de contexte propice à sa publication à l'époque. C'est le seul des six essais rassemblés ici qui ne parle pas du tout de paternité ni de différence des sexes. Il a sa place dans ce livre car il puise à la même conviction de ce que j'appelle ma petite anthropologie portative, à savoir qu'il s'agit aujourd'hui de « ponter » plutôt que de séparer nature et culture. C'est ce que fait la métaphore paternelle quand elle est opérante, c'est ce que fait la différence des sexes quand un sujet l'assume, et c'est ce que fait, à chaque génération, la naissance prématurée de l'animal humain.

Les chapitres deux à cinq ont leur origine dans un exposé-fleuve que j'ai fait au colloque « Parler sexes », que ma comparse à l'université de Lille, Véronique Goudinoux, nos collègues de l'Ersep de Tourcoing, Gilles Froger et Nathalie Stefanov, et moi-même avons organisé à Lille en mars 2006. Je l'ai répété une semaine plus tard devant l'association psychanalytique lilloise *Savoirs et Clinique*, à l'invitation de Geneviève Morel, Franz Kaltenbeck et Monique Vanneufville. Le chapitre deux, « Incertitude de paternité et différence des sexes », est la version fortement remaniée en 2008–2009 de cet exposé. Il comportait à l'époque une partie spéculative devenue ici le chapitre cinq, « Incertitude de paternité et jouissance féminine ». Il fut un moment question de publier la version longue dans la revue *Savoirs et Clinique*, mais j'ai préféré la laisser reposer, car l'idée avait germé entre-temps de l'accompagner d'une « contre-épreuve » qui est finalement devenue le chapitre quatre, « Incertitude de paternité et féodalité ». Ce texte, plus long, moins intempestif et délibérément plus universitaire que les autres chapitres, est la principale raison qui m'a fait repousser la publication de ces essais aux calendes grecques. Je m'y suis aventuré plus loin encore que dans les autres chapitres de l'aire de compétence de quelqu'un qui pratique l'histoire de l'art et l'esthétique, les deux disciplines que j'appelle mon métier. Mû par l'intuition que l'œuvre de ce grand médiéviste qu'était Georges Duby jetait un jour neuf sur le nœud théorique de l'incertitude de paternité, je me suis mis à l'étude de son œuvre en 2008, et après avoir écrit une vingtaine de pages, appelé en 2009 par d'autres tâches j'ai dû laisser ce chantier en friche plus de douze ans. J'y suis retourné il y a peu, estimant qu'en dépit de mon incompétence avérée il n'était peut-être pas dénué de pertinence, et j'ai enfin pu achever le livre que vous avez entre les mains.

New York, juillet 2022

République et vertus théologales

Humains, encore un effort si vous voulez être post-chrétiens !

> Maintenant, donc, ces trois choses demeurent : la foi, l'espérance et l'amour, mais la plus grande des trois est l'amour.
>
> Saint Paul, *Épître aux Corinthiens*, I. 13. 13.

Au printemps 2003, la nouvelle nous est parvenue du diocèse d'Helsingoer – le pays d'Hamlet, comme il se doit – que Thorkild Grosboell, théologien et ministre de l'Église luthérienne du Danemark, était athée. Le pasteur s'est rétracté par la suite, mais le fait est qu'il avait déclaré en chaire de vérité qu'il ne croyait ni en un Dieu créateur du monde, ni en la résurrection du Christ, ni en la vie éternelle de l'âme. M. Grosboell est mon héros post-chrétien. J'espère sincèrement que l'histoire retiendra son nom et verra en lui un pionnier d'une nouvelle sorte de Lumières. Voir l'existence de Dieu niée par des anticléricaux rabiques, des militants marxistes, des positivistes désenchantés et des matérialistes de toute obédience n'a rien de surprenant. Voir un ministre du culte formé à la théologie – et qui, de surcroît, n'a pas du tout renoncé à sa mission spirituelle et est aimé et apprécié par ses ouailles – déclarer calmement et rationnellement son agnosticisme est nettement plus provocant. Je parie qu'un jour Thorkild Grosboell sera canonisé, quand on aura clairement compris que la fonction des religions établies, le christianisme *last but not least*, était de préparer l'humanité pour sa sortie définitive du religieux.

Mon admiration pour Grosboell implique une conception quelque peu paradoxale du religieux, que j'emprunte à un livre libérateur, un des rares, me semble-t-il, à offrir des outils intellectuels nouveaux pour désintriquer la confusion du politico-religieux. Ce livre, c'est *Le désenchantement du monde* de Marcel Gauchet, livre qui procède de « la ferme conviction qu'il est un au-delà possible de l'âge religieux[1] ». Gauchet prend à rebours la thèse la plus courante

---

1 Marcel Gauchet, *Le désenchantement du monde, Une histoire politique de la religion*, Gallimard, Paris, 1985, p. V.

des historiens des religions, à savoir que l'idée religieuse serait allée s'approfondissant, se complexifiant et se systématisant au fur et à mesure que se sont développées des pratiques et des doctrines religieuses de plus en plus raffinées, et ceci, à partir d'un sentiment religieux primitif qui aurait été la première réponse existentielle à l'incontournable horizon de la mort et la première tentative de s'expliquer, afin de se le rendre tolérable, l'extrême dénuement des hommes jetés au milieu d'une nature dont l'hostilité est le grand mystère. Cette vision des choses, suggère Gauchet, est unilatérale et néglige la part de choix volontaire dans le geste des premiers hommes lorsqu'ils posèrent les fondements du religieux. Ce geste, dans lequel Gauchet voit l'essence de la religion, est une sorte de pacte passé avec la nature aux termes duquel les hommes consentent à un ordre cosmique investi de part en part de forces surnaturelles qu'ils renoncent à dominer, en échange d'une place stable dans ce cosmos garantie par le respect de la loi des ancêtres et l'immuable reconduction de l'ordre social voulu par eux. Il est clair qu'il y a fort longtemps que nous ne vivons plus selon ce pacte mais plutôt selon un autre, inverse, aux termes duquel la nature nous est offerte, soumise à la domination que nous exerçons sur elle par la science et la technique, au prix de l'expulsion du surnaturel hors du monde et de notre précipitation dans l'irréversibilité de l'histoire. L'espèce humaine aurait ainsi fait, selon Gauchet, deux choix successifs opposés quant à ce qui fonde et structure son être-ensemble, deux choix dont le premier seulement ouvre sur le religieux.

Gauchet n'explique pas pourquoi ils se sont succédé dans cet ordre, mais on peut le comprendre d'un point de vue darwinien : l'animisme de la nature et l'immobilisme social ont dû avoir pour nos ancêtres à peine hominisés un avantage sélectif certain. Une fois ce choix fait, la possibilité du choix inverse n'a pu émerger qu'excessivement lentement. Dans cette optique, « la religion la plus systématique et la plus complète, c'est au départ qu'elle se trouve », et les étapes par lesquelles se sont constituées les grandes religions mondiales, loin de représenter un développement du geste religieux primitif et un progrès dans la conception du divin, « constituent en fait autant d'étapes sur le chemin d'une remise en cause du religieux[2] ». Les trois principales de ces étapes sont l'émergence

---

2 *Ibid.*, p. 12.

de l'État, l'avènement du monothéisme et le mouvement interne du christianisme, que Gauchet n'hésite pas à proclamer « religion de la sortie de la religion [3]». Je ne saurais ici développer plus avant la thèse de Gauchet, mais je voudrais souligner à quel point elle rafraîchit et renouvelle la question du religieux et la déleste de son poids de fatalité historique. En faisant du rapport au fondement social le centre de gravité du religieux, Gauchet retourne comme un gant la vision commune qui faisait du rapport au religieux le centre de gravité du fondement social et rendait du coup si difficile de désintriquer le politique du religieux. Et en faisant de la religion de l'incarnation celle qui prépare les hommes à sortir des religions, alors même que son histoire donne à penser qu'elle a porté à son comble l'intrication du politico-religieux, Gauchet suggère que c'est elle aussi qui permet sa désintrication.

Si Gauchet a raison, si le christianisme est bien la religion de la sortie de la religion, alors c'est en accompagnant le christianisme dans son élan et en le poussant dans sa logique qu'on accélérera l'avènement d'une société humaine qui puisse réellement se passer de dieu. Désintriquer le politique du religieux, dans cette optique, ce n'est pas, au nom d'un athéisme militant, dénoncer ce qu'il reste de religieux dans le discours, les convictions et les pratiques politiques. Ce n'est pas sacrifier au progressisme naïf qui veut que la laïcité décrétée d'en haut soit *ipso facto* libératrice pendant que toute référence à la religion reste un combat d'arrière-garde obscurantiste. Mais ce n'est pas non plus trahir le programme de sécularisation dont les Lumières étaient porteuses et que le désenchantement du monde accompli par la science moderne devrait rendre irréversible. « Humains, encore un effort si vous voulez être post-chrétiens ! » – tel serait le message optimiste du livre de Gauchet. Par cette allusion au pamphlet politique du marquis de Sade *Français, encore un effort si vous voulez être républicains !* j'annonce que j'aimerais m'essayer à un modeste exercice de traduction qui tentera de montrer ce que pourrait signifier, sur un plan philosophique, accompagner le christianisme et le pousser dans sa logique pour mieux le quitter.

Cet exercice concerne précisément ce moment fondateur de la laïcité moderne que fut la Révolution française. Sa devise, *Liberté, Égalité, Fraternité,* me paraît traduire dans le registre politique les

---

3 *Ibid.,* p. II.

trois maximes chrétiennes que sont les vertus théologales, *Foi, Espérance, Amour*. Les deux triplets sont congruents, et je pense qu'il ne sera pas trop difficile de le montrer. Pourquoi le montrer ? À première vue, pour démystifier la prétention moderne à la laïcité et rendre compte de son échec, pour débusquer ce qui s'y cache de religieux, pour apporter une explication (hâtive et partielle) à la rémanence têtue du religieux dans la sphère publique. Telle serait la part *illustrative* du petit exercice de traduction auquel je me livrerai. En réalité, j'en attend plus : montrer tout d'abord que la devise de la Révolution française *porte* les trois maximes chrétiennes et que c'est seulement en les portant qu'elle contre le religieux. Ensuite, montrer qu'elle ne les porte encore qu'insuffisamment et qu'il faut faire un beaucoup plus long bout de chemin avec les maximes *Foi, Espérance, Amour* avant d'entrevoir en quoi leur traduction par *Liberté, Égalité, Fraternité* indique véritablement une sortie possible de la religion – en même temps, du reste, qu'un début de réponse à l'impasse de la conception politique héritée des Lumières.

Il est frappant, pour commencer, que les trois vertus théologales dussent être pensées et pratiquées dans cet ordre : d'abord la foi, puis l'espérance, enfin la charité ou l'amour. Et que, parallèlement, liberté, égalité et fraternité dussent se décliner dans l'ordre également. C'est assez pour suggérer un appariement terme à terme. Qu'amour et fraternité soient une seule et même chose est facile à comprendre, à condition de ne pas se laisser abuser par la sexuation du mot « fraternité » – sur laquelle, bien entendu, il faudra revenir. Que foi et liberté soient indissolublement liées est un peu plus difficile à saisir, mais à peine. La liberté ne trouve son sens que si on entend par là la liberté de l'autre. Revendiquer la liberté pour soi sans l'accorder aux autres est évidemment contraire à la liberté. Il s'ensuit qu'un acte de foi est à la base de la liberté : la foi dans le fait que l'autre fera bon usage de la sienne. Le plus énigmatique est le lien entre égalité et espérance. Pourtant : l'égalité devant la mort est notre seule certitude en la matière. Et l'espérance est la certitude ou la fortitude inverse : elle postule l'égalité devant la vie, devant l'événement, devant l'imprévisible ou le miracle, et elle est du coup la seule maxime qui fasse efficacement barrage à la mort. Voilà pour une très brève présentation de la question. Il convient maintenant de la serrer de plus près, ce que je tenterai de faire en deux tours de spirale en soulignant ce qui, déjà dans les maximes chrétiennes et parfois même davantage que dans leur traduction laïque, indique la porte de sortie hors de la religion.

La foi s'oppose à la croyance. Les religions animistes sont des systèmes de croyance qui ne se soutiennent d'aucune adhésion subjective autonome mais seulement d'une conformité absolue à l'autorité de la tradition. Aucune distinction n'est faite entre les mondes physique et métaphysique : la nature est le siège de forces magiques qu'il n'est pas au pouvoir de l'individu de mettre en doute. La foi n'a aucune place dans un tel système, comme elle n'en a aucune dans les superstitions ordinaires et n'en a qu'une très limitée dans tous les phénomènes de fondamentalisme religieux, y compris contemporains. La croyance est une abdication de la pensée rationnelle alors que la foi est une reconnaissance expresse des limites de la raison. La croyance est un état, la foi est un acte. On peut trouver qu'elle est un acte religieux par essence. À suivre Gauchet, elle apparaît au contraire comme l'acte antireligieux par excellence, proclamant la rupture d'avec la croyance et le dénuement solitaire de l'individu devant l'inconnaissable. Tout acte de foi déclare pour son compte la déliaison du sujet par rapport à la règle commune et l'autorité atavique. S'agissant de la foi en Dieu, sa déclaration est certes un acte d'allégeance, mais d'allégeance assumée, donc libre, et qui ne vaut pour le lien social que dans la mesure où il suppose de la part d'autrui la même adhésion, indépendamment. L'acte de foi est un acte éthique qui s'est abrité derrière le masque du religieux tant que n'avait pas progressé suffisamment la conscience du désenchantement du monde dont parle Max Weber – et qui donne son titre au livre de Gauchet[4].

Alors que la croyance relève de la conviction intime et peut s'y tenir, la foi se déclare. Acte de foi vaut déclaration de foi et c'est là, sans doute, une des raisons pourquoi la société civile laïque s'illusionne en prétendant cantonner les convictions religieuses au domaine privé. Au-delà du geste qui m'affranchit de la croyance commune, de quoi est-il question dans l'acte de foi si ce n'est de la liberté de l'autre ? Je fais acte de foi chaque fois que je m'en remets, en confiance, au pari que *tu* feras bon usage de ta liberté. « Tu », et non « il » ou « elle ». L'acte de foi est adressé, et c'est pourquoi il est inséparable d'une déclaration. Il suppose en face de soi un autre à

---

4 Max Weber, *L'éthique protestante et l'esprit du capitalisme,* Plon, Paris, 1964.

la deuxième personne. *Ma* liberté, si elle doit se conquérir au détriment de la liberté d'autrui, n'a pas de dimension éthique. La liberté de l'autre à la troisième personne n'a qu'une dimension éthique réduite. Que me coûte *leur* liberté (celle des esclaves, des opprimés, des damnés de la terre, des exclus de la société) tant que je n'ai pas été confronté à eux dans le face-à-face où leur reproche muet me force à m'adresser à eux ? Seule est pleinement éthique *ta* liberté : la liberté de l'autre à la deuxième personne. Dès qu'est ouverte la dimension de l'autre à qui l'on s'adresse, celui-ci se trouve reconnu tout à la fois dans sa singularité et dans son humanité, autrement dit, dans l'universalité de son appartenance au genre humain. Il peut paraître que de cette double reconnaissance découle l'égalité en droit de tous les humains, telle que l'affirme la Déclaration universelle des droits de l'homme et du citoyen. Dans la précipitation à le conclure, il y a eu en réalité quelque chose comme une occasion historique manquée, dont les conséquences, patentes aujourd'hui, se voient à la confusion des droits de l'homme et de l'humanitaire. Depuis la Révolution française, c'est sur le juridique que repose la désintrication du politico-religieux, et le juridique établit un sujet de droit conçu à la première personne, un « je » et non un « toi ». Dans sa traduction de la maxime chrétienne de la foi en maxime de la liberté, la Révolution française a fait l'impasse sur l'adresse à l'autre, et je ne suis pas loin de penser que cette impasse est à la base de la tragique mécompréhension de l'espérance politique qui a fait des deux siècles qui nous séparent de la Révolution française l'histoire à répétition des révolutions trahies.

L'adresse à l'autre est une initiative, un commencement, une ouverture du temps compté en sens unique à partir d'un temps zéro. Tel est aussi un des sens du mot « révolution ». Son autre sens est « circularité », retour sur elle-même de la flèche du temps et fermeture de l'ouverture initiale sur le résultat attendu. En ce sens, c'est d'emblée que toute révolution est une révolution trahie et tout espoir une promesse placée par moi dans la bouche de l'autre, dont je déduis dès lors fatalement qu'elle n'a pas été remplie, ou pas encore. On dira dans ce cas que l'initiative prend son sens de l'expectative, que l'adresse à l'autre se forme dans l'attente de sa réponse, et même (c'est le plus souvent le cas des espoirs de la vie ordinaire), dans l'anticipation de la réponse souhaitée. Il faudrait pouvoir concevoir une adresse qui ne soit absolument pas une prière, c'est-à-dire une demande, pour que les révolutions puissent ne pas être trahies et l'espérance se dégager de la gangue des espoirs ordinaires. Il y a là quelque chose d'inhumain qui confine à la sainteté, mais qui niera que le christianisme y a aspiré ? L'espérance chrétienne est certes tendue vers l'avenir – la seconde venue du Christ et la résurrection des corps – mais c'est un avenir qui ne prend pas son sens de l'anticipation de l'événement à venir mais au contraire de la conviction que l'événement décisif a eu lieu. Comparé aux divers messianismes politiques qui ont pris leur essor dans la foulée de la Révolution française, le messianisme chrétien s'avère singulièrement plus réaliste et désenchanté : le Messie est venu et rien n'a changé des injustices du monde. Dès lors, l'acte de foi dans la résurrection du Christ est à renouveler chaque jour, et c'est en cela que se fonde l'espérance, qui se révèle ainsi n'être rien d'autre que l'endurance de la foi et pas du tout quelque chose comme le rêve éveillé du grand soir. Être égaux dans l'espérance, ce n'est pas être égaux en droit et espérer l'être un jour en fait. La maxime révolutionnaire de l'égalité a fait cette confusion. Elle a placé le droit plutôt que l'événement au moment fondateur : le droit à la liberté plutôt que l'adresse initiale instaurant la liberté ; le droit à l'égalité dans une vie terrestre future plutôt que la victoire sur la mort, décisive du fait d'avoir eu lieu ne fût-ce qu'une fois ; le droit à la fraternité, comme si l'amour était dû aux hommes, plutôt que l'épreuve d'amour qui vaut pour preuve quand triomphe Éros sur Thanatos.

Sans la foi pas d'espérance. De même, sans la liberté pas d'égalité. Le christianisme est la première religion qui proclame l'égalité devant Dieu de toutes ses créatures et, parmi elles, l'égalité de tous les humains devant les chances de salut. Cela supposait que les humains soient des êtres de liberté et que l'égalité de tous se fonde dans la foi partagée. D'où le prosélytisme militant de la première religion universelle. Mais la foi des chrétiens, parce qu'elle n'est plus de l'ordre de la croyance, n'a plus pour objet principal l'existence de Dieu mais bien la résurrection de son Fils. La double nature humaine et divine du Christ exige bien entendu la foi dans l'existence du Père, mais selon un lien nouveau, pratiquement inconnu de l'Ancien Testament, qui est le lien de filiation duquel se soutient le Père et que le croyant remonte en pratiquant l'imitation de Jésus. Le judaïsme avait déjà posé le geste inaugural qui place l'origine du monde hors du monde et délivre ce dernier de l'animisme qui empêchait qu'on cherche à le comprendre en immanence. Cette origine est maintenant appelée Père. C'est un lien paradoxal qui instaure l'affirmation de la séparation du créateur d'avec ses créatures sous les espèces nouvelles de la paternité symbolique. Dieu est moins le créateur-géniteur du monde que le père symbolique des hommes constitués en communauté de fils par la médiation du sacrifice du Christ. Les hommes sont égaux en Jésus Christ parce qu'ils le sont dans l'espérance du salut, c'est-à-dire, de la résurrection. La foi en la résurrection du Christ convertit l'égalité devant la mort, la seule certaine, en égalité devant la vie. Ce n'est pas l'espérance en la vie éternelle des âmes après la mort qui est le corrélat de la foi mais bien l'espérance en la résurrection des corps au jour du jugement dernier.

Tous fils d'un même Père, les hommes sont frères. Quand la Révolution traduit par « fraternité » la maxime chrétienne de l'amour, elle ne fait que prendre acte d'une virtualité contenue depuis toujours dans la doctrine du Christ, refoulement du féminin compris. Corolaire de l'égalité dans l'espérance du salut, l'amour fraternel s'étend à tous – un « tous » neutre et asexué. Il n'y a d'amour salvateur qu'universel, tel est le point d'articulation du politique et du religieux qui vaut, identique, pour saint Paul et pour Marat. De même que la foi est condition de l'espérance et l'espérance condition de l'amour, la liberté est condition de l'égalité et l'égalité condition de la fraternité. Dans un cas comme dans l'autre, c'est le troisième terme qui fonde rétroactivement le premier. La fraternité engendre la liberté, l'amour donne la foi. Ou, en croisant les termes : l'amour d'autrui est ce qui l'établit dans sa liberté, laquelle n'est donc jamais une libération qu'on s'octroie mais un don qu'on reçoit. Et la fraternité est ce qui nourrit l'acte de foi par lequel je m'en remets à la liberté de mes frères. Certes, la foi n'est jamais acquise une fois pour toutes et toujours en lutte avec la croyance ; l'acquiescement à la liberté de l'autre menace perpétuellement de verser dans la soumission ; l'égalité peut rester formelle et servir d'alibi à l'injustice ; on confond trop facilement l'espérance avec l'espoir de rétribution ; la fraternité risque à chaque instant de se refermer sur la cohésion du groupe le plus immédiat et de s'armer contre l'étranger ; et l'amour est suspect tant il peut s'empoisser d'oblativité et de haine de soi. Le christianisme historique a maintes fois cédé à ces tentations, auxquelles le christianisme théorique oppose pourtant ce salutaire antidote, qui est sa seule loi : « Aime ton prochain comme toi-même. » Une telle maxime est politique, quoi d'autre ? Elle l'est parce qu'elle est universelle, le prochain étant tout aussi bien le lointain. Pourquoi la Révolution a-t-elle été moins radicale que le christianisme théorique dans son idéal de fraternité ? Il est évidemment facile de répondre : parce que la politique est l'art du pouvoir et qu'il serait bien naïf et sentimental de le faire reposer sur le commandement d'aimer. La vraie question n'est pourtant pas celle-là : du pouvoir inégalement distribué, il y en aura toujours. La vraie question, mais qu'il faudrait réussir à penser hors de tout juridisme, est celle de la légitimité du pouvoir. Si la Révolution avait porté chrétiennement sa maxime de fraternité, elle eût placé la légitimité du pouvoir politique dans la référence des frères, c'est-à-dire des fils, au Père symbolique commun. Elle n'a ni su ni voulu le faire, et bien qu'elle ait hésité, c'est finalement l'illégitimité du pouvoir qu'elle a placé dans le principe paternel. Le régicide n'était pas inéluctable mais il a eu lieu, avec pour conséquence immédiate le fantasme d'une société de frères sans père[5].

Il est clair que ce n'est pas un homme mais un symbole que la Révolution a voulu décapiter. Or quand on décapite un symbole la tête repousse, et il se lève tôt ou tard un « petit père des peuples » pour ramasser la mise des révolutions trahies. Robespierre prouve que cela n'a pas tardé. La Révolution française a été très infidèle dans sa traduction des trois vertus théologales chrétiennes, *Foi, Espérance, Amour,* par les trois maximes *Liberté, Égalité, Fraternité,* et sur un point qui n'a rien de théorique puisque c'est l'irruption de la violence. Plus précisément, du parricide. Ce n'est pas un hasard si la Révolution française est signée d'un régicide-parricide et l'invention du christianisme du sacrifice du Fils consenti par le Père. Le christianisme a été nettement plus anti-œdipien que la Révolution, pour laquelle le lien social, c'est encore et toujours, malgré tout, *Totem et Tabou.* La Révolution assigne la fraternité des fils à l'instance non du Père mais de la Mère – déesse Raison dans l'ordre religieux, République dans l'ordre politique –, s'exposant par cette double référence à ce que la pensée de l'amour soit à jamais tiraillée entre l'utopie de sa rationalité sans reste et sa reterritorialisation dans les liens du sang. Comme si la seule alternative avait été :

---

5 « Balzac écrit dans les *Mémoires de deux jeunes mariées* (1842) : "En coupant la tête de Louis XVI, la République a coupé la tête à tous les pères de famille." » Cité par Françoise Hurstel, *La déchirure paternelle*, PUF, Paris, 1996, pp. 93–94. (Note de 2022)

soit la vieille identification platonicienne de l'amour à la philoso-
phie (l'amour de la sagesse ou de la Raison), soit l'assimilation de
l'amour au tribalisme pur et simple de la seule filiation qui se puisse
attester, celle par la mère. Avec, des deux côtés, le mythe de l'amour
fusionnel : l'hermaphrodite du *Banquet,* la communion des purs
dans le sang impur qui abreuve nos sillons. Comme la Révolution
française fut universaliste, elle n'a heureusement pas cédé aux tentations du tribalisme ethnique. Mais elle a payé très cher son universalisme, nommément, d'un considérable refoulement du féminin.
Ce n'est pas seulement que la maxime de la fraternité écrase la
sororité – bien qu'il y ait tout un féminisme qui, dès Olympe de
Gouges, tente avec raison de lui faire droit. C'est surtout que la
représentation féminine et maternelle de la République – et cela va
de l'extraordinaire tableau de Daumier aux Mariannes des mairies
à qui Brigitte Bardot, Laetitia Casta, et maintenant Evelyne Thomas
ont prêté leurs traits – la donne fatalement pour une mère phallique
car mise en place de père, à la place du père, en remplacement du
père ou du roi que la Révolution a décapité, comme si on pouvait
décapiter un symbole.

Ce que la traduction des maximes *Foi, Espérance, Amour* par
Liberté, Égalité, Fraternité laisse impensé tourne donc autour de la
définition de la paternité. On peut dire en effet que le parricide met
en jeu une définition de la paternité dans la mesure même où c'est
à un symbole et non simplement à un homme que la Révolution
a voulu trancher le cou. D'autre part, le refoulement du féminin,
qui résulte précisément de ce que le déni du symbolique paternel
fasse retour du côté de la mère, indique que l'autre impensé de la
Révolution tourne autour de la différence des sexes. La réduction de
l'amour universel à la fraternité en est le symptôme le plus patent.
D'où l'hypothèse que pour progresser vers la sortie du religieux,
il est peut-être nécessaire, à présent, de sexuer les virtualités antireligieuses du christianisme laissées en friche par la Révolution.
C'est une question considérable que je ne pourrai qu'égratigner,
cela va sans dire, car, d'une part, le christianisme théorique a fait
une place explicite à la différence des sexes dans son fondement
même, et d'autre part, il n'a pas son pareil pour ce qui est de la
responsabilité historique du refoulement du féminin. Sur ce plan
le christianisme est à incriminer au moins autant sinon plus que la
Révolution. On ne deviendra pas post-chrétien uniquement en portant jusqu'au bout les virtualités du christianisme. Il faudra rompre.

Mais où ? La question de fond me paraît être de savoir s'il faudra rompre avec la doctrine de l'incarnation, qui est la grande invention du christianisme, ou s'il faudra rompre de l'intérieur de celle-ci. Y aura-t-il moyen de la réécrire de telle sorte que la place des femmes y soit différente et que le refoulement du féminin n'en soit plus la conséquence ?

Rompre ou non avec la doctrine de l'incarnation est une question infiniment délicate car elle entraîne à terme des prises de position quant à la place du judaïsme par rapport au christianisme dans la question de la sortie du religieux. On peut reprocher à Gauchet de sacrifier à une vision téléologique de l'histoire qui prête au christianisme d'avoir emporté un dépassement irréversible du judaïsme sur la voie de la sortie de la religion. Le reproche est indéniablement mérité, et je ne nie pas moi-même mettre mes pas dans les siens quand je base mon optimisme sur son interprétation de la « religion de la sortie de la religion ». Mais je ne vois pas de raison d'exclure que d'autres sorties de la religion soient aujourd'hui possibles et souhaitables, dont l'une qui prenne son départ dans le judaïsme et son éthique. Il y a là matière à des efforts de réflexion divergents dans leurs prémisses dont il serait prématuré de décider maintenant qu'ils ne sauraient un jour converger. Je n'en veux pour preuve que les réflexions de Hans Jonas sur le concept de Dieu après Auschwitz, ou encore, tout le travail philosophique d'Emmanuel Lévinas[6].

Je ne mentionne pas Lévinas par hasard, en entamant un deuxième tour de spirale qui reprend à nouveaux frais la question de l'adresse à l'autre comme articulation de la foi et de la liberté. Lévinas dirait que la dimension de l'autre, c'est la dimension de sa visagéité et de son infini. Mais c'est une chose d'*envisager* l'autre de l'intérieur d'une religion de la transcendance, comme le judaïsme, et c'en est une autre de le faire de l'intérieur d'une religion de l'incarnation, comme le christianisme. Pour Lévinas, l'autre n'est certes jamais l'autre à la troisième personne, l'autre dont on parle, mais bien l'autre qui se présente à moi dans le face-à-face. Il n'est pas pour autant à la deuxième personne, comme dans l'acte de foi chrétien. L'autre lévinassien n'est pas au premier chef l'autre à qui je

---

6   Voir Hans Jonas, *Le concept de Dieu après Auschwitz*, Payot & Rivages, Paris, 1994 ; Emmanuel Lévinas, *Éthique et Infini*, Livre de poche, Paris, 1984.

m'adresse, mais d'abord et avant tout l'autre qui s'adresse à moi. Le « moi » (humain) commence par être un « toi », voilà pourquoi c'est la sujétion à autrui qui pour Lévinas définit d'emblée le sujet comme sujet éthique : « le moi a toujours une responsabilité *de plus* que tous les autres[7]. » La responsabilité est asymétrique et irréversible, non réciproque et inégalitaire. C'est l'aspect le plus terrible de l'éthique selon Lévinas. Alors que pour un chrétien le visage d'autrui est l'incarnation de son semblable, il est pour le philosophe juif l'épiphanie de l'Infini et la présentification de la Loi[8]. Alors que pour un chrétien l'acte de foi est une déclaration adressée qui abandonne l'autre à sa liberté, pour un Juif il est la réception de l'adresse qui lui déclare qu'il appartient au peuple élu. Que mes lecteurs juifs veuillent bien me pardonner, mais dans la mesure où je mets mes pas dans ceux de Gauchet, je ne peux que voir dans l'invention du christianisme un progrès sur la voie de la sortie de la religion, articulé, bien entendu, à la religion dont il est issu. Il est remarquable que cette invention soit signée d'un acte de foi tout à fait semblable à l'acte de foi juif, qui accueille comme lui une élection : c'est l'acquiescement de Marie au « Bénie sois-tu entre toutes les femmes » de Gabriel. Mais il est non moins remarquable que cette signature entraîne immédiatement une distribution des rôles inédite selon la différence des sexes. Dieu le Fils est né du ventre d'une femme fécondé par la parole divine, voilà qui fonde la religion de l'incarnation. Mais à quel prix, puisque de ce jour-là les femmes ont été condamnées à être le support et le véhicule de l'incarnation, ne recevant leur propre incarnation que de l'effet en retour de ce Verbe qui s'est fait chair par leur intermédiaire. Les voici vierges et mères mais sans chair propre, à moins de déchoir. La place de la femme dans l'économie de l'incarnation sera, du moins je le devine, le point névralgique de l'exposition *Heaven*[9], parce que c'est d'elle

---

7 Lévinas, *Éthique et Infini, op. cit.*, p. 95.
8 « L'Infini me vient à l'idée dans la signifiance du visage. Le visage *signifie* l'Infini. Celui-ci n'apparaît jamais comme thème, mais dans cette signifiance éthique elle-même : c'est-à-dire dans le fait que plus je suis juste, plus je suis responsable ; on n'est jamais quitte à l'égard d'autrui. » *Ibid.,* p. 101. Et aussi : « Le visage est ce qu'on ne peut tuer, ou du moins ce dont le *sens* consiste à dire : "Tu ne tueras point". » *Ibid.,* p. 81.
9 Je rappelle (voir mon avant-propos) que ce texte est ma contribution au catalogue de l'exposition *Heaven*. Je ne savais pas quelles œuvres allaient y être incluses.

qu'a dépendu le statut de l'image – et donc de l'art – dans la chrétienté au moins depuis la résolution « économique » de la querelle de l'iconoclasme, au neuvième siècle[10]. Je n'entrerai pas dans cette question ici, sauf pour dire que j'appelle de mes vœux une image incarnée qui ne soit pas née du souffle d'un Dieu et du ventre d'une Vierge, et que je connais des artistes – femmes, comme par hasard – qui travaillent à la faire naître.

Au point de départ de l'incarnation se trouve donc une adresse à une femme et un acte de foi « juif » – et féminin, puisque d'accueil et de réceptivité. Il est immédiatement suivi d'un second acte de foi, sur lequel les Écritures mettent très peu l'accent, mais qui est véritablement le premier où se voit que la foi est le don rétroactif de l'amour. C'est l'acquiescement de saint Joseph à la grossesse de Marie et l'endossement de son rôle de « père nourricier ». Il m'est arrivé de l'exprimer par boutade comme s'il résultait d'un syllogisme : Joseph sait qu'il n'a pas couché. Or Marie est enceinte. Donc Dieu existe[11]. L'effet est comique, Joseph étant propulsé dans l'emploi courtelinesque d'un cocu qui n'en veut rien savoir. La blague, en réalité, révèle plus qu'elle ne la cache la profonde beauté de la chose et sa non moins profonde vérité quant à la fonction paternelle. Bien sûr, dans l'Évangile de Mathieu Joseph est averti par un ange lui apparaissant en songe que Marie est enceinte des œuvres de Dieu. C'est une concession à la croyance comme il y en a tant dans les Évangiles, plutôt transparente aux yeux d'un lecteur moderne. Comme tout rêve selon Freud, celui de Joseph aurait réalisé un vœu, le vœu, en l'occurrence, d'avoir trouvé dans sa certitude de non-paternité réponse non-angoissante à l'incertitude de paternité qui affecte tous les hommes[12]. Mais on peut se passer de cette concession à la croyance afin de libérer les virtualités les plus subversives du christianisme par rapport au religieux. Le christianisme aura été plus près qu'aucune autre mythologie de reconnaître ce que je pense être la source fondamentale de l'oppression des femmes par les hommes et du refoulement du féminin par l'ordre social, à savoir, l'angoisse et le déni des mâles devant l'incertitude de la

---

10 Voir Marie-José Mondzain, *Image, icône, économie, Les sources byzantines de l'imaginaire contemporain,* Le Seuil, Paris, 1996.
11 Thierry de Duve, « À d'autre ! », *Parade* n° 6, Tourcoing, 2006.
12 Voir *infra*, chapitre trois, « Incertitude de paternité et certitude de non-paternité ».

paternité. Joseph fait plus que mettre le doigt sur ce que Jacques Lacan a appelé la métaphore paternelle. Il vide la paternité en général du fantasme de la certitude de son assise biologique. Aussi la croyance en un Dieu créateur-géniteur du monde recule-t-elle. Elle n'est essentielle au dogme de l'incarnation que dans la mesure où la double nature du Christ fait le lien avec le Dieu d'Abraham. Mais le Dieu créateur, une fois incarné dans son Fils, peut se retirer du monde créé bien plus radicalement encore que le Dieu d'Abraham. Il est pur Verbe, le simple nom de l'incertitude dans laquelle sont plongés les humains quant à l'origine du monde. En devenant Père, Dieu s'avoue dans son existence purement symbolique. Certes, c'est le même Dieu – la Nouvelle Alliance ne pouvait surgir que des virtualités de l'Ancienne –, ce Dieu qui créa le monde en sept jours et fit naître de la faute d'une femme la conscience du péché dans le cœur des hommes. D'où l'équation qui fait de Marie la nouvelle Ève rachetant l'ancienne. N'est-il pas temps de changer de point de vue ? Durant vingt siècles la chrétienté s'est obsédée sur la virginité-maternité de Marie pour ne pas avoir à tirer les conséquences de la continence-paternité de Joseph, autrement plus libératrice. Ce n'est pas pour rien que le culte marial a été relancé et la théologie de la Vierge approfondie chaque fois que l'ordre patriarcal a dû faire face à une montée en puissance des femmes sur la scène historique, comme ce fut le cas au XIIIe et au XIXe siècles. Une théologie de Joseph, que je sache encore à faire, partirait de ceci : Dieu le Père est le nom par lequel Joseph reconnaît la certitude de sa non-paternité. Ainsi donne-t-il à tous les mâles l'exemple de l'acte de foi leur permettant de reconnaître l'incertitude foncière de la leur, de paternité. Et l'acte de foi de Joseph dans la fidélité de Marie – foi dans la foi, donnée par l'amour – en devient du fait même le coup d'envoi non religieux de la doctrine de l'incarnation.

Le reste de la doctrine suit. De l'incarnation-naissance découle l'incarnation-mort. Une fois jeté parmi les mortels, le Fils ne pouvait pas ne pas être mortel lui aussi. Le Récit lui donne une mort ignominieuse dont je ne veux minimiser ni l'effet dramaturgique et son efficace dans la propagande chrétienne ni la nouveauté politique révolutionnaire (paulinienne ou pasolinienne) qui fait du Fils de Dieu le plus faible d'entre les faibles. Mais je souligne que si le calvaire doit mener le Christ à la mort, c'est pour deux raisons indépendantes : parce que la mortalité est la conséquence logique de l'incarnation et parce que l'humiliation du Christ, plus essentielle que sa souffrance physique, est le signe de la perte de pouvoir du Père. Le Dieu d'Abraham était intervenu pour interrompre le sacrifice d'Isaac, manifestant sa toute-puissance en même temps que sa bonté. Le Dieu des chrétiens n'intervient pas. Cette impuissance est insupportable au patriarcat, et on comprend qu'au cours de ses deux mille ans d'existence au sein d'une société où le moins qu'on puisse dire, c'est que le patriarcat ne s'est pas trop mal défendu, le christianisme ait tout fait pour la dénier ou pour la convertir en gloire suprême. Mais le ver de l'impouvoir du père était dans le fruit du patriarcat, d'origine. Une fois noté que le père a été réduit à être une métaphore, le pouvoir n'est plus son attribut inéluctable. Si pour Lacan (dont je ne peux m'empêcher de penser qu'il a accompli la traduction chrétienne du judaïsme freudien), le nom-du-père est synonyme de la loi, c'est d'une loi à laquelle les pères sont soumis autant que d'une loi que le Père édicte. Tout père n'est que l'agent de la loi du signifiant quand il transmet son nom, quand il transmet le phallus.

Je me prends parfois à rêver d'une utopie post-lacanienne qui fasse du phallus non le signifiant de la castration mais celui de l'incertitude de paternité[13]. C'est la même chose, mais pourquoi Lacan ne le dit-il qu'à moitié ? La vérité ne peut que se mi-dire, soit. Celle-ci ne serait-elle bonne à dire qu'avec la plus extrême réticence ? Lacan, plutôt patriarche lui-même, ne se serait-il pas arrêté en chemin sur la voie de sa traduction chrétienne de Freud ? Je le pense, jusqu'à imaginer que le point où il s'agit d'être post-chrétien se confond avec celui où il s'agit d'être post-lacanien. (Je ne dois pas être le seul à le penser. Si je lis bien, Alain Badiou est sur les mêmes pistes. J'y reviendrai.) S'il fallait à tout prix une utopie pour entretenir l'espérance, mon utopie post-chrétienne serait simplement celle-ci : quand on aura compris que la paternité consiste à acquiescer à une incertitude fondamentale par un acte de foi, et de foi dans la foi de l'autre – c'est-à-dire que l'homme qui donne son nom à un enfant s'en remet aveuglément à la confiance qu'il place dans la fidélité de sa femme –, le pouvoir des pères se sera évaporé. Évidemment, on l'a compris depuis toujours, on ne veut simplement pas l'admettre parce que cela demande trop d'amour. Bien inconscients ceux qui pensent qu'un test d'ADN puisse s'y substituer.

---

13 Voir le chapitre suivant, « Incertitude de paternité et différence des sexes ».

Revenons à l'exercice de traduction entrepris. Espérance et égalité. Maintenant que la question de la différence des sexes est sur le tapis, c'est de l'égalité des hommes et des femmes qu'il s'agit autant que de l'égalité des humains indifférenciés. L'espérance chrétienne est arc-boutée à la foi dans la résurrection du Dieu-homme, en regard de laquelle la foi dans son incarnation paraît n'en poser que la condition. Pour ressusciter d'entre les morts, il fallait bien que le Christ fût mort, et pour mourir, qu'il fût né. C'est la résurrection l'événement, non l'incarnation. Dans un petit livre consacré à saint Paul – petit par la taille mais gros d'enjeux complexes – Alain Badiou, à qui j'ai fait allusion un peu plus haut, minimise la foi en l'incarnation et maximise celle en la résurrection. « La pensée de Paul dissout l'incarnation dans la résurrection », dit-il[14]. Badiou ne croit pas plus que moi à la *fable* de la résurrection, aussi ne s'arrête-t-il pas au caractère fabuleux de cet événement particulier. Tout événement peut s'y substituer pourvu qu'il fonde la singularité du sujet qui le déclare : « Déclarer un événement c'est devenir le fils de cet événement[15]. » Pour Badiou, le sens politique de la résurrection du Christ passe par le devenir-fils de l'humanité transie par un événement, comme Paul sur le chemin de Damas. Les révolutions, dont la française, peuvent être de tels événements. Et ce devenir-fils passe à son tour par la destitution du Père. Puisque selon lui seul l'événement et sa déclaration « filialisent », Badiou est conduit à nier que l'humanité chrétienne ait été « filialisée » par la médiation du sacrifice du Christ. Il fait donc comme si la mort du Christ ne comptait pas dans sa résurrection et comme si l'ignominie de sa mort ne mettait pas en cause le Père. La destitution du Père, chez Badiou lisant saint Paul, résulte de l'escamotage de la médiation. C'est une lecture puissante mais non la seule possible, même si « chez Paul, on constate une complète absence du thème de la médiation[16]. »

---

14 Alain Badiou, *Saint Paul, La fondation de l'universalisme*, PUF, Paris, 1997, p. 78.
15 *Ibid.*, p. 63.
16 *Ibid.*, p. 51. « Il y a là un profond problème général : peut-on concevoir l'événement comme une fonction, ou comme une médiation ? Cette question a traversé, soit dit en passant, toute l'époque de la politique révolutionnaire. Pour beaucoup de ses fidèles, la Révolution n'est pas ce qui arrive, mais ce qui doit arriver pour qu'il y ait autre chose, elle est la médiation du communisme, le moment du négatif. [...] Pour Paul en revanche, comme pour ceux qui pensent qu'une révolution

Visiblement, Badiou rompt avec la doctrine de l'incarnation. Son propos, il faut bien le dire, n'est pas la sortie du religieux – il s'en estime sorti. Le mien, plus circonspect, étant de déployer les virtualités antireligieuses de ladite doctrine, c'est de l'intérieur de celle-ci que je cherche à rompre. Je pense pourtant comme lui qu'il faut passer outre au concept de médiation – c'est bel et bien là que se fera la rupture – mais ce qui m'intéresse, c'est de voir si l'incarnation elle-même peut être pensée en termes non médiateurs. L'accent mis sur l'acte de foi de Joseph est un premier pas dans ce sens. Coup d'envoi non religieux de la doctrine de l'incarnation, il déplace de la maternité vers la paternité la question de l'avènement du Fils de Dieu dans le monde charnel. D'une pensée de la médiation du ventre maternel touché par la parole reçue et qui répond en engendrant, on se déplace vers une pensée de la déclaration publique du nom-du-fils/nom-du-père par laquelle l'ordre symbolique enregistre un acte de foi adressé. Mais de la naissance du Christ découle sa mort, et j'ai les mêmes réticences que Badiou devant l'obligation d'en passer par la médiation du sacrifice, du calvaire et de l'humiliation du Christ pour justifier la résurrection. Et ce, pour les mêmes raisons que lui : l'événement n'a pas à être médiateur. Il est clair qu'en me refusant à minimiser l'incarnation, je m'oblige à penser non seulement la naissance mais aussi la mort du Christ en des termes autres que de médiation. Or, le sacrifice est une médiation plutôt lourde et pathétique dans la dynamique de la rédemption. À quoi sert-il ?

Le vrai scandale est que Dieu ait consenti au sacrifice de son Fils. C'est un geste d'une profonde ambiguïté. Je veux bien que la mort ignominieuse du Christ sur la croix soit une conséquence structurelle de la répétition néotestamentaire du sacrifice d'Isaac. Elle n'en mettrait que plus en évidence la différence entre un Dieu retiré dans la fonction purement symbolique de la paternité et un Dieu

---

est une séquence autosuffisante de la vérité politique, le Christ est une *venue*, il est ce qui interrompt le régime antérieur des discours. Le Christ est, en soi et pour soi, *ce qui nous arrive*. Et qu'est-ce qui ainsi nous arrive ? C'est que nous sommes relevés de la loi. [...] Cette question est pour Paul décisive, car ce n'est qu'en étant relevé de la loi qu'on devient réellement un fils. Et un événement est falsifié s'il n'origine pas un devenir-fils universel. Par l'événement, nous entrons dans l'égalité filiale. » *Ibid.*, p. 51.

auteur de la Loi, et donc tout-puissant, et qui de temps à autre manifeste sa puissance par son intervention dans les affaires terrestres. Autrement dit, elle n'en mettrait pas moins en évidence que dans l'Ancien Testament, c'est Abraham le père et Dieu la Loi. Il a fallu dans le dispositif vétérotestamentaire des mesures extraordinaires pour signifier aux hommes que la loi paternelle, la loi du signifiant, les pères y sont soumis. On mesure le progrès accompli par le Nouveau Testament : Dieu, en quelque sorte, se retrouve dans la position d'Abraham, et c'est un sacré coup pour le patriarcat. Il n'est pas nécessaire de lire les Écritures (il suffit d'aller au cinéma, je pense en particulier à *Festen* de Thomas Vinterberg) pour constater que quand le patriarcat se sent menacé, il n'hésite jamais à sacrifier et à humilier les fils. C'est même comme cela qu'il se reproduit quand l'Œdipe ne joue plus son rôle normatif. Le conflit œdipien soldé par l'humiliation du fils est alors le moteur pervers de la reproduction d'un patriarcat d'autant plus durci et maffieux que c'est l'humiliation et non la résolution normative du conflit œdipien qui est le canal de transmission du flambeau phallique qui, dès lors, ne saurait plus être conçu que comme pouvoir d'humilier à son tour[17]. Mais la reproduction du patriarcat n'est pas du tout le sens de l'humiliation du Christ abandonné par son Père au Golgotha. J'en veux pour signe, sinon pour preuve, la totale absence de conflit œdipien. « Que Votre volonté soit faite », dit le Fils au Père, et les nuées s'obscurcissent – encore une concession à la croyance et au miraculeux, mais qui masque mal la nouvelle et scandaleuse impuissance du Père. Sans elle, du reste, on ne comprendrait pas pourquoi la résurrection est l'événement. Elle ne serait qu'un coup de théâtre dont le Père tire les ficelles. Mais le Père est démuni, et le Fils ressuscite de son propre chef. C'est alors seulement que l'humanité est « filialisée » dans l'espérance égalitairement partagée de sa propre résurrection – ce qui fait dire à Badiou que la mort du Christ n'est que le *site* de sa résurrection.

Il me semble pourtant difficile de séparer la résurrection de la Passion, comme le fait Badiou, et de prétendre – conséquence quelque peu mécanique de son refus de la médiation – qu'il nous est possible d'occuper la place du fils. C'est son utopie à lui. Je pense quant à

---

17 Un autre film, l'extraordinaire *Dogville* de Lars Von Trier, montre que dans un patriarcat maffieux le flambeau phallique peut passer du père à la fille sans menace significative pour l'ordre social. (Note de 2008)

moi qu'elle est insuffisamment désenchantée parce que trop militante, qu'au lieu de les désintriquer elle renoue les fils du politique et du religieux, et qu'elle risque de faire une nouvelle fois l'impasse sur la question du féminin. Pour Gauchet, par contraste, il ne nous est pas possible d'occuper la place du fils parce qu'elle est prise[18]. En conséquence, l'humanité n'est « filialisée » que juste le temps qu'il faut pour être émancipée. Ce sera paradoxalement une humanité libérée de sa sujétion au pouvoir du père parce qu'elle réfère sa fraternité – et sa sororité – à la place vide du père symbolique plutôt qu'à la place pleine du fils à qui s'identifier. Parce qu'il abstrait l'événement de son « site », Badiou voit Dieu « renoncer à sa séparation transcendante » là où je le verrais plutôt renoncer à sa toute-puissance patriarcale ; « s'inséparer par filiation » là où je le verrais plutôt se maintenir fermement à sa place séparée de père symbolique ; enfin, « partager une dimension constitutive du sujet humain divisé » – ce qui est exact, mais d'après moi pour de tout autres raisons[19].

En abdiquant son pouvoir d'intervenir au milieu des êtres incarnés que nous sommes, tout se passe comme si Dieu le Père acquiesçait à son tour à l'acquiescement de Joseph ; lui aussi s'était abstenu d'intervenir dans le processus de l'incarnation. Ou comme si Dieu accusait réception de l'acte de foi du père nourricier dans la foi de sa femme ; il était adressé, mais à qui ? Ou comme s'Il répondait au coup d'envoi de l'incarnation en en approuvant toutes les conséquences, parmi lesquelles la mort de son Fils et la radicale redéfinition de sa propre paternité. Je fais du consentement de Dieu au sacrifice de son Fils une lecture légère, sans pathos, presque irrespectueuse, parce que je vois dans l'abstention de Dieu dans le cours des choses terrestres tout le contraire d'une médiation. L'abandon du Fils par le Père n'est ni le moment du négatif dans un processus dialectique ni simplement le « site » de la résurrection. Il renvoie en arrière, à la naissance, et toute naissance est la résurrection singulière du vivant qui se transmet à travers elle – point n'est besoin de croire à la fable chrétienne pour s'en émerveiller. À terme, les

---

18 Voir Gauchet, *Le désenchantement du monde, op. cit.*, pp. 195–197.
19 « Par la mort du Christ, Dieu renonce à sa séparation transcendante, il s'insépare par filiation, et partage une dimension constitutive du sujet humain divisé. Ce faisant, il crée, non l'événement, mais ce que j'appelle son site. » Badiou, *Saint Paul, op. cit.*, p. 74.

femmes et le féminin devraient acquérir dans cette lecture une tout autre place que dans le christianisme historique.

Je ne peux faire plus dans le cadre de cet essai que d'indiquer des pistes. En voici une, qui nous ramène à la question de l'autre en tant que destinataire, en tant qu'adressé. L'adresse universelle que comporte la « bonne nouvelle » chrétienne ignore la différence des sexes comme elle ignore les différences ethniques et les différences de classe. Saint Paul : « Il n'y a plus ni Juif ni Grec, il n'y a plus ni esclave ni libre, il n'y a plus ni homme ni femme. » (Épître aux Galates, 3. 28.) Comment convient-il de lire cet écrasement des différences dans l'universalité ? La mode est à l'apologie de la différence pour la différence, et qui cède à la mode sera multiculturaliste et anti-universaliste tout en se voulant féministe. Ce n'est ni très intelligent ni très à propos, politiquement. « Organiquement sans vérité », dit Badiou[20]. Faut-il pour autant laisser le champ libre à l'interprétation asexuée du message universaliste de Paul telle que l'a propagée la Révolution française quand elle le traduisit par « fraternité » ? Ce serait accréditer le refoulement du féminin quand il prend prétexte de la soi-disant neutralité du masculin. Ou doit-on, comme le fait Badiou, défendre Paul en soulignant combien nouvelle était par rapport aux mœurs de l'époque la « réversibilité de la règle inégalitaire » introduite par lui[21]? Je ne suis pas sûr que cela suffise, parce que Badiou en reste à la « nécessité de traverser et d'attester la différence des sexes *pour* qu'elle s'indifférencie dans l'universalité[22] ». Or la différence des sexes n'est pas une différence comme les autres. Elle n'est pas contingente mais constitutive, et il n'est pas sûr qu'elle puisse ni qu'elle doive s'indifférencier dans l'universalité. Surtout quand ce n'est pas seulement le problème de l'universel qu'on envisage à partir d'une structure d'adresse mais aussi le problème de l'incarnation, et même, l'un par l'autre. Il me paraît singulier et précieux que dans la plupart des langues – dans celles, en tout cas, qu'a parlées la chrétienté – le pronom de l'adresse (la deuxième personne, tu, toi) ne fasse pas la distinction des sexes alors que le pronom du référent (la troisième personne,

---

20 *Ibid.*, p. 11.
21 Par exemple : « La femme n'a pas autorité sur son propre corps, mais c'est le mari… et pareillement, le mari n'a pas autorité sur son propre corps, mais c'est la femme. » Épître aux Corinthiens, I.7.4, cité par Badiou, *ibid.*, p. 111.
22 *Ibid.*, p. 112.

il, elle) la fait[23]. Si « toi » la faisait, il y aurait simplement répartition des destinataires ou des adressés en hommes et femmes. N'en concluons pas que le pronom de l'adresse est asexué. Il est doublement sexué, parce qu'il ne permet pas de savoir le sexe de celui ou celle à qui l'on s'adresse. Peut-être cette incertitude sur le sexe du destinataire est-elle essentielle à la structure de l'adresse (comme je pense qu'elle est essentielle à l'assomption par un sujet de son *genre*, en conformité ou non avec son sexe biologique).

Quelle est maintenant la structure d'adresse de l'amour universel ? L'amour, dit Badiou, *est* l'adresse universelle que la foi ne constitue pas par elle-même[24]. Je souscris de tout cœur à cette définition (même si, comme on verra, je la tirerai du côté de saint Joseph plutôt que de saint Paul), et je mets l'accent sur la copule. Si l'acte de foi est adressé, l'amour *est* son adresse, et son adresse à tous. Il y a dans cette sèche et si peu sentimentale définition de l'amour de quoi remettre à sa place la juste répugnance que peut inspirer le christianisme précisément parce qu'il se présente comme une religion de l'amour. Qui, même parmi les chrétiens pratiquants, n'a jamais été irrité par l'insupportable certitude de ceux qui savent qu'ils font le bien, par la componction des dévots et l'oblativité ostensive des gens charitables, par la niaiserie du « tout le monde il est bon, tout le monde il est gentil » que propage un christianisme à l'eau de rose, par l'orgueil masochiste de celui qui tend la joue gauche quand on lui a frappé la joue droite, par la supériorité de ceux qui pardonnent unilatéralement, bref, par tout l'attirail chrétien de comportements mielleux qui sentent la soutane et l'eau bénite ? Ils résultent de la croyance mensongère en une réserve d'amour infinie se déversant par pure bonté sur l'humanité pécheresse – et peu importe à cet égard que le chrétien convaincu la situe en Dieu et non en lui-même ; le simple fait qu'il s'en imagine le dispensateur est assez pour rendre sa prétention suspecte. À cette juste répugnance on peut opposer comme antidote la bonne santé du précepte « Aime ton prochain comme toi-même ». Il rappelle, comme dit le proverbe,

---

23 L'hébreu marque la différence des sexes à même la deuxième personne. Je pense que cela renforce le contraste que j'essaye d'articuler entre judaïsme et christianisme.

24 « Cette adresse universelle que la foi, pure subjectivation, ne constitue pas par elle-même, Paul l'appelle amour, agapè, longuement traduit par "charité", qui ne nous dit plus grand-chose. » Badiou, *Saint Paul, op. cit.*, p. 92.

que charité bien ordonnée commence par soi-même. Voilà la base.
Mais si l'amour est l'adresse à tous de l'acte de foi, à quoi cette
adresse universelle s'éprouve-t-elle ? À ce qu'elle est à chaque fois
singulière, comme tracée sur l'enveloppe qui destine à un autrui
universel, indéterminé, c'est-à-dire quelconque, la déclaration de la
foi placée dans la liberté d'un autre singulier, seul à faire l'objet de
cette déclaration. L'amour ne se dilue pas dans l'universel (c'est là
la différence entre l'amour et sa médiocre traduction par charité),
il s'éprouve au coup par coup pour des êtres de chair et de sang.
Je te fais confiance, à toi, pas à n'importe qui, parce que je t'aime.
Et je t'aime parce que je t'estime digne de ma confiance, comme
n'importe qui doit l'être par principe et le serait si j'étais sûr qu'il
est aussi aimable que toi. Des autres j'attends des gages, de toi non.
Ma foi en toi t'investit d'être le récipiendaire de mon amour pour
l'humain en toi et, par conséquent, en dehors de toi.

L'acquiescement de Joseph à la grossesse de Marie est un acte
de foi porté par l'amour. Il aime Marie, non l'humanité en général.
Et c'est parce qu'il l'aime, elle, qu'il lui fait confiance. La foi en
Marie vient en premier, la foi en Dieu vient en second. C'est ce
qu'exprimait par boutade le syllogisme de tout à l'heure : Marie est
enceinte ; moi, Joseph, je n'y suis pour rien ; donc Dieu existe. Au
temps conclusif du syllogisme, qui coïncide avec l'assomption par
Joseph de sa paternité uniquement symbolique, son amour pour
Marie *est* l'adresse de sa foi en Dieu, et Dieu, parce qu'il est Un, est
« pour tous[25] ». L'amour singulier de Joseph pour Marie devient ainsi
l'adresse universelle de sa foi en Dieu. Mais j'ai été trop vite. C'est
par l'envoi de l'archange Gabriel que tout a commencé, par l'adresse
de Dieu à Marie. Or elle provient d'un Dieu qui n'est pas encore le
Dieu des chrétiens et qui a élu Marie entre toutes les femmes. Celle-
ci acquiesce à l'élection, avec une humilité qui n'est pas seulement
celle de sa condition féminine mais aussi celle de son peuple. Je l'ai
déjà suggéré, l'acte de foi juif est d'accueil et d'acquiescement au

---

25 « La question fondamentale est de savoir ce que veut dire au juste qu'il y ait
un seul Dieu. Que veut dire "mono" dans "monothéisme" ? Paul affronte, en en
renouvelant les termes, la redoutable question de l'Un. Sa conviction, proprement
révolutionnaire, est que *le signe de l'Un c'est le "pour tous", ou le "sans exception"*.
Qu'il y ait un seul Dieu doit se comprendre, non comme une spéculation philosophique sur la substance, ou sur l'étant suprême, mais à partir d'une structure
d'adresse. L'Un est ce qui n'inscrit aucune différence dans les sujets auxquels il
s'adresse. » *Ibid.*, p. 80.

mystère de son élection. Pour les deux sexes, la réceptivité et l'assomption d'une place d'énonciataire et non d'énonciateur dans la structure d'adresse sont la substance de l'acte de foi juif, substance qu'on peut dire, dans cette mesure, féminine. (Je me demande si ce n'est pas ce trait culturel du judaïsme qui fait que l'intolérance à l'autre se soit si souvent cristallisée d'un seul tenant sur la haine des Juifs et du féminin – voir Goebbels.) Badiou ne parle pas seulement du Dieu des chrétiens, il parle de ce que veut dire « mono » dans « monothéisme » et donc surtout du Dieu des Juifs quand il dit que « l'Un est ce qui n'inscrit aucune différence dans les sujets auxquels il s'adresse. » Pas même la différence des sexes ?

À la charnière du judaïsme et du christianisme, la différence des sexes cesse de s'inscrire dans le pronom de l'adresse. Celui-ci est à présent doublement sexué, et c'est à la réception qu'il se différencie. Marie reçoit en femme le « Je te salue » de Gabriel. Quand Joseph acquiesce à l'acquiescement de Marie (et peu importe que ce soit à un ange lui apparaissant en songe ou à Marie directement), il est aussi dans la réceptivité d'un message qui lui est adressé et vis-à-vis duquel l'acte de foi consiste à l'accueillir. On peut dire qu'il l'accueille avec sa « féminité » : dans Matthieu 1, 18–25, Joseph est tout sauf un macho crispé sur sa virilité ; il pense d'abord répudier Marie en douceur pour ne pas nuire à sa réputation et se ravise aussitôt que l'ange mentionne l'Esprit saint. On peut aussi dire que dans cet acte de foi en Marie, Joseph se comporte « en Juif ». Et c'est le second temps de l'acte de foi de Joseph, son acte de foi en Dieu dont son amour pour Marie est l'adresse, qui transforme le Dieu des Juifs en Dieu des chrétiens, le Dieu-Loi en Dieu-Amour. Il a fallu la concaténation de ces deux actes de foi successifs de la part de Joseph pour que l'amour devienne l'adresse universelle de la foi. Je ne veux pas minimiser la part de Marie, bien au contraire, seulement alléger et déplacer sa responsabilité dans l'avènement de la doctrine de l'incarnation. Bien qu'ils n'aient pas couché ensemble, elle et Joseph ont dû s'y mettre à deux pour la faire advenir. Ils ont en réalité fait naître Dieu le Père et seulement par ricochet, si j'ose dire, Dieu le Fils. Je le dis avec une pointe d'humour : comme tout père ici-bas, Dieu le Père naît à sa paternité neuf mois avant que naisse son Fils. La nouveauté inouïe est qu'Il naît en même temps à une nouvelle définition de la paternité : Dieu se « joséphifie » en devenant Père (Il n'était généralement pas appelé Père dans l'Ancien Testament).

Trente-trois ans plus tard, ce Dieu qui est toujours le Dieu des Juifs mais qui est maintenant un agent comme les autres de la loi du signifiant et non l'auteur de la Loi, laisse mourir son Fils sur la croix. J'ai dit plus haut que tout se passait comme s'Il acquiesçait à son tour à l'acquiescement de Joseph, ou comme s'Il accusait réception de l'acte de foi du père nourricier dans la foi de sa femme. Lui qui durant tout l'Ancien Testament était l'Énonciateur Unique, sourd – sauf exceptions mémorables – aux prières et aux suppliques de son peuple (cette surdité est un élément essentiel de sa transcendance), se retrouve en position d'énonciataire dans la structure d'adresse. En position « juive » et « féminine ». Il ne répond pas, il accuse réception, ce qui n'est pas la même chose. Dans la mesure où un accusé de réception est tout de même un message renvoyé à l'expéditeur, Dieu fait comme il a toujours fait quand les prières des hommes le forçaient à ne plus faire le sourd, il parle par signes : le Christ meurt et les nuées s'obscurcissent. De quoi la mort du Christ est-elle le signe ? Non seulement de ce que le Père a perdu sa toute-puissance mais aussi de ce qu'il y acquiesce. (C'est pourquoi il n'est pas destitué : il a perdu son pouvoir mais non son autorité.) Il vient de faire un acte de foi, certainement pas le premier de son existence – Adam aussi a été abandonné à sa liberté –, mais un acte de foi autrement plus décisif pour ce qui est de la sortie du religieux. L'imputation à Adam du péché originel était encore une manière d'admettre que les hommes, pécheurs par nature, ne s'en sortiront pas tout seuls et que s'ils veulent le salut, il ne leur reste qu'à attendre le Messie qui les délivrera. Au fond, ils ne méritaient pas leur liberté. À présent la question du mérite a disparu, et c'est cela surtout que signifie l'envoi du Messie, et sa mort. Il est venu, rien n'a changé, à vous maintenant. Le Dieu qui abandonne son Fils à sa mort ignominieuse est sans illusion, en d'autres termes, sans croyance. Il fallait qu'il aille jusque là pour que la mort de son Fils soit le signe de son acte de foi. Il fallait que Dieu lui-même sorte du religieux pour que son acte de foi soit crédible. La mort du Fils l'atteste. Par elle, Dieu signifie aux humains qu'il s'en remet à eux pour ce qui est de l'usage qu'ils feront de leur liberté. Il tient à eux, dorénavant, de désintriquer le politique du religieux, Lui se retire.

Dieu sort du religieux au moment où le Christ meurt et les hommes, au même moment, entrent dans la société du spectacle. (J'emprunte l'expression « société du spectacle » à Guy Debord pour mieux me démarquer de lui[26].) Souvenons-nous du sacrifice d'Isaac, dont celui du Christ au Golgotha est, avec tous les déplacements de rigueur, la répétition néotestamentaire. Je disais plus haut que l'Ancien Testament s'était vu conduit à prendre des mesures extraordinaires pour signifier aux hommes que les pères sont soumis à la loi du signifiant et ne la font pas. En effet, obliger un père à sacrifier son fils dans l'unique but de lui rappeler qu'il ne fait pas la loi, c'est un peu excessif. Abraham obtempère et Dieu, dans sa bonté, lui dépêche un ange qui arrête son bras. L'intervention est passablement spectaculaire, et plus d'un peintre baroque s'en est emparé. Sauf que les peintres baroques sont chrétiens, qu'ils ont reçu de la doctrine de l'incarnation le droit de faire des images et même, depuis le concile de Trente, l'injonction de mettre toute la puissance des images au service de la propagande ecclésiale. Ce que leur peinture efface, c'est que nul spectateur n'était présent lors du sacrifice d'Isaac, Dieu ayant insisté pour qu'il soit perpétré dans un lieu désertique. On saisit le contraste : il y a du monde au Golgotha, beaucoup de monde. La mise en scène est très réussie : un long prélude en quatorze stations, chacune avec son moment d'émotion, l'arrivée simultanée des acteurs et des spectateurs en haut d'un monticule naturel (beaucoup mieux qu'un podium surélevé), du bruit et de la fureur, un brouhaha pas possible, des coups de marteau, des soldats romains en veux-tu en voilà, un homme encore jeune et plutôt beau avec un cache-sexe pour tout vêtement, deux larrons crucifiés pour l'effet de symétrie, une couronne d'épines, une éponge imbibée de vinaigre, un coup de lance au flanc, quel spectacle ! Et cette croix ! Comme dit Oliviero Toscani (le photographe et ex-*art director* de Benetton), qui s'y connaît, un *logo* qui tient vingt siècles, il y a de quoi rendre jaloux tous les publicitaires du monde. La société du spectacle, surtout quand elle dispose des moyens technologiques d'aujourd'hui, quand elle a absorbé la société civile laïque née de la Révolution française, quand elle est devenue l'unique scène où le politique se donne à partager, quand elle assume la fonction anthropologique ou sociologique de la religion, la société du spectacle est

---

26 La société du spectacle daterait selon Debord du capitalisme tardif et résulterait de l'envahissement de tout l'espace social par le fétichisme de la marchandise, auquel toute image serait réductible. Je pense que la société du spectacle est beaucoup plus ancienne et beaucoup plus profondément redevable du christianisme, religion de l'image s'il en est. (Note de 2008)

ce qui masque le plus efficacement le fait qu'il y a deux mille ans que nous sommes sortis du religieux.

La société du spectacle est la forme que prend la religion quand on est sorti du religieux. Elle commence dès le Golgotha, et avec quel éclat ! Elle se ressource au IXe siècle à Byzance, passant plus près que jamais du mystère de l'incarnation mais le rabattant aussitôt dans l'économie, c'est-à-dire dans la médiation, une médiation dont les femmes et le féminin feront les frais[27]. Elle devient la politique officielle de l'Église avec le concile de Trente et le vigoureux programme iconographique du baroque. Les églises, depuis, ont pu se succéder et « l'église cathodique » avoir quasi absorbé l'Église catholique, la société du spectacle se porte bien[28]. En disant qu'elle est ce qui masque le plus efficacement le fait qu'il y a deux mille ans que nous sommes sortis du religieux, je ne veux pas dire qu'elle n'est qu'un écran de fumée qu'on peut dissiper. Je veux dire que le religieux se bat, qu'il se défend, qu'il ne veut pas mourir, que même au bout de la très longue histoire que raconte Gauchet, au cours de laquelle les hommes ont très lentement appris à se passer de médiation avec l'invisible, le désir de celle-ci se défend farouchement. D'autant plus farouchement, bien sûr, que la sortie du religieux est pratiquement accomplie. L'aveuglant excès de visibilité du spectacle, son trop-de-visible, est là pour occulter qu'il y a de l'invisible et qu'entre le visible et l'invisible il n'y a pas de médiation. Il n'y a pas eu davantage de témoin à la résurrection du Christ qu'au sacrifice d'Isaac, et cela reste à méditer.

Austin, Texas, avril 1999 ;
Bruxelles, août 2006

---

27 « Ce qui se joue dans la virginité de la Vierge, c'est la pureté de l'image. Désormais, nous autres femmes devrons choisir entre la visibilité rédimée de notre image virginale et maternelle et les ténèbres diaboliques de notre matière in-imaginable, impure et déflorée. » Marie-José Mondzain, *Image, icône, économie, op. cit.*, p. 131.
28 À l'heure où j'écris ces lignes (avril 1999), le Vatican vient de lancer sur le marché un CD intitulé *Abbà Pater* constitué à partir d'homélies et de prières papales entrecoupées de musique New Age. Le Vatican a accompagné sa sortie d'un clip digne de Benetton où l'on voit une mère allaitant son bébé et un couple nu *sans* feuille de vigne, version contemporaine d'un *Adam et Ève* de Cranach !

Incertitude de paternité et différence des sexes
Une relecture des schémas lacaniens de la sexuation

> *Il n'y a qu'un seul père réel, c'est le sperma-*
> *tozoïde et, jusqu'à nouvel ordre, personne*
> *n'a jamais pensé à dire qu'il était le fils de*
> *tel spermatozoïde.*
>
> Jacques Lacan[1]

S'il m'est permis – je sais que c'est risqué – de venir sur le terrain des psychanalystes sans avoir d'autre titre de compétence que
d'avoir fait une analyse (lacanienne) et d'avoir un peu lu la littérature, j'aimerais aujourd'hui, en 2006, poser aux analystes une question qui me brûle les lèvres depuis dix ans et que mon impatience
me pousse à mettre d'emblée sur la table : pourquoi Jacques Lacan
ne dit-il nulle part du phallus qu'il est le signifiant de l'incertitude
de paternité autant que celui de la castration ? Il me semble que
c'est la même chose et qu'il y a des endroits où Lacan le laisse
entendre. Qu'il ne le dise jamais franchement ne cesse de m'intri-
guer, d'autant que je suis persuadé que la cause féministe gagnerait
à cette lecture. J'ai souvent à l'esprit que lorsque la revue *L'Arc*
(dont chaque numéro était consacré à un intellectuel célèbre) a
sorti un numéro Lacan, il fut confié exclusivement à des femmes et
que dans son introduction, Catherine Clément avait écrit : « Lacan
produit des effets de remaniements culturels assez importants pour
toucher au statut de publication de l'écriture des femmes », ajoutant
même que « l'écriture de ces femmes [...] résulte bien quelque part
du désir de Lacan lui-même[2] ». Il doit y avoir un signe, me semble-
t-il, dans le fait que l'écriture des femmes ou, plus généralement,
la création intellectuelle et artistique au féminin, ait été affectée et
stimulée par l'apport de Lacan à la science freudienne. Ce signe
demeure à interroger.

Lors d'un colloque qui s'est tenu en février 1996 à l'occasion
de l'exposition *Fémininmasculin*, au Centre Pompidou, j'ai fait un

---

1 Jacques Lacan, *Le Séminaire, Livre XVII, L'envers de la psychanalyse*, Seuil,
Paris, 1991, p. 148.
2 Catherine Clément, « Un numéro », *in L'Arc* n° 58, 1974, p. 1 ; p. 2.

exposé que je ne pensais pas très sérieux à l'époque mais auquel je me suis aperçu à mon corps défendant être revenu périodiquement au cours des dix années écoulées, chaque fois que me préoccupaient la question de la différence des sexes et son incidence sur la création artistique. Cela commençait par une fable, en quelque sorte. (Je l'ai transcrite au début du chapitre cinq du présent livre.) J'y imaginais une planète fictive habitée par des êtres qui auraient tous les caractères des humains sauf que, grâce à je ne sais quelle chimie hormonale, les partenaires des deux sexes engagés dans l'acte d'amour seraient informés sur le champ en cas de fécondation. Un signal quelconque produisant de quelque manière un état de conscience spécial – une qualité particulière d'orgasme, par exemple – distinguerait sur cette planète un acte sexuel fécond d'un acte stérile. La paternité y serait donc aussi certaine que la maternité. J'avais adopté dans cet exposé une stratégie rhétorique qui présentait ma planète fictive comme étant la nôtre et la terre comme une contrée étrangère. J'invitais ainsi mes auditeurs à trouver familière une planète où régnerait tout naturellement le partage égalitaire de l'autorité des parents, car il découlerait de leur certitude commune d'être les auteurs de leur progéniture, et étrange voire incompréhensible une planète où femmes et enfants sont sous la tutelle de ceux que la société appelle pères alors que personne, à commencer par eux-mêmes, n'est sûr qu'ils le sont véritablement. Vous voyez, je suppose, à quoi pouvait servir cette invitation au dépaysement : à dénuder le talon d'Achille du patriarcat ; à faire apparaître que l'institution purement symbolique qu'est la paternité sur la planète terre n'implique nullement que cette institution s'arroge le pouvoir, car elle devrait en toute logique reposer sur la confiance des mâles dans la parole de leurs compagnes ; à montrer, enfin, que la méfiance foncière des terriens de sexe masculin à l'égard du désir féminin, socle ô combien mesquin et dérisoire de l'ordre patriarcal, s'enracine dans la « déficience » naturelle dont ils sont affligés.

Il est clair que, ma stratégie rhétorique mise à part, j'ai voulu ce soir-là formuler à l'emporte-pièce une sorte d'hypothèse féministe sur l'origine du patriarcat, en ramenant le pouvoir des pères et la violence de l'oppression des femmes par les hommes à une source unique, l'incertitude de la paternité. Ce n'est pas très original, plus d'un ouvrage féministe part de là. Mais beaucoup de féministes, par exemple Jane Gallop dans *The Daughter's Seduction*, ou Françoise Collin dans son tout récent *Le différend des sexes*, s'efforcent de dénaturaliser l'incertitude de paternité pour mieux mettre en évidence l'ordre symbolique qui est sa conséquence[3]. Je l'ai au contraire décrite comme naturelle, un fait biologique irréfutable dû à l'absence de signal somatique de fécondation chez le mâle. Je m'attire délibérément l'objection classique : vous défendez le *statu quo* car vous invoquez l'ordre de la nature, auquel on ne peut rien changer. Être féministe, c'est d'abord rompre avec toute explication naturaliste. Les lectrices et lecteurs jugeront si mon explication est naturaliste. Je pense pour ma part que seul mon point de départ l'est, et encore, uniquement au sens où je pars de données établies par les sciences de la nature et que je considère que quelque explication que ce soit doit être compatible avec ces données. La physiologie sexuelle est ainsi faite qu'une femme sait qu'elle est enceinte à partir du moment où elle constate que ses règles tardent à venir, et qu'un homme sème à tout vent sans jamais savoir si la petite graine a été bien plantée – ou si elle a bien été plantée par lui. Le phénomène est naturel, commun à tous les membres de l'espèce *homo sapiens* (de même qu'à quantité d'autres espèces), et donc universel. Peut-on pour autant y ramener le patriarcat comme à une source unique ? Ce serait cela, l'objection.

Prenons le problème par l'autre bout. Encore que les choses aient tellement changé qu'on peut dire qu'en Occident, du moins, l'ordre symbolique patriarcal se trouve dans un état de déliquescence avancé, le patriarcat est ou était bel et bien, lui aussi, un phénomène universel. Je veux dire qu'on le constate partout et de tout temps : sans exclure que le monde ait connu des cultures "matrilocales" au sens de Marija Gimbutas[4], la recherche ethnologique contemporaine a, si je suis bien informé, dissipé l'illusion de Bachofen et d'autres concernant l'existence de sociétés matriarcales originelles. Puisqu'il est une constante sur cette terre, on doit donc s'attendre à ce que le patriarcat ait une source anthropologique. Il me semble que c'est cette source, ou un préjugé qui découle immédiatement d'elle, que Françoise Héritier, qui est justement anthropologue, appelle pudi-

---

3   Jane Gallop, *The Daughter's Seduction, Feminism and Psychoanalysis*, Cornell University Press, Ithaca, NY, 1982 ; Françoise Collin, *Le différend des sexes*, Pleins Feux, Nantes, 1999.
4   Cf. Marija Gimbutas, *Le langage de la Déesse*, Éditions des Femmes-Antoinette Fouque, Paris, 2005.

quement la « valence différentielle des sexes[5] ». En amont de la domination sociale des hommes sur les femmes, elle perçoit une « dominance toute conceptuelle du masculin sur le féminin » dans toutes les sociétés, des plus frustes aux plus évoluées[6]. D'après son enquête, être homme c'est, partout et toujours, *mieux* qu'être femme.

La lecture de son livre (le premier volume de *Masculin/Féminin*) m'a laissé perplexe. Comme moi, Françoise Héritier part du biologique (p. 23), animée des deux convictions, auxquelles j'adhère sans réserve, qui forment le b.a.-ba de l'anthropologie structurale, à savoir que « le social n'est jamais réductible au biologique, ni *a fortiori*, au génétique » (p. 275), et que « la filiation est donc proprement sociale » (p. 52). Tout son livre illustre à profusion cette dernière thèse. Je passe sur les analyses souvent fort techniques des structures de parenté élémentaires, semi-complexes et complexes, agnatiques et cognatiques, patrilinéaires et matrilinéaires, les systèmes Crow, Omaha et autres. Ils font tous de la filiation par le père une institution qui est indifférente à la paternité biologique. D'où vient ma perplexité ? Au début du livre, Françoise Héritier met le doigt sinon sur la source unique du moins sur ce qu'elle nomme les *phénomènes premiers* « d'où pouvait provenir cette "valence différentielle des sexes" », et qu'il s'agit de prendre « en considération pour expliquer son universelle présence » : « Je suis arrivée à la conclusion, dit-elle, qu'il s'agit [...] de l'expression d'une volonté de contrôle de la reproduction de la part de ceux qui ne disposent pas de ce pouvoir tout particulier[7]. » Héritier ne nie évidemment pas que les hommes partagent le pouvoir de la reproduction à égalité avec les femmes, même s'ils ne portent pas les enfants. Leur impouvoir, c'est qu'ils n'ont pas le *contrôle de la reproduction*. Pourquoi les hommes ne l'ont-ils pas ? Pourquoi veulent-ils tant l'avoir ? Pourquoi paraît-il universellement nécessaire à l'ordre social qu'ils fassent comme s'ils l'avaient ? Est-ce leur volonté de contrôle de la reproduction qui explique la valence différentielle des sexes, ou l'inverse ? Celle-ci n'est-elle pas déjà présupposée pour que l'impou-

---

5 Françoise Héritier, *L'Exercice de la parenté*, Le Seuil-Gallimard, Paris, 1981, pp. 62–67.
6 Françoise Héritier, *Masculin/Féminin, La pensée de la différence*, Odile Jacob, Paris, 1996, p. 25.
7 *Ibid.*

voir des hommes doive ainsi se convertir en son contraire avec une universalité telle qu'il est bien difficile de ne pas prendre cette conversion-même pour une loi de la nature ? Je ne suis pas sûr que Françoise Héritier ait vraiment déconstruit la valence différentielle des sexes. La fable que j'ai inventée pour mon exposé de Beaubourg il y a dix ans était déjà motivée par l'impression frustrante que son livre (qui venait de paraître) tournait en rond dans une argumentation circulaire autour d'un point d'aveuglement. *Mater certa, pater incertus*, décidément, semble-t-elle dire, cette vieille scie est d'une évidence trop aveuglante pour qu'on s'y arrête. De tout le livre, l'expression « incertitude de paternité » n'intervient pas une seule fois, alors que l'impressionnant matériel ethnologique amené dans la démonstration y renvoie sans cesse. Car toutes ces structures de parenté, telles que les systèmes Crow, Omaha et autres les établissent, d'où dérivent-elles, et qu'est-ce qu'elles font ? Elles ont toutes pour fonction de neutraliser l'incertitude de la paternité biologique en attribuant symboliquement la fonction paternelle à un homme dont la place est définie d'avance dans la structure. Le cas des Trobriandais, société matrilinéaire de Mélanésie étudiée naguère par Malinowski, est le plus célèbre des nombreux cas où l'autorité légale n'est pas entre les mains du père présumé réel mais bien de l'oncle maternel[8]. En investissant le frère de la mère du rôle de père, on court-circuite la question de savoir qui est réellement le géniteur de l'enfant et on inscrit ce dernier dans la famille en raccrochant la filiation paternelle à la lignée maternelle, la seule qui soit sûre. On dira peut-être qu'il s'agit dans cette étude de sociétés « primitives » et que nous n'en sommes plus là. Pourtant, quand le code civil français de 1804 énonce « la présomption de paternité dans le mariage », il ne fait pas autre chose que neutraliser l'incertitude foncière liée à un fait – j'insiste – naturel, biologique. Ce fait serait bien sûr sans conséquence s'il n'existait pour les hommes cette autre incertitude, source de leur angoisse et de leur jalousie, celle quant à la fidélité de leur partenaire sexuelle, et donc, quant à son désir à elle.

---

8 L'ethnologie récente a complexifié l'analyse de Malinowski mais ne l'a pas remise en cause. Voir Charles-Henry Pradelles de Latour, « La parenté trobriandaise reconsidérée », *Littoral* 11/12, février 1984, pp. 115–136.

Voici ouvert le registre du désir, sur lequel la psychanalyse a des choses à nous dire. Françoise Héritier est une disciple de Lévi-Strauss, pour qui le tabou de l'inceste marque la coupure nature/culture et articule de ce fait le champ de l'anthropologie structurale à celui de la psychanalyse[9]. Héritier est à ce titre encline à interroger ce qu'il reste aujourd'hui de sociétés « primitives » pour ce qu'elles peuvent nous apprendre des sociétés archaïques qui auraient présidé aux destinées de notre espèce, à l'origine. Il est un essai très connu de Freud qui vient à point ici. C'est un mythe d'origine, justement, un mythe qui fonde l'ordre social comme Lévi-Strauss en a recueilli et analysé des dizaines, mais c'est un mythe artificiel, que Freud construit, qu'il invente. Pas une fable, comme l'histoire de ma planète fictive, mais bel et bien un mythe dans la mesure où Freud lui fait jouer un rôle de fondement. J'ai nommé, bien sûr, *Totem et Tabou*[10]. En trois chapitres publiés séparément, Freud brasse d'abord avec une érudition considérable tout le savoir anthropologique de son temps, et avance dans le quatrième et dernier chapitre ce qu'il présente prudemment comme une hypothèse extravagante avant de nous livrer un récit audacieux qui concerne carrément les origines de l'humanité. Comme hypothèse scientifique, ce récit restera à jamais invérifiable. Néanmoins, Freud le présente comme authentique et réel. C'est ainsi que les choses ont dû se passer, dit-il. À l'origine était la horde primitive. Freud, qui se base sur une spéculation de Darwin, s'abstient de situer son récit dans le temps. On suppute néanmoins que la horde en question est faite d'hominidés ou peut-être déjà d'individus de l'espèce *homo sapiens*, qui possèdent des rudiments de langage et qui vivent en

---

9 On pourrait penser que l'état actuel de la recherche en éthologie animale a fait voler en éclats le « dogme » structuraliste du tabou de l'inceste comme marquant la coupure nature/culture. En effet, l'évitement naturel de l'inceste a été constaté dans de nombreuses espèces animales, et particulièrement chez les singes supérieurs. C'est un débat ouvert mais qui, je pense, ne met en péril ni l'approche ethnologique ni l'approche psychanalytique. Il suffit de faire remarquer la différence qu'il y a entre *évitement* et *prohibition* de l'inceste : ce second terme ne saurait être imputé au règne animal, qui ignore l'éthique. S'il vaut pour l'animal humain, c'est qu'il est un animal qui parle et qui, ajouterait Lacan, est « parlé » par *lalangue*, lieu du symbolique et de la loi. Sur l'évitement de l'inceste en règne animal, voir Rolf Schäppi, *La femme est le propre de l'homme, De l'éthologie animale à la nature humaine*, Odile Jacob, Paris, 2002, pp. 105–133.

10 Sigmund Freud, *Totem et Tabou, Quelques concordances entre la vie psychique des sauvages et celle des névrosés* (1912–1913), Gallimard, Paris, 1993.

bandes mais pas encore en société. Je cite l'essentiel du récit, qui n'est pas long :

> Un père violent, jaloux, qui garde toutes les femelles pour lui et chasse les fils qui arrivent à l'âge adulte, voilà à quoi [la horde primitive] se résume. [...] Un jour, les frères qui avaient été chassés se coalisèrent, tuèrent et mangèrent le père, mettant ainsi fin à la horde paternelle. Unis, ils osèrent entreprendre et réalisèrent ce qu'il leur aurait été impossible de faire isolément. [...] Dès lors, dans l'acte de manger [le père], ils parvenaient à réaliser l'identification avec lui, s'appropriaient chacun une partie de sa force. [...] Il se développa un sentiment de culpabilité qui coïncide ici avec le repentir éprouvé collectivement. Le mort devint plus fort que ne l'avait été le vivant. [...] Ce qu'il avait empêché autrefois par son existence, ils [les fils] se l'interdirent dès lors à eux-mêmes[11].

À la suite de quoi ils édictèrent que la loi du père mort serait la leur et s'obligèrent à chercher leurs partenaires sexuelles en dehors de la horde. Interdit de l'inceste et exogamie, les pierres de touche de l'anthropologie structurale, résulteraient, selon le mythe freudien, du meurtre réel du père. Des dizaines de milliers d'années plus tard, quand la civilisation aura fait son travail, l'Œdipe de Sophocle donnera une variation individuelle et hautement perlaborée de ce meurtre collectif primitif et, plus tard encore, le complexe d'Œdipe selon Freud en formulera la version introjetée dans la psyché de tout individu[12]. On peut d'ailleurs lire dans ce concept d'introjection la trace du repas cannibale fondateur que la phylogenèse inscrit dans l'ontogenèse psychique.

Avouons que comme manière de ramener le patriarcat à une origine unique, on ne fait pas mieux. Un père, un seul, violent et jaloux, un mâle dominateur qui s'arroge toutes les femelles, les couvre et les féconde toutes, qui en interdit l'accès à tous les autres mâles de la horde, et qui chasse ses fils dès qu'ils arrivent à l'âge

---

11 *Ibid.*, pp. 289–292.
12 En négligeant ici qu'au fondement de la psychanalyse il n'y a pas qu'un mythe mais bien trois, Œdipe, le père de la horde, et Moïse l'Égyptien, je prends le risque d'un amalgame que je pense autorisé par la nécessité de prendre un raccourci. Sur ces trois mythes, voir François Balmès, *Dieu, le sexe et la vérité*, Érès, Ramonville Saint-Agne, 2007, pp. 53–55. Pour une explication de « la schize qui sépare le mythe d'Œdipe de *Totem et Tabou* », voir Jacques Lacan, *Le Séminaire, Livre XVIII, D'un discours qui ne serait pas du semblant*, Seuil, Paris, 2006, pp. 158–159.

adulte. « Un jour, les frères… », dit Freud. Tous les jeunes mâles de la horde sont frères parce qu'ils sont tous fils d'un même père, c'est évident. Le père possède toutes les femmes de la horde, ses filles comprises : elles sont toutes à lui et elles sont… tout à lui. Il a le monopole de la jouissance des femmes. Des oreilles d'analystes entendront sûrement flotter le génitif dans l'expression « la jouissance des femmes ». Le père primitif jouit d'elles en ce sens qu'il s'en sert pour son plaisir à lui. Peut-être aussi les fait-il jouir, une à une, on n'en saura rien. Freud ne s'attarde pas là-dessus. Ce qui lui importe, c'est de bâtir un fondement théorique à la loi du père mort. Le sort des femmes, ma foi, Freud n'est pas connu pour son féminisme militant.

Plus curieux, Freud ne relève pas, tant cela doit lui paraître évident, ce qu'il en est de son mythe d'origine du point de vue de l'incertitude de la paternité. Il n'y a aucune place pour elle dans la horde primitive tant que le père est vivant. Il a le pouvoir absolu sur ses femmes, sur ses filles et sur ses fils, et donc la certitude absolue de « contrôler la reproduction », pour parler comme Françoise Héritier. Mais le pouvoir qui s'exerce dans la violence et n'exprime que la loi du plus fort ne garantit pas l'autorité, laquelle est un pouvoir reconnu, légitime. Or le père fait légitimement la loi seulement *post mortem*, quand les fils auront répondu à sa violence par la violence et quand, dans leur remords partagé, ils auront proclamé l'autorité paternelle rétroactivement et d'un commun accord. Ainsi se trouve fondé l'ordre social patriarcal. La horde fait place à la tribu. Il en résulte que la loi de la tribu s'énonce ainsi : tous les hommes ont affaire à l'incertitude de la paternité, sauf un. Remarquons le déni du biologique qui se glisse là. Biologiquement parlant, le père primitif est tout autant soumis à la loi de l'incertitude de paternité que ses fils. Il n'est pas, du point de vue naturel, l'exception qui confirme la règle. Il est, du point de vue culturel, l'exception qui fonde la règle après-coup. Une loi universelle de la culture ou de la société se voit fondée en amont, dans l'exception qui prétendait contredire une loi universelle de la nature. Ne convient-il pas de penser que le père mythique – et *réel* – de *Totem et Tabou* naît littéralement de ce déni du biologique, et le patriarcat avec lui ? N'est-ce pas précisément ce déni qui fonde l'accès de la paternité au symbolique, en rejetant dans le *réel* ce père impossible qui jouirait absolument de sa certitude de géniteur ? Si oui, les féministes ont de quoi désespérer.

Si Freud n'est pas connu pour son féminisme militant, Lacan n'est pas connu pour offrir des passerelles pédagogiques à ses lecteurs. L'ordre (ou plutôt le désordre) de parution des Séminaires n'est pas pour rien dans la difficulté de leur lecture. J'ai lu pratiquement dès sa parution en 1975 et de nombreuses fois depuis le *Séminaire XX, Encore*, mais ce n'est qu'en le relisant en parallèle avec le livre de Geneviève Morel, *Ambiguïtés sexuelles*[13], que j'ai compris que c'était le mythe sur lequel se conclut *Totem et Tabou* que Lacan avait traduit en formules dans le schéma de la sexuation par lequel il illustre qu'« il n'y a pas de rapport sexuel[14] ». Ce sont les deux formules en haut à gauche qui nous retiennent pour l'instant.

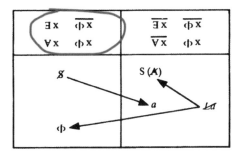

J'ai mis du temps à comprendre pourquoi elles apparaissaient dans cet ordre. Logiquement, me disais-je, il aurait fallu commencer par celle du bas, ce que je vais donc faire (et que Lacan, du reste, fait également). La formule du bas, ∀x φx, se lit : *pour tout x, Phi de x.* X, c'est le sujet, masculin, car la colonne de gauche concerne (disons pour simplifier) les hommes. La lettre grecque Phi (φ), c'est la fonction phallique, l'inscription du sujet sous la loi du père. Une fois traduite en langage de tous les jours, la formule signifie donc : pour tout homme, la loi du père vaut ; autrement dit, aucun homme n'y

---

13 Geneviève Morel, *Ambiguïtés sexuelles, Sexuation et psychose*, Anthropos, Paris, 2000.
14 Jacques Lacan, *Le Séminaire, Livre XX, Encore*, Seuil, Paris, 1975, p. 73 pour les formules de la sexuation, et p. 35 pour l'énoncé « il n'y a pas de rapport sexuel ». Le fait que les deux *Séminaires* précédant *Encore* ne sont parus qu'après que j'eus écrit le présent texte y est pour beaucoup dans mon incompréhension. Lacan introduit les formules de la sexuation dans le *Séminaire XVIII* et les reprend dans le *Séminaire XIX, … ou pire*, Seuil, Paris, 2011. Quant à l'énoncé « il n'y a pas de rapport sexuel », on le trouve à divers endroits du *Séminaire XVIII*, notamment, tel quel, p. 166.

échappe. La seconde formule, celle du haut, $\exists x\ \overline{\Phi}x$, se lit : *il existe un x tel que non-Phi de x*. Une fois traduite en langage de tous les jours : il existe un homme, un seul, qui échappe à la loi du père. Et qui est cet homme ? Le père. La loi est contredite par l'unique exception qui fonde la loi. Ayant enfin compris que le père en question, c'est le père mort du mythe de Freud, j'ai aussi compris que si le schéma de Lacan formule l'exception avant la loi, c'est parce que la loi est fondée rétroactivement sur elle.

J'ai bien conscience, moi qui suis profane, de devoir passer un test de compétence avant de poser la question que je brûle d'adresser à la psychanalyse depuis dix ans. Je tiens à être assez précis pour que l'on puisse me dire où je me trompe, si je me trompe, dans ma lecture de Lacan. J'ai dit plus haut que la loi de la tribu s'énonce ainsi : tous les hommes ont affaire à l'incertitude de la paternité, sauf un. J'ai lu les deux formules de Lacan comme suit : tous les hommes sont soumis à la loi du père, sauf un. La loi du père, Lacan l'appelle *castration*. Pourquoi ne l'appelle-t-il jamais *incertitude de paternité* ? Telle est ma question. Je ne suis pas sûr de pouvoir dire de façon bien articulée en quoi je pense que castration et incertitude de paternité sont les deux faces d'une seule et même loi. La piste que j'aimerais suivre, et dont je serais reconnaissant à mes lecteurs compétents de bien vouloir me dire si elle a quelque validité, est la suivante : l'explication passerait par le désir de la mère – celui de coucher avec un autre que le père, par exemple (mais ce pourrait tout autant être le désir d'aller manger une saucisse, c'est Lacan qui le dit) – en tant que ce désir est interprété par l'enfant comme un *désir d'autre chose que lui* sur lequel il ne peut mettre d'autre signifiant que la loi que le père impose à la mère, cette loi qui, dans ma lecture de *Totem et Tabou*, s'énonce de l'exception paternelle à la loi universelle de l'incertitude de paternité. Le désir de l'enfant, qui est désir du désir de la mère, rencontre sa butée dans la question : suis-je bien le fils ou la fille de mon père ? Il doit se présenter dans la clinique des cas où la question se pose par rapport à la mère, mais quand le père est en cause, j'aurais tendance à lire le « roman familial » que se construisent certains sujets qui s'imaginent être des enfants trouvés comme une réponse à l'angoisse liée au fait biologique de l'incertitude de paternité, telle qu'elle est ressentie par l'enfant. Un homme peut être anxieux de savoir s'il est bien le père de ses enfants, un enfant peut être anxieux de savoir si son père est bien son père. Il peut y avoir deux désirs de réponse à cette question, selon que l'enfant accepte ou n'accepte pas la privation (réelle) exercée par le père (imaginaire) sur la mère (symbolique)[15]. L'enfant peut très bien préférer être né sans père afin de rester assujetti au désir de la mère et de se fantasmer dans la position de l'objet qui y répond, le phallus. Il peut aussi acquiescer à ce que Lacan nomme le moment privatif du complexe d'Œdipe, renoncer à être le phallus de la mère, et apposer au signifiant phallique le nom-du-père comme étant ce qui fait barrage au désir de la mère en tant que désir d'autre chose. C'est alors, dit Lacan, qu'il préférera le père à la mère, avec des conséquences différentes pour les garçons et pour les filles. Or, préférer le père, me semble-t-il, cela implique d'avoir fait taire la question « suis-je bien le fils ou la fille de mon père ? ». L'enfant, à cet âge, sait que les enfants sont conçus dans le ventre des mères mais n'a qu'une idée très vague du rôle des pères dans la conception. Quand s'installe la métaphore paternelle, celle-ci a la même fonction à l'échelle de l'enfant que la présomp-tion de paternité dans le mariage (pour ne rien dire des systèmes Crow ou Omaha) à l'échelle de la société et de la culture : elle vient contenir et neutraliser l'incertitude de la paternité biologique et cal-mer l'angoisse afférente. La métaphore paternelle court-circuite la question du géniteur.

J'admets que ma lecture de Lacan est dilettante, en particulier parce que je néglige ici les remaniements de sa pensée entamés dans la foulée d'*Encore*, soit ce qui sépare la théorie du nom-du-père comme métaphore paternelle, élaborée dans le Séminaire de 1959, *Les formations de l'inconscient*, de sa pluralisation en les noms-du-père, suivie de sa mise en éclats dans le jeu de mots *les non-dupes errent*, en 1973–1974. Je m'attends à ce que tout soit à revoir, et j'avance pas à pas. Ma question aux analystes, en revanche, brûle les étapes, et j'ai du mal à la retenir. Me trompé-je tout à fait si j'interroge la psychanalyse de la même façon que j'ai interrogé l'an-thropologie de Françoise Héritier, en m'étonnant de l'impasse faite sur l'incertitude de paternité ? On en trouve mention dans la litté-rature analytique mais pas très souvent, que je sache : une phrase ou deux dans *Moïse et le monothéisme*, une lettre de Freud à Marie

---

15 L'explication avancée dans ce paragraphe se base sur Jacques Lacan, *Le Sémi-naire, Livre V, Les formations de l'inconscient*, Seuil, Paris, 1998, et en particulier sur les chapitres IX à XI, « La métaphore paternelle » et « Les trois temps de l'Œdipe I et II », pp. 161–212.

Bonaparte, des passages plus allusifs qu'explicites dans Lacan[16] – je n'ai pas fait d'enquête exhaustive. Si quelqu'un pouvait me dire où d'autres mentions ont été recensées, j'en serais heureux. Celles que je connais me frappent justement par leur caractère allusif. Tout se passe comme si le fait biologique de l'incertitude de la paternité ne méritait pas qu'on s'y arrête. On glisse dessus parce qu'on a affaire, dans la clinique et dans la théorie, à ses conséquences et non au fait biologique comme tel. Peut-être glisse-t-on dessus également parce qu'on a pris toutes ses distances (surtout, à moins qu'il ne faille dire *sauf* si on est lacanien) avec le Freud neurophysiologue, le Freud de l'*Entwurf*, le Freud qui espérait encore ancrer la psychanalyse à la biologie, un Freud avec qui je pense qu'il faut prendre le risque de renouer[17]. Je dis « risque » parce que dans le contexte polémique actuel – *Le livre noir de la psychanalyse*, le rapport de l'Inserm, etc. – cela peut prêter à malentendu[18]. Ma tentative n'a rien à voir avec un parti pris en faveur des cognitivistes, comportementalistes et autres neuropsychiatres. Mon espoir avec cet essai est simplement de rendre la naïveté de ma question recevable aux analystes sans en perdre le tranchant. Je m'étonne de ce que Lacan n'ait jamais répondu à ceux et celles qui ont pu lui demander pourquoi le signifiant de la différence des sexes devrait se trouver du côté masculin et pourquoi, de surcroît, du côté de la paternité plutôt que de la masculinité en général, que c'était parce que la maternité n'a pas besoin d'un signifiant. Une femme sait dans sa chair si elle est mère. Un homme a besoin que sa responsabilité de géniteur soit enregistrée par un acte symbolique parce qu'il ne dispose pas d'un signal

---

16 Quand Lacan fait allusion à l'incertitude de la paternité, c'est la plupart du temps de biais et sur un ton narquois, par exemple : « On peut très bien faire un enfant à son mari, et que ce soit, même si on n'a pas baisé avec, l'enfant de quelqu'un d'autre, justement de celui dont on aurait voulu qu'il fût le père. C'est tout de même à cause de cela qu'on a eu un enfant. » Lacan, *Le Séminaire, Livre XVII*, p. 148. (Note de 2022)

17 Sigmund Freud, « Esquisse d'une psychologie scientifique », in *La naissance de la psychanalyse*, PUF, Paris, 1956.

18 Sur ce contexte polémique, cf. *Le livre noir de la psychanalyse*, sous la direction de Catherine Meyer, Les Arènes, Paris, 2005 ; *Anti-Livre Noir de la psychanalyse*, sous la direction de Jacques-Alain Miller, Seuil, Paris, 2006 ; Élisabeth Roudinesco, *Pourquoi tant de haine ? Anatomie du Livre noir de la psychanalyse*, Navarin, Paris, 2006. Sur le rapport de l'Inserm, « Troubles des conduites chez l'enfant et l'adolescent », cf. notamment Gérard Wajcman, « Voici le bébé délinquant », *Le Monde*, 4 mars 2006.

somatique de paternité. C'est pourquoi phallus et nom-du-père sont synonymes alors que phallus et pénis ne le sont pas, et pourquoi le phallus est un signifiant et non un signe. Signifiant de la castration, dit Lacan. Signifiant de l'incertitude de paternité, ajouterais-je à titre d'hypothèse.

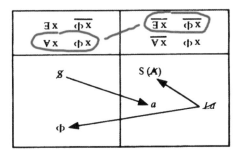

J'espère avoir esquissé une explication de l'équivalence de ces deux signifiants dans ma lecture du côté gauche du schéma de Lacan. Tournons-nous maintenant vers la colonne de droite – disons pour simplifier la colonne femmes. La formule en haut à droite, $\overline{\exists}x\ \overline{\phi}x$, ne dit pas autre chose que la formule en bas à gauche, mais appliquée cette fois à la femme, le x, le sujet, étant ici féminin. *Il n'existe pas de x tel que non-Phi de x* (il n'existe pas de femme qui échappe à la loi de la castration). Ce qui signifie bien la même chose que, en bas à gauche, $\forall x\ \phi x$ (tout homme obéit à la loi de la castration). Bref, ni les hommes ni les femmes ne peuvent s'y soustraire : les garçons craignent la castration, les filles « savent » qu'elles sont châtrées de naissance, les deux sexes ont donc à se situer vis-à-vis d'une seule et même fonction du phallus en tant qu'il signifie le pénis *manquant*. Jusqu'ici il n'y a pas véritablement de différence sexuelle, il n'y a pas de fission de l'universel : les deux sexes sont face à une même loi qui vaut pour tous.

C'est là le scandale dont parle Lacan quand il dit que le signifié du phallus est un objet universel, scandale dans lequel on a pu voir une injustice majeure, voire la source même de l'inique valence différentielle des sexes. Car la différence des sexes consiste précisément en ceci qu'*il n'y a pas de signifiant du sexe féminin*, traduction lacanienne de l'assertion de Freud, *le sexe féminin n'est jamais découvert*. C'est le sens de l'aphorisme célèbre : « *La* femme n'existe pas. » Pas plus que le non-rapport sexuel ne nous empêche d'avoir, comme on dit, des rapports, l'inexistence de *La* femme n'empêche les femmes de peupler la moitié de la terre. C'est le singulier de *La* femme avec un grand « La » auquel Lacan nie l'existence, ce qu'il exprime aussi par cet autre aphorisme : « *La* femme n'est pas toute ». Il manque au lieu de l'Autre le signifiant de la féminité comme telle, un signifiant qui ferait loi pour toutes les femmes, une règle qui les rassemblerait dans un ensemble universel, dans un pendant symétrique de l'Homme avec un grand H – qui, lui, existe ou, mieux, *consiste*, parce que les hommes sont tout entiers soumis à la loi de la castration. Les femmes, elles, n'y sont « pas-toutes », pas tout entières soumises[19].

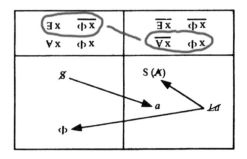

Cette énigmatique dissymétrie entre hommes et femmes, comment le schéma la montre-t-il ? Repartons de la formule en haut à gauche, $\exists x \, \overline{\phi x}$. Elle se lit : il existe un homme, un seul, qui échappe à la loi de la castration. *Via* le travail de la civilisation, *via* l'Œdipe de Sophocle et le complexe d'Œdipe, il s'avère que cet homme excep- tionnel est le père mort de la horde primitive en tant qu'introjeté par l'enfant ; c'est *son* père. Mon père n'est pas castré, mon père est tout puissant, mon père n'a pas de doute sur sa paternité, c'est bien ce que tous les enfants, garçons et filles, s'imaginent. Le scandale est qu'une fois cette baudruche dégonflée, il leur faudra bien admettre qu'elle est d'une certaine manière intacte. Tuer le père imaginaire et le transformer en père symbolique à l'issue de l'Œdipe, c'est aussi ne pas forclore le père réel en tant qu'exception fondatrice de la loi. Si le schéma était symétrique, on devrait trouver, compte tenu du chiasme, en bas à droite une formule énonçant qu'il existe aussi

---

19 Lacan, *Le Séminaire, Livre XX, op. cit., passim* et notamment p. 13 et p. 68.

une femme, une seule, qui échappe à la loi de la castration. Et ce serait la mère, la mère phallique, comme on l'appelle. C'est bien ce que tous les enfants commencent par s'imaginer également, et à quoi il leur faudra bien renoncer, une fois le père imaginaire tué symboliquement. Y renoncer plutôt que l'admettre. On voit poindre ici la dissymétrie du schéma. Car en bas à droite, on ne trouve pas qu'il existe aussi une femme qui échappe à la loi de la castration, ce qui reviendrait à dire que la loi ne vaut pas pour toutes les femmes. Au lieu de cela, on trouve cette formulation énigmatique : pour *pas toute* femme, la loi de la castration vaut. *Pour pas tout x, Phi de x* ($\overline{\forall}x\ \phi x$). À première vue cette formule, dans son abstraction, entre en contradiction avec celle en haut à droite : *il n'existe pas de x* féminin *tel que non-Phi de x*, et lui ménage une exception. Mais la formule ne dénote pas simplement une entorse à la logique formelle : ce n'était pas de la licence poétique mais bel et bien une invention théorique. Lacan fait porter la négation sur le quanteur, le A renversé qui signifie « pour tout », une opération qui n'existe pas en logique formelle. Le résultat, puisque x est singulier, c'est que « pour *pas toute* femme, la loi de la castration vaut » n'est surtout pas à confondre avec « pour *pas toutes les* femmes, la loi de la castration vaut. » Le « pas toute » est singulier. Il ne sépare pas la mère de toutes les femmes, il divise en elle-même *La* femme avec un grand « La », celle dont le prototype inconscient est la mère, mais qui n'existe pas. Il la divise, dit Lacan, dans son rapport à la jouissance. (C'est ce qu'expriment les deux flèches qui partent du *La* barré dans la partie inférieure du tableau.) Ce « pas toute » ne définit donc pas l'identité féminine, il caractérise la jouissance féminine. L'énigme à vrai dire s'épaissit. Comment comprendre cette jouissance ?

Je ne suis pas Tirésias et je ne suis pas analyste. J'ai aimé des femmes et ressenti à l'occasion que je n'étais pas seul à les faire jouir. Je n'ai pas d'expérience clinique sur laquelle m'appuyer et j'ai du mal à comprendre, dans le texte, le concept lacanien de jouissance féminine. Ce que j'en comprends se résume à trois mises au point qui sont sans doute triviales. D'abord, bien que féminine, cette jouissance n'est pas propre à la femme, puisque justement ce n'est pas d'identité qu'il s'agit ; un homme qui assumerait la position féminine au troisième temps de la sexuation (dont parle Geneviève

Morel dans son livre[20]) peut très bien l'éprouver, par exemple s'il est psychotique ou mystique. Ensuite (et le second point découle du premier), cette jouissance n'est pas sexuelle. La jouissance sexuelle vient au contraire faire barrage à cette jouissance-là et la limiter. C'est la fonction universelle du phallus, pour les deux sexes, que de signifier la jouissance en tant que barrée par la castration. La jouissance sexuelle des femmes est donc tout autant phallique que celle des hommes. Mais elle ne s'y résorbe pas toute. Les femmes connaissent en outre une autre jouissance. Troisième point (qui découle du second) : n'étant pas sexuelle, cette autre jouissance n'est pas liée aux organes sexuels. Ce n'est pas, comme certains l'ont cru, la jouissance vaginale qui viendrait s'ajouter à la jouissance clitoridienne, laquelle serait improprement dite phallique du fait que le clitoris est, embryologiquement, un petit pénis. Non. On suppose aux femmes une autre jouissance, au-delà du sexuel phallique, non limitée par lui, une jouissance sans limite, une jouissance supposée infinie.

L'accent est par deux fois sur la supposition, dans ce que je viens de dire. « De cette jouissance autre que la jouissance phallique, on ne sait rien. On ne peut donc que la supposer », écrit Serge André[21]. Je me trompe sans doute mais je n'ai réussi à m'approcher de ce que cette supposition suppose qu'en jouant à fond sur la dissymétrie en chiasme du schéma et en traduisant « loi de la castration » par « loi de l'incertitude de paternité », comme je l'ai fait dans ma lecture de la partie gauche. La formule en bas à droite, $\overline{\forall}x\ \phi x$, se lirait : pour *pas toute* femme, la loi de l'incertitude de paternité vaut. Formule aussi énigmatique que celle de Lacan mais qui, au moins, paraît expliquer pourquoi elle n'est pas la réplique au féminin de la formule en haut à gauche, $\exists x\ \overline{\phi}x$. En effet, « il existe une femme qui échappe à la loi de l'incertitude de paternité » est à première vue une formule vide de sens parce que cette incertitude ne concerne pas les femmes. Ce qui aurait un sens pour elles, ce serait d'être sujettes à l'incertitude de la maternité. Mais la maternité est certaine, et voilà pourquoi le schéma n'est pas symétrique. À y regarder de plus près,

---

20 La sexuation, écrit Geneviève Morel, « relève d'une logique en trois temps : premièrement, celui de la différence naturelle des sexes, deuxièmement celui du discours sexuel, troisièmement le temps du choix du sexe pour le sujet, ou de la sexuation proprement dite ». *Ambiguïtés sexuelles, op. cit.*, p. 143.
21 Serge André, *Que veut une femme ?*, Le Seuil (Points), Paris, 1995, p. 231.

cette explication de bon sens n'est pas satisfaisante. L'incertitude de la paternité concerne bel et bien les femmes. Toutes celles qui ont un jour connu l'angoisse de ne pas savoir de qui elles étaient enceintes nous le confirmeront. Dès lors, prétendre qu'« *il existe un x* féminin *tel que non-Phi de x* », autrement dit, prétendre qu'il existe une femme, une seule, qui échappe à la loi de l'incertitude de paternité, ce n'est pas du tout une formule vide de sens à condition de la situer, comme il se doit, au niveau mythique et fondateur où le Freud de *Totem et Tabou*, et Lacan à sa suite, situent sa contrepartie masculine. Il est même très instructif d'imaginer le mythe fondateur auquel une telle formule renverrait. Il ne saurait être celui de *Totem et Tabou* car, dans la horde primitive, « *il existe un x* féminin *tel que non-Phi de x* » est la règle, non l'exception : cela s'applique en réalité à toutes les femmes ; aucune ne connaît l'angoisse de ne pas savoir de qui elle est enceinte puisque le père tout puissant les possède toutes et écarte d'elles tous les autres mâles de la horde. À quoi donc ressemblerait ce mythe alternatif ?

Au lieu d'une horde primitive sous la coupe d'un mâle dominant qui possède toutes les femelles, nous aurions une horde primitive où la promiscuité sexuelle est la règle et où l'exception est incarnée par la seule femelle de la horde à être absolument fidèle au mâle qu'elle s'est choisi. Elle serait la seule à savoir de façon certaine qui est le père de sa progéniture. On devine quelles conséquences inouïes pour la suite de l'évolution de l'humanité ce mythe fondateur aurait eues s'il avait été aussi réel – ou réaliste – que celui de Freud. Plutôt que de voir l'ordre social fondé sur le meurtre d'un mâle plus fort, plus possessif et plus violent que les autres, sur le refoulement de ce meurtre et sur la culpabilité qui en résulte, nous le verrions fondé sur la fidélité d'une femme assez forte pour repousser les avances des mâles de la tribu autres que l'heureux élu.

J'hésite à échafauder sur la base de ce mythe fondateur quelque scénario utopique qui conclurait aux vertus pacifiantes de l'amour conjugal, car il n'est pas sûr du tout qu'il en naisse une société plus harmonieuse ou moins patriarcale que la nôtre. On ne peut exclure l'éventualité que la jalousie pousse les autres femelles de la horde à éliminer l'épouse du chef comme la jalousie des fils a poussé ceux-ci à éliminer le patriarche de *Totem et Tabou*. J'appelle « épouse du chef » celle des femelles de la horde qui voue fidélité à un seul mâle car il y a de bonnes chances qu'elle l'ait choisi du fait qu'il était plus charismatique ou tout simplement plus vigoureux que ses rivaux. Les exemples ne manquent pas, tirés du règne animal, où la femelle exerce un véritable pouvoir de choix sur ses partenaires sexuels potentiels, mais où son choix est déterminé par son désir de soumission devant celui des prétendants qui aura prouvé sa domination sur les autres. Au stade de l'évolution où devrait se situer la horde primitive, ce comportement est fort probable puisqu'il semble fréquent chez les grands singes.[22] La monogamie à perpétuité l'est moins, bien qu'on la constate à des stades antérieurs de l'évolution. Quoi qu'il en soit, je ne serais pas étonné qu'on trouve autant d'arguments évolutionnistes en faveur de mon alternative au mythe fondateur de Freud qu'en faveur du sien, et je serais curieux de savoir si l'expérience clinique des psychanalystes en étaye ou non la plausibilité. Par prudence, j'ai déclaré mon mythe moins réaliste que celui de Freud, mais je ne suis pas sûr qu'il soit moins *réel*. Le mieux, pour le tester, est d'en envisager systématiquement les conséquences et de les lire en regard des formules de Lacan dans la partie droite du schéma, la colonne « femmes ».

Le meurtre de la matrone est facultatif dans mon mythe[23]. Il n'est pas exclu mais il n'est pas indispensable. Dans son commentaire de *Totem et Tabou*, René Girard salue Freud pour avoir soutenu sans fléchir que le meurtre du père primitif avait eu réellement lieu, mais il lui reproche de ne pas avoir compris que la clef du mythe ne se trouvait pas dans le remords qui s'empare des frères après le meurtre mais bien dans la fonction unificatrice et réconciliatrice de la victime

---

22 Il est toutefois loin d'être universel, comme on le croyait il y a cinquante ans. Depuis qu'à la suite de Jane Goodall, pionnière en la matière, les femmes ont investi la primatologie, la théorie du mâle dominant a laissé la place à des représentations beaucoup plus variées et nuancées du comportement social des primates. Je me contente *grosso modo* ici de la version datée parce qu'il s'agit pour moi de proposer une alternative au mythe de Freud assez proche du sien pour que la comparaison ait une valeur heuristique. Elle n'a pas à être plus réaliste que *Totem et Tabou*. Voir Vinciane Despret, *Quand le loup habitera avec l'agneau*, Les Empêcheurs de penser en rond, Paris, 2002.
23 Je dis « mon mythe » par commodité ; contrairement à Freud je n'invente rien, et je ne propose pas une théorie alternative à la sienne. Je ne fais qu'essayer de comprendre les formules de Lacan en déduisant bille en tête les conséquences logiques de l'hypothèse que je cherche à mettre à l'épreuve, à savoir qu'on peut remplacer « castration » par « incertitude de paternité ».

émissaire[24]. Qu'on suive ou non Girard dans sa critique à Freud, il demeure que le meurtre réel est indispensable au mythe de *Totem et Tabou*. Or il n'est pas indispensable au mien. S'il a lieu, il peut être le fait des rivales jalouses mais aussi bien des rivaux du chef, rendus haineux par la présence à ses côtés d'une « sainte » perçue comme agressivement vertueuse. On serait (et peut-être pas tout à fait par hasard) plus proche du martyrologe chrétien que du repas totémique ou de la logique du bouc émissaire. « Sainte » au risque d'en devenir « martyre », la femme fidèle le serait parce qu'elle se soustrait à la position d'enjeu que lui impose la *rivalité mimétique* généralisée. J'emprunte cette expression à Girard parce qu'elle décrit bien le comportement probable des mâles de la horde dans la situation de promiscuité sexuelle que mon mythe suppose. Comme dans celui de Freud, la horde primitive n'est plus une société animale et pas encore une société humaine ; elle est d'avant la loi mais d'après le règne pur et simple des instincts ; elle n'est pas régulée par les « *dominance patterns* » instinctuels censés installer une fois pour toutes le mâle dominant dans sa supériorité dès qu'il a triomphé de ses rivaux[25]. Sans père dominateur pour les brider, tous les mâles se disputent en permanence toutes les femelles et se les désignent mutuellement à leur convoitise. L'anarchie régnante exacerbe ce que Girard appelle le *mimétisme d'appropriation* qui fait de chacune des femelles l'enjeu des duels entre mâles et le trophée qu'emportera le vainqueur. Il est possible, peut-être vraisemblable, que cette violence conduise au meurtre de l'unique femme qui a le front de s'excepter de ce statut d'enjeu et de trophée, mais je ne vois pas en quoi le meurtre fonderait la loi. S'il a lieu, il est de toute façon postérieur au moment fondateur de la loi, et non antérieur comme chez Freud.

C'est tout d'abord l'*exemple* que donne la matrone qui fonde la loi. Supposons que celle-ci s'énonce comme mon mythe le postule : « toutes les femmes ont affaire à l'incertitude de la paternité, sauf une ». Comme cette exception ne repose pas sur la force brute mais

---

24 René Girard, *La violence et le sacré*, Grasset, Paris, 1972, chapitre VIII, « *Totem et Tabou* et les interdits de l'inceste », pp. 283–325.

25 « Ce qui nous intéresse très directement, c'est le rôle du conflit mimétique dans l'établissement des sociétés animales. L'individu qui cède le premier cédera toujours désormais ; c'est sans combat qu'il abandonnera à son vainqueur la première place, les meilleurs morceaux, les femelles de son choix. » René Girard, *Des choses cachées depuis la fondation du monde*, Grasset, Paris, 1978, p. 99.

sur le renoncement au « désir d'autre chose », elle est accessible à toutes les femmes de la horde. Si exception il y a, ce n'en est pas une qui sépare une femme de toutes les autres, moins fortes physiquement, moins agressives et moins possessives qu'elle, une exception qui, sur le modèle de *Totem et Tabou*, vouerait donc cette femme de pouvoir à la vindicte collective. C'est une exception qui sépare chaque femme d'elle-même et la divise dans son désir, c'est-à-dire, dans son rapport à la jouissance. Comment, déjà, ne pas y voir un indice nous donnant à penser que « femme pas toute » est une meilleure traduction de cette exception que « pas toutes les femmes » ? Être cette femme fidèle ou ne pas l'être ? Préférer le plaisir sexuel (la jouissance phallique) que peut me procurer tout mâle de passage, ou bien me vouer à la jouissance particulière qui consiste à *savoir* que c'est ce mâle-ci qui engendrera ma progéniture ? Sans prétendre du tout que l'énigmatique « autre jouissance » se ramène à ce savoir conscient (ce serait trop simple), il me semble conforme à l'enseignement de Lacan de soutenir que la jouissance a maille à partir avec *du* savoir – et le savoir de la paternité (génitif objectif) me paraît un excellent candidat à être supposé, par les hommes, dans le *corps* des femmes[26]. (Je reviendrai sur ce savoir supposé dans le chapitre cinq.) Il me semble aussi que c'est bien le dilemme de la fidélité qu'exprime – sur un plan, dirais-je, transcendantal – la fourche que forment les deux flèches partant du *La* barré dans la partie inférieure du tableau de Lacan. Il faut bien comprendre ce dilemme. La question « Fidèle à qui ? » paraît tout à fait secondaire. Que le choix du partenaire soit aléatoire et arbitraire, comme il pourrait bien l'avoir été dans la horde primitive, ou imposé, comme il le sera effectivement quand l'ordre patriarcal organisera l'échange des femmes sans leur demander leur avis, ou encore libre et amoureux, comme nous le dicte notre conception romantique moderne du couple, le dilemme décisif ne porte pas sur l'identité de l'élu. Il porte sur l'alternative entre promiscuité et monogamie. Encore qu'à beaucoup de femmes ce dilemme se présente empiriquement sous les espèces du choix entre deux ou plusieurs hommes, le rôle *théorique* qu'il joue dans le tableau ne requiert pas qu'il soit tranché : en tant que dilemme

---

26 Dans l'autre jouissance ou la jouissance de l'Autre, que Lacan dit être jouissance du corps, il ne s'agit pas du *sujet supposé savoir*, comme dans l'amour. C'est au *corps*, c'est-à-dire à ce qui de l'être parlant ne parle pas, que du savoir est supposé, comme faisant barrage à la jouissance.

et comme tel, comme fourche, le choix à faire accueille d'avance le choix qui sera fait – il en est, dirait Alain Badiou, le site –, mais c'est le choix *pratique* qui est l'événement, c'est lui qui établit la matrone primitive du mythe dans son statut d'exception-qui-n'en-est-pas-une (les autres femmes de la horde ne se sont tout simplement pas posé la question)[27]. Bien sûr, le fait que la matrone a tranché le dilemme l'excepte du groupe, mais parce que son exemple met les autres femmes de la horde devant une alternative qui leur est accessible bien qu'elles l'aient ignorée jusque là, il fait potentiellement de l'exception la règle. On a là la même dynamique de fondation après coup que dans le mythe de Freud. Il n'empêche que le dilemme ne sera la règle – ne fera loi – pour toutes les femmes qu'en tant qu'elles auront désormais affaire à lui, une à une, chacune pour son compte, à chaque instant de leur vie, quel que soit le sens dans lequel elles le tranchent. Contrairement au meurtre du père, qui soude les frères dans la loi, l'exemple de la matrone primitive ne rassemble nullement les « sœurs », il ne crée pas un ensemble communautaire consistant. Lacan traduit : *La* femme n'existe pas – n'ex-siste pas.

Bien que mon mythe se distingue nettement de celui de Freud, on commence à se douter qu'il se traduira par le même jeu de formules qui, dans le tableau de Lacan, traduisent *Totem et Tabou*. Forcément : alors que l'horizon politique de mes efforts est de contribuer à redéfinir la paternité de sorte qu'elle soit radicalement découplée de toute espèce de patriarcat, je ne veux pas donner à croire que c'est en récrivant l'histoire comme elle ne s'est pas passée, ou en concoctant des théories qui nous arrangent, qu'on y arrivera. Mais je crois fermement au travail qui consiste à réinterpréter l'histoire avérée et à reformuler les moins insatisfaisantes des théories existantes de manière à libérer les virtualités d'interprétation et d'action émancipatrices qu'elles contiennent, et c'est ce que j'essaye de faire eu égard aux formules de Lacan dans *Encore*. En faisant l'hypothèse de la femme fidèle unique et exceptionnelle, j'avais commencé par postuler, côté femmes, une formule en bas à droite identique à la formule en haut à gauche : *il existe un x tel que non-Phi de x* ($\exists x\,\overline{\phi}x$). Il s'avère qu'elle se récrit en fait comme chez Lacan : *pour*

---

27 Sur l'événement et son site, voir Alain Badiou, *L'être et l'événement*, Seuil, Paris, 1988, en particulier les Méditations 16 à 23, pp. 193–265.

pas tout x, Phi de x ($\overline{\forall}$x ϕx). Quant à la formule en haut à gauche, elle y reste ou y retourne : dans mon mythe comme dans celui de Freud, il existe en effet un homme, un seul, qui n'est pas soumis à l'incertitude de paternité. La monogamie de sa partenaire assure absolument au mâle de la horde élu par elle qu'il a le contrôle de la reproduction, comme dirait Françoise Héritier. Mais sur quoi repose ce contrôle ? Non plus sur la possession par lui de toutes les femelles de la horde, mais sur la fidélité de l'une d'elles. (Il va sans dire que la fidélité n'a pas à être mutuelle. Je ne construis pas une utopie, et je ne mêle pas de « valeurs » à mon mythe.) Et comment est-il sûr de sa fidélité ? De deux choses l'une : ou bien il l'enferme ou bien il lui fait confiance. S'il l'enferme, mon mythe n'est plus une alternative à celui de Freud et n'est qu'une variante de *Totem et Tabou*. Donc il lui fait confiance.

Mais s'il lui fait confiance, il n'est pas, il ne sera jamais, *sûr et certain* de la fidélité de sa femme. Il est forcé de s'en remettre à elle pour que l'exception à la règle de la horde fonde la loi de la tribu. Remarquons au passage que mon mythe n'implique aucun déni du biologique, ni de sa part à lui ni de sa part à elle. Bien au contraire : ils savent très bien tous deux que les mâles ne sont pas équipés d'un organe susceptible de recevoir un signal somatique de fécondation lors du coït et que, par conséquent, la seule manière *non violente* de suppléer à la foncière incertitude de la paternité biologique est d'associer la fidélité absolue de la femme à un acte de foi de la part de l'homme. Si la métaphore paternelle doit naître de là, ce ne sera pas, cette fois, au prix de l'invention d'un père à la fois *réel* et *impossible* qui jouirait absolument de sa certitude de géniteur et dont la forclusion condamne à la psychose. Les féministes peuvent reprendre espoir, et les rebelles de l'ordre patriarcal se trouver des armes autres que le meurtre, le suicide ou la fuite dans la drogue ou la maladie mentale.

Son acte de foi achève d'humaniser le mâle de mon mythe jusque là gouverné par sa testostérone, comme sa fidélité humanisait la femelle de mon mythe au départ soumise par instinct au charisme du mâle dominant. Nous sommes, comme chez Freud, en terrain spéculatif, réduits à imaginer comment l'hominisation de ces êtres archaïques a permis ou engendré leur humanisation. Une chose est certaine : elle et lui sont des êtres parlants, non au sens de l'hominisation – poids cérébral, descente du larynx et des choses de ce genre – mais au sens qu'ils se savent l'un et l'autre avoir le don de la parole. À la parole donnée par une femme à son homme – je suis à toi et rien qu'à toi – répond un acte de parole qui accrédite la parole donnée. Plutôt que d'être consécutive à un meurtre, voici donc que la loi qui humanise la horde résulte 1° de l'exemple donné par la femme fidèle à toutes les autres et 2° de l'acte de foi d'un homme dans la fidélité de sa compagne. Ces deux choses sont indépendantes et corrélées après coup, à l'endroit de ce que Badiou nommerait « la jointure d'une intervention et d'une règle de connexion fidèle[28] ». L'acte de foi de l'homme intervient comme un *deuxième* événement dont la fidélité exemplaire de sa femme est à son tour le *site* qui l'accueille. Notre homme sait – comme tous les hommes, du reste, sans quoi l'enfermement des femmes ne serait pas si répandu – que le désir de sa compagne inclut le « désir d'autre chose » que lui. Contrairement aux hommes qui enferment leur femme, il admet que son désir (à elle) échappe à son pouvoir et à une part de son savoir (à lui). Pas à tout son savoir : il sait qu'elle a le désir d'autre chose ; il ne sait pas si elle cède ou résiste à ce désir. Il sait qu'elle n'est « pas toute » ; il accepte de ne pas savoir si elle est « toute à lui ».

Son acte de foi réside dans cette acceptation, et il fait l'événement parce qu'il est public. À la différence de la croyance, qui suppose la socialité *a priori* d'une communauté de croyants, la foi est une adhésion solitaire et personnelle. Mais à la différence de l'intime conviction, la foi ne peut rester confinée au for intérieur d'une conscience solipsiste. On témoigne de sa foi, ce qui signifie qu'on en prend les autres à témoin. C'est pourquoi la foi implique un acte et pourquoi tout acte de foi est une déclaration publique, celui dans la fidélité de l'autre particulièrement. Ce que les machos, les jaloux, les phallocrates qui enferment leur femme ne peuvent supporter, c'est que la nécessité de faire confiance à leur compagne s'exhibe dans l'espace public. Que cela se voie qu'elles jouissent d'une liberté qui, aux yeux de la société, échappe ostensiblement à leur contrôle, leur est intolérable. Le mâle de mon mythe passe outre et fait publiquement confiance à sa femme. La publicité de son acte de foi est déjà par elle-même créatrice de socius. Elle est le pas décisif dans la transformation de la horde en tribu : en prenant toute la horde, et particulièrement les mâles, à témoin, notre homme l'invite à se

---

28 Badiou, *L'être et l'événement, op. cit.*, p. 264.

constituer en « chœur » (c'est la définition même d'une assemblée de témoins selon les Grecs) acquiesçant ensemble à la loi du père. Pourquoi à la loi du père ? Notre homme est le seul mâle de la horde à pouvoir se dire réellement père, non parce qu'il est avéré qu'il l'est, biologiquement parlant, mais parce qu'il adopte les enfants de sa compagne pour siens. Fait-il pour autant la loi ? Oui, en s'y soumettant. Non, si on pense qu'il l'édicte. Par son entremise, la loi du père – loi de la castration pour Lacan, loi de l'incertitude de paternité selon la relecture que je propose – se révèle être l'assise de l'autorité des pères, parce qu'elle assied cette autorité sur le fait qu'ils y obéissent, non qu'ils la font.

Les fils meurtriers de *Totem et Tabou* font eux aussi la loi en y obéissant, mais au prix d'un pacte soudé dans le sang de leur victime. Rien ne les déliera de cette violence fondatrice, car elle ne les libère que dans l'instant du passage à l'acte. Avant le meurtre, ils subissent l'oppression du patriarche ; aussitôt le repas totémique consommé, ils courbent à nouveau l'échine devant sa toute-puissance ; et la paternité se voit par définition associée au pouvoir et à l'oppression en même temps qu'entachée de culpabilité et de ressentiment. Mon mythe propose un autre scénario, radicalement non violent, à l'avènement de la paternité, autrement dit, si on est lacanien, à la naissance du symbolique. Une femme jette son dévolu sur un homme, lui voue fidélité et le nomme père de ses enfants. L'homme la croit et affiche sa foi en elle. La horde est prise à témoin et priée d'acquiescer. Le chœur des témoins acquiesce, et son commun accord change la horde en tribu, c'est-à-dire en société humaine. Surgit du même coup la métaphore paternelle. La loi qui instaure la tribu stipule que pour tout enfant qui naît en son sein, le signifiant « père », épinglé par sa mère à l'un des hommes de la tribu alors qu'il est potentiellement attribuable à tous, vient répondre avec autorité du « désir d'autre chose » éprouvé potentiellement par toutes les femmes de la tribu et auquel la mère de cet enfant est censée avoir renoncé. Comme l'acquiescement collectif fait chef le père et père le chef, s'ouvre ainsi la possibilité du pouvoir paternel héréditaire en lignée agnatique, avérée historiquement. C'est donc encore un patriarcat que mon mythe instaure – comment en serait-il autrement puisqu'il ne récrit pas l'histoire comme elle ne s'est pas passée ? – mais un patriarcat susceptible de passer la main à des formes d'organisation sociale égalitaires et inédites. Pour parler en termes hégéliens, ce patriarcat incarne un *moment* du déploiement historique du concept de paternité, un moment situé aux origines de l'humanité et ni plus ni moins mythique que celui que met en scène *Totem et Tabou*.

Il saute aux yeux que notre époque exige la redistribution radicale du pouvoir sexué au sein de la société et de la famille. Il devrait sauter aux yeux également qu'on n'y parviendra pas sans que ce moment du concept de paternité n'ait été atteint, traversé et dépassé. C'est pourquoi, comme Freud pour le sien, je tiens bon sur le caractère *réel* de mon mythe. Il n'a aucune prise sur un passé qui aurait dû avoir lieu – et qui a peut-être eu lieu, qui sait ? – mais qui est resté sans suite[29]. Et il n'a qu'une prise indirecte et purement intellectuelle sur le potentiel de réalisation historique qui nous conduira un jour prochain à déclarer le patriarcat définitivement dépassé. Du moins permet-il, en attendant, de concevoir un patriarcat qui aurait pu régner sans assassinat, sans culpabilité ni ressentiment, et sans confusion entre *autorité* (statut symbolique d'auteur de sa progéniture) et *pouvoir* (monopole de la violence légitime). On mesure la différence d'avec *Totem et Tabou*. Il n'a pas suffi de l'assassinat du tyran pour qu'on en finisse avec lui, il a encore fallu que ses fils le dévorent, dans un monstrueux rituel de déni de son altérité. Il n'a pas suffi du remords après le meurtre pour humaniser les frères de la horde, il a encore fallu que ce péché originel pèse sur chaque humain jusqu'à nous. Il n'a pas suffi à l'autorité paternelle de structurer l'accès au symbolique de tout être humain, il a encore fallu qu'elle s'érige en statue du commandeur, qu'elle se hérisse de lances et de piques, qu'elle se croie obligée de se bâtir un *castrum* inexpugnable. Freud nous dit que le contrat social est à ce prix. N'est-il pas temps de conclure une nouvelle alliance ?

Bruxelles, mars 2006 ; mai 2008 ;
Los Angeles, mai 2009

---

29 Qui sait si les Néandertaliens, qui ont cohabité durant 300 000 ans avec les ancêtres d'*homo sapiens* avant d'être exterminés par eux, comme on le pense actuellement, n'ont pas réalisé le scénario de mon mythe plutôt que celui de *Totem et Tabou* ? Mal leur en prit, dit la dure loi de la sélection naturelle. Mais les qualités « viriles » qui ont représenté un avantage sélectif aux temps préhistoriques sont aujourd'hui précisément celles qui mènent l'humanité à sa perte. Voir Christian de Duve, *Génétique du péché originel*, Odile Jacob, Paris, 2009.

Incertitude de paternité et certitude de non-paternité

Éloge de saint Joseph

> *Joseph a choisi de s'appuyer en lui sur le sujet*
> *qui demeure au plus profond, l'être qui parle*
> *en songe. Ange du Seigneur ou intelligence*
> *interne du sujet pur : quelqu'un parle en lui*
> *qui lui dit ce qu'il désire le plus entendre. Qui*
> *lui dit ce que croit le cœur du désir.*
>
> Marie Balmary[1]

Deux mythes, donc, deux mythes fondateurs, deux mythes artificiels : celui de Freud mais qui n'est « de Freud » que pour autant que Freud a pris sur lui d'oser le prétendre réel, *Totem et Tabou* ; et celui que j'ai appelé le mien par raccourci, non pour me l'approprier mais parce que je l'ai proposé à la réflexion comme une alternative à celui de Freud. Mon mythe est sans réalité historique même s'il est *réel*. Le moment du concept de paternité qu'il met en scène n'a pas eu lieu. Et pourtant...

Ce qui se lit entre les lignes de l'Ancienne Alliance et s'écrit en toutes lettres dans le récit de la Nouvelle n'est-il pas une variante de ce moment, une tentative de le faire advenir ? Qu'elle ait échoué ne lui ôte pas son existence historique, comme tentative, et cela mérite examen. Qu'est-ce en effet que le christianisme par rapport aux deux mythes artificiels envisagés, celui de Freud et le mien ? Le sacrifice du Christ, nous dit René Girard, fait du christianisme la première religion qui n'obéit plus à la logique du bouc émissaire. Il y a de bonnes raisons de le suivre sur ce point, mais même si on ne le suit pas, l'important par rapport à *Totem et Tabou* est que dans le christianisme, 1° c'est le fils et non le père qui se voit assassiné ; 2° le meurtre est perpétré par ceux qui, placés devant le

---

1 Marie Balmary, *La divine origine, Dieu n'a pas créé l'homme*, Grasset, Paris, 1993, p. 185. Je remercie Corine Pencenat de m'avoir signalé les livres de Marie Balmary au cours d'une conversation datée de février 2008 où il était question d'un très curieux tableau d'un maître strasbourgeois conservé au musée de l'Œuvre Notre Dame à Strasbourg intitulé *Le doute de Joseph* (1410–1420).

choix entre l'ancienne et la nouvelle alliance, refusent la nouvelle (le meurtre ne soude pas le pacte, c'est pourquoi je pense qu'on peut suivre Girard) ; 3° le repas totémique qui scelle l'alliance (la dernière cène) a lieu avant le meurtre et non après ; 4° il a lieu à l'initiative de la victime et non des bourreaux (c'est le Christ qui convoque les apôtres) ; 5° il est à la fois réel et symbolique (« Ceci est mon corps », interprété selon la théologie de la « présence réelle »). Ces cinq points composent une matrice structurale qui, par commutation de l'agent et du patient (meurtrier/victime, père/fils), des verbes à l'actif et au passif (tuer/être tué, manger/être mangé), de l'ordre temporel (avant/après), etc., établit la comparabilité du christianisme et de *Totem et Tabou*.[2] Ils n'appellent en revanche pas la comparaison du christianisme avec mon mythe, puisque celui-ci ne comprend rien d'aussi dramatique et spectaculaire qu'un homme cloué sur une croix ou des fils dévorant leur père, mais seulement une femme fidèle et un homme qui a foi dans la parole de sa femme. Mon mythe, si j'ose dire, dédramatise le christianisme. Il n'aurait rien de commun avec lui susceptible de s'inscrire dans une même matrice structurale s'il n'y avait une similitude qui frise l'identique entre le couple de mon mythe et le couple en qui s'origine le christianisme – j'ai nommé, Joseph et Marie.

Leur image a besoin d'être sérieusement rafraîchie. Faisons pour commencer un sort à la foi du charbonnier, qui se contente de croire à la grossesse miraculeuse de Marie parce qu'elle croit aux miracles en général, et qui projette sa propre croyance sur Marie, puis sur Joseph. Marie est une femme de bon sens qui ne croit d'abord pas du tout à sa grossesse : « Comment celle-ci se pourrait-elle, puisque je ne connais pas d'homme ? », répond-elle à l'archange Gabriel dans l'Évangile de Luc[3]. Quant à Joseph, lorsqu'un ange lui rend visite en songe, son premier réflexe est de répudier Marie discrètement. Aussi bien Marie que Joseph devront d'abord surmonter leur saine répugnance à gober des bobards par un extraordinaire *acte de foi* avant que la foi du charbonnier ne puisse invoquer le moindre miracle. La croyance aux miracles relève de la superstition et n'est pas digne de la rationalité du mythe chrétien, lequel fait une grande place au mystère mais aucune aux fautes de logique. Car même la

---

2 J'applique les préceptes de Claude Lévi-Strauss dans les *Mythologiques*.

3 Évangile selon saint Luc, 1, 34.

foi du charbonnier, si elle réfléchissait assez loin, verrait qu'il ne se déduit nullement du fait que le bon chrétien de base croit au miracle de la grossesse de Marie que Joseph doive y croire. Faisons ensuite un sort à la chasteté perpétuelle du couple, sur laquelle la pastorale catholique insiste parfois mais que rien dans les Écritures n'atteste. Matthieu et Luc, les deux évangélistes qui relatent la conception divine du Christ, ne disent nulle part que Joseph est puceau ni que Marie et lui s'abstiennent de rapports charnels toute leur vie. Matthieu écrit que Marie est promise à Joseph et qu'ils ne sont pas encore « venus ensemble », et précise qu'ils restent chastes jusqu'à la naissance de Jésus, c'est tout[4]. Faisons enfin un sort à la lecture triviale du songe de Joseph. Un ange serait venu lui dire dans son sommeil de ne pas craindre de prendre Marie pour épouse car l'enfant qu'elle porte est l'œuvre de l'esprit saint ; Joseph, homme pieux, croirait l'ange parce qu'il croit en Dieu. Non. Joseph, profondément perturbé par la grossesse de Marie, demande à la nuit de lui porter conseil, rêve, consulte du plus profond de son rêve le plus profond de son désir (c'est la psychanalyste Marie Balmary qui le dit, et Freud approuverait), et se réveille pour faire un acte de foi extraordinaire et en tout point identique à celui que pose l'homme de mon mythe : il fait confiance à sa fiancée et croit en sa fidélité.

Une fois écartées les naïvetés de la foi du charbonnier, la similitude entre mon mythe et le christianisme se fait troublante : tous deux mettent en scène un couple composé d'une femme fidèle et d'un homme de foi. Les différences n'en sont que plus saillantes. Du côté de la femme fidèle : comme la femme de mon mythe, Marie est monogame. Mais en outre elle est vierge, elle se réserve pour l'homme à qui elle est promise. Sa virginité témoigne d'une forme de fidélité *absolue* qui fait ressortir le caractère inouï de ce qui lui arrive. Du côté de l'homme de foi : aucune différence entre l'homme de mon mythe et Joseph – ils ont une confiance inconditionnelle en leur compagne – sauf une, capitale, où réside à mon sens le coup de génie qu'a été l'invention du christianisme sur le plan intellectuel. L'homme de mon mythe ne sait pas, ne saura jamais avec certitude, si les enfants de sa femme sont les siens, et son acte de foi supplée à son non-savoir. L'acte de foi de Joseph n'a pas cette fonction, car Joseph sait. Il sait qu'il n'a pas touché Marie et donc que l'enfant

---

4 Évangile selon saint Matthieu, 1, 18 et 1, 25.

qu'elle porte n'est pas de lui. C'est une fameuse différence. Le personnage de Joseph, me semble-t-il, joue trois rôles dans le mythe chrétien en tant que celui-ci récrit radicalement ϕx, la fonction phallique de Lacan : un rôle théologique, un rôle anthropologique et un rôle théorique. Théologiquement parlant, le savoir de Joseph fonde son acte de foi en Marie, lequel entraîne, par transfert, son acte de foi en Dieu. C'est ce qu'il m'est arrivé d'exprimer par boutade sous la forme du syllogisme : Joseph sait qu'il n'a pas couché avec Marie ; or celle-ci est enceinte ; donc Dieu existe[5]. Anthropologiquement parlant, Joseph révèle à tout être humain de sexe masculin candidat à la paternité la dépendance dans laquelle il se trouve par rapport à la parole féminine. J'y vois un message féministe très fort adressé aux mâles : « Écoute ta femme, elle dit vrai. » Et théoriquement parlant, l'acte de foi de Joseph donne sa vérité psychanalytique au mythe chrétien en ce qu'il apparaît (au moins autant que le mythe de Freud et le mien) comme la vraie justification de la naissance du symbolique, c'est-à-dire, si on est lacanien, de l'avènement de la loi du père. L'acte de foi de Joseph fait accéder le *concept* de père à cette acception purement symbolique de la paternité qui est celle que Joseph assume en endossant le rôle de « père nourricier » de l'enfant Jésus. Pour le redire en termes hégéliens, le *moment* du concept de paternité que mon mythe mettait en scène a eu lieu. L'histoire massivement patriarcale de l'Église l'a étouffé, mais son potentiel révolutionnaire reste intact.

J'ai traduit la loi du père, appelée par Lacan loi de la castration, ou encore, fonction phallique, par « loi de l'incertitude de paternité ». Tous les hommes lui sont soumis ; aucun homme n'est certain de sa paternité. C'est la loi générale, en bas dans la colonne de gauche du schéma de Lacan : $\forall x \ \phi x$. *Pour tout x, fonction phallique de x.* Joseph est l'exception, en haut à gauche : $\exists x \ \overline{\phi} x$. Il existe un homme à qui la fonction phallique ne s'applique pas. À moins qu'il ne faille dire : il existe un homme à qui s'applique une fonction non-phallique. Ce qui est sûr, c'est qu'il existe un homme qui n'a pas affaire à la non-certitude de sa paternité parce qu'il a affaire à la certitude de sa non-paternité. Ce déplacement de la négation est le coup de

---

5 Thierry de Duve, « À d'autre ! », *Parade* n° 6, 2006. Texte de mon intervention au colloque *Manières de voir, manières d'aimer* qui s'est tenu au Centre Pompidou en février 1996 en marge de l'exposition *Fémininmasculin*.

génie théorique qui signe à mon avis l'invention du christianisme comme « religion de la sortie de la religion » (Marcel Gauchet[6]). Je veux dire que le rôle théologique de l'acte de foi de Joseph cède le pas à son rôle anthropologique au point précis où, sur un plan théorique, la foi prouve sa rationalité logique et se sépare une fois pour toutes de la croyance, c'est-à-dire de la superstition. Toute croyance en Dieu révoquée, et abstraction faite momentanément de la magnifique signification humaine du comportement de Joseph, son acte de foi se donne à analyser avec l'humour froid d'un *thought experiment* comme en raffolent les philosophes analytiques. Gottlob Frege et Bertrand Russell ne sont pas dans les Évangiles mais ils sont dans Lacan. Geneviève Morel explique que « Lacan emprunte donc la formulation de sa fonction phallique à Frege. Il écrit la jouissance phallique comme une fonction propositionnelle $\phi(x)$, à un seul argument ou variable x, qui se lit "x s'inscrit dans la fonction phallique"[7]. » Sachant les libertés que prend Lacan avec les signes d'écriture de la logique formelle, je pense inutile de se casser la tête pour savoir s'il faut lire, dans l'algèbre frégéenne de Lacan, « *il existe un x tel que non-fonction phallique de x* » ou « *il existe un x tel que fonction non-phallique de x* ».[8] La formule $\exists x\ \overline{\phi}x$ autorise les deux lectures. J'ai un faible pour la seconde parce qu'elle féminise Joseph de la plus intéressante des façons. Pour comprendre en quoi, il faut peut-être d'abord voir comment elle « masculinise » Marie : il faut paradoxalement se tourner du côté de l'exception mariale car c'est, exactement comme dans mon mythe, à l'x qui s'inscrit dans la colonne « femmes », soit à Marie, que s'applique apparemment la *non-fonction phallique* qui, chez Lacan, exonère le père symbolique du lot commun des hommes et fait de lui l'exception qui fonde la loi.

« Bénie sois-tu entre toutes les femmes. » Tout se passe comme si Gabriel tentait Marie : $\exists x\ \overline{\phi}x$, et cette exception, c'est toi. Tu es l'élue. Si tu l'acceptes, tu n'auras pas affaire à la jouissance phallique

---

6 Marcel Gauchet, *Le désenchantement du monde, Une histoire politique de la religion*, Gallimard, Paris, 1985. Je retournerai à ce livre important dans le chapitre six. Cf. aussi le chapitre un.

7 Geneviève Morel, *Ambiguïtés sexuelles, op. cit.*, p. 120.

8 En matière de libertés avec la logique formelle, il n'y a pas que le $\forall x\ \phi x$, où la négation porte sur le quanteur, il y a aussi le fait que Lacan écrit $\exists x\ \phi x$ en étendant la barre de la négation au-dessus de la variable : $\exists x\ \phi \overline{x}$, ce qui est peu orthodoxe mais permet justement d'interpréter les glissements de la négation comme la « logique de Joseph » m'a incité à le faire.

mais tu y gagneras, car l'esprit saint te couvrira de son ombre et l'enfant qui naîtra de toi sera appelé fils de Dieu[9]. Son humilité fait que Marie résiste à cette promesse d'un destin d'exception qui la flatte, mais son intelligence fait qu'elle en saisit immédiatement la dimension « pascalienne », celle de l'acte de foi comme pari, ou plutôt, du pari comme acte de foi. Lorsque, finalement, elle répond : « Je suis la servante du Seigneur », c'est une erreur de penser qu'elle se soumet. Elle renonce sans regret à la jouissance phallique parce qu'elle a parié sur l'*autre jouissance*. Marie pose un acte de foi, et un acte de foi extraordinaire quand on pense à l'invraisemblable nouvelle que lui apporte Gabriel, un acte de foi qui n'est aucunement requis de la matrone de mon mythe. Celle-ci *sait* qui est le père de sa progéniture ; Marie *croit* qu'elle est enceinte des œuvres de Dieu. Remarquez le parallèle : Joseph *sait* qu'il n'est pas le géniteur de Jésus ; l'homme de mon mythe *croit* qu'il est le géniteur des enfants de sa femme. Remarquez aussi le chiasme quant au sexe : Joseph et la femme de mon mythe *savent*, Marie et l'homme de mon mythe *croient* (foi, et non croyance). Le savoir de Joseph est exactement de même nature que celui de la femme de mon mythe : un savoir fondé dans l'abstinence sexuelle, c'est-à-dire prouvé par la négative. L'acte de foi de Marie est quant à lui de même nature que celui de l'homme de mon mythe, parce que tous les actes de foi suppléent à une faille dans le savoir et que cette faille concerne ici la paternité : pour notre homme, la sienne propre, et pour Marie, celle dont elle crédite Dieu. C'est ce chiasme qui « masculinise » Marie et « féminise » Joseph (les guillemets sont de rigueur, car le chiasme est purement formel).

Mais remarquez maintenant que ce que Joseph sait, Marie le sait également puisqu'ils n'ont pas couché ensemble, alors que ce que Marie sait, soit qu'elle n'a pas couché avec un autre homme, Joseph ne le sait pas. Son savoir au sujet de la sexualité de Marie est incomplet, « pas tout ». Et Joseph de faire, lui aussi, comme Marie et comme l'homme de mon mythe, un acte de foi qui supplée au « pas tout » de son savoir. Si Joseph et Marie partagent, possèdent en commun, le savoir « négatif » mais en réalité tout positif de leur non-rapport sexuel, ils partagent aussi, mais sans le *posséder en*

---

9 Marie Balmary envisage que l'adresse de l'ange à Marie est une tentation, et fait le parallèle avec la tentation d'Ève par le serpent. *La divine origine, op. cit.*, pp. 127–131.

commun, le « pas tout » qui fonde leur acte de foi. C'est ce partage-là, un partage sans possession ni communauté, qui *féminise* (cette fois sans guillemets) Joseph. Marie et lui se rejoignent dans la foi qu'ils ont tous deux en le pouvoir fécondateur de l'*ombre de l'esprit saint*, nom biblique de l'*autre jouissance*. On peut dire sans risque de se tromper que s'ils n'avaient pas partagé cette foi, le christianisme aurait, littéralement, avorté.

La féminisation de Joseph ne le rend pas identique à Marie : aucune confusion des genres. Seule Marie a accès à l'*autre jouissance*, un accès qui n'est pas celui du savoir mais celui du corps, un accès que le savoir qui est supposé au corps déborde : l'accès mystique, l'accès qu'illustre la sainte Thérèse du Bernin qui orne la couverture d'*Encore*. L'acte de foi de Joseph ne lui ouvre rien de cet ordre : Joseph n'est pas mystique, c'est ce qui le rend si moderne à mes yeux. Comme tout homme, il n'a d'accès à l'autre jouissance que de pure supposition ; contrairement au commun des hommes, il s'abstient de vouloir en savoir plus. Son abstinence sexuelle est la traduction biblique de l'abstention de sa volonté de savoir, autrement plus novatrice. S'il est vrai, comme j'en formulais l'hypothèse au chapitre précédent, que le savoir de la paternité (génitif objectif) est un excellent candidat à être supposé, par les hommes, dans le *corps* des femmes, eh bien Joseph ne fait pas cette supposition. C'est là qu'il pose un acte de foi qui rejoint celui de Marie et qui les unit dans le « pas tout ». Joseph nous apprend qu'« il n'y a pas de rapport sexuel » – c'est une mauvaise nouvelle[10] – mais aussi que l'amour supplée au manque de rapport sexuel – et c'est la bonne nouvelle qui fonde le seul impératif catégorique du christianisme, « Aime ton prochain comme toi-même[11]. » L'amour était l'ingrédient absent du

---

10 « La psychanalyse exceptée, le judéo-christianisme est le seul événement de pensée qui tienne sur le sexe un discours réel et nous libère du bric-à-brac mytho-logique qui nous encombre à ce propos [...]. Il est vraiment l'annonciateur de la mauvaise nouvelle : la solitude originelle d'Adam au Paradis, la conception virginale de Marie affirment qu'il n'y a pas de rapport entre Adam et Ève, Marie et Joseph, l'homme et la femme ; ils ne peuvent se rejoindre qu'au-delà des images de la sexualité, en Dieu (Celui qui ne supporte aucune représentation) [...]. Et nous n'en voulons rien savoir. » Alexandre Leupin, *Phallophanies, La chair et le sacré*, Éditions du Regard, Paris, 2000, p. 10.

11 On sait que Lacan, tout comme Freud, professait le plus grand scepticisme à l'égard de la maxime chrétienne, *aime ton prochain comme toi-même*. Le bien qu'on veut aux autres étant celui qu'on veut aussi pour soi, tant qu'on pense

mythe que j'ai proposé en alternative à *Totem et Tabou* : une femme jette son dévolu sur un homme et lui voue une fidélité absolue. Sèchement dit. Il fallait en rester à une présentation aussi schématique que chez Freud, et je ne voulais pas prendre le risque d'avoir à définir quelque chose d'aussi mystérieux que l'amour. On devine néanmoins que sans amour peu de femmes voueraient une fidélité exclusive à leur homme et que, sans amour, peu d'hommes, et surtout pas un rustre de la horde primitive, auraient une confiance absolue dans la fidélité de leur femme. Dans le mythe chrétien, l'amour est au centre : l'amour de Dieu pour ses ouailles, l'amour du chrétien pour le Christ, l'amour du prochain en général.

Mais c'est l'amour *excentrique* de Joseph qui m'intéresse : pas son amour pour Dieu ou son prochain, mais bien son amour pour Marie. L'acte de foi de Joseph en Marie précède son acte de foi en Dieu parce qu'il est fondé dans son amour pour elle. Il est plus confortable, c'est sûr, de penser que Joseph croit Marie tout simplement parce qu'il croit en Dieu. Comme cette lecture est la doxa, je me demande si elle n'explique pas le peu d'intérêt de la théologie et de la pastorale pour le personnage de Joseph. Même aux yeux des croyants les plus naïfs, les plus pieux, ceux qui ont la foi du charbonnier, Joseph ne peut que passer pour un niais prêt à gober tous les miracles plutôt que d'admettre que sa promise l'a trompé. Les bien-pensants refoulent cette lecture, qui n'en est pas moins triviale de charrier des pensées impies qu'ils préfèrent ne pas s'avouer. Il est beaucoup plus juste et plus profond de penser que Joseph croit Marie parce qu'il l'aime et que c'est parce qu'il l'aime que, dans un deuxième temps seulement de son acte de foi, Joseph s'ouvre à Dieu. Ce Dieu, quel est-il ? Lacan répondrait, je pense : « une face de l'Autre, la face Dieu, comme supportée par la jouissance féminine[12] ».

---

l'amour en termes de l'aspiration au souverain bien on ne sort pas de l'amour narcissique, avec ce qu'il contient de méchanceté et de haine refoulées. Ce n'est que dans les dernières années de son enseignement, ayant découplé l'amour du prochain de l'aspiration au souverain bien et interprété « le prochain » en termes de l'*extimité* de « la Chose », que Lacan a pu envisager un amour vraiment désintéressé. Cf. Jacques Le Brun, *Le pur amour de Platon à Lacan*, Seuil, Paris, 2002 ; et François Balmès, *Dieu, le sexe et la vérité*, Érès, Ramonville Saint-Agne, 2007. (Note de 2022)
12 Jacques Lacan, *Le Séminaire, Livre XX, Encore*, Seuil, Paris, 1975, p. 71.

Le Dieu auquel Joseph s'ouvre n'est pas le Dieu des philosophes et des savants, c'est le Dieu « pas tout » des mystiques, le Dieu de la « nuit » de Pascal. Joseph est moderne à mes yeux, disais-je, parce qu'il n'est pas mystique. Il l'est encore davantage, dirais-je maintenant, parce que, de n'être pas mystique ne le retient pas de s'ouvrir au Dieu de Pascal. Joseph est comme Kant : d'une rigueur épistémologique à toute épreuve et d'une humilité touchante devant l'inconnaissable. Bref, l'antidote à toute espèce de positivisme. Le Dieu auquel Joseph s'ouvre n'est pas un rival, un géniteur qui lui aurait volé sa place auprès de Marie. Comment du reste pourrait-il l'être ? Les Hébreux savaient comme tout le monde qu'on ne féconde pas une femme par l'oreille. Le Dieu auquel Joseph s'ouvre n'est pas non plus, à lui seul, un « père symbolique ». Il ne prend pas la place vide creusée dans le symbolique par le fait biologique de l'incertitude de la paternité chez les mâles humains. Dieu se « joséphifie » en devenant Dieu le Père, ai-je dit ailleurs (voir le chapitre un). Cela veut dire que cette place vide, Dieu laisse Joseph la prendre pendant que Lui se retire dans l'aveu inédit de son impouvoir et de son impuissance, c'est-à-dire de son inexistence en tant que créateur-géniteur. Joseph, beaucoup moins niais qu'on ne le croit, saisit l'occasion. Il prend la place qui lui est offerte de « père nourricier » puisque c'est celle de tout père humain. Je ne sais pas quelle expression grecque ou hébraïque ou araméenne cette traduction condescendante transpose, je la trouve en tout cas bête et vulgaire. Elle n'a aucun égard pour l'élégance suprême de Joseph quand il assume la paternité symbolique de Jésus, une élégance qui devrait lui mériter la réputation d'un dandy de première classe plutôt que d'un niais cocufié. L'acte de foi qui fait de lui un père est une manière de salut à « l'autre jouissance », un geste de courtoisie qui en reconnaît la présence dans le corps de Marie, qui s'incline devant le « pas toute », et qui fait cet homme *ouvert* s'en aller la paix dans l'âme déclarer le « fils de l'homme » à l'état civil.

Reste le mystère : $\overline{\forall}x\ \phi x$. Loin de moi, qui ne suis pas Tirésias et qui ne suis pas analyste, la prétention d'avoir la moindre explication de l'énigmatique « autre jouissance ». Le christianisme présente cette énigme comme un mystère, et si je ne peux qu'approuver la psychanalyse de prétendre à la science et donc de traiter le mystère comme une énigme, je m'abstiendrai de chercher à la résoudre. Juste un mot spéculatif, ou d'affabulation, sur ce qu'implique ma lecture de la formule en bas à droite dans le schéma de Lacan :

$\bar{\forall}x\ \phi x$: « pas toute » femme est concernée par l'incertitude de la paternité. Je spécule – ou j'affabule – que quelque chose en toute femme enceinte, en toute femme enceinte qui se demande de qui est l'enfant, *sait*. Ce quelque chose a un nom dans les évangiles : c'est l'esprit saint. L'esprit saint en tant que Marie et Joseph (qui, disent les évangiles, ont reçu la visite du même archange messager) se sont *ouverts* à lui. Ce quelque chose a un autre nom dans la psychanalyse : c'est le corps. Que le corps soit l'esprit et réciproquement, voilà qui, assurément, ouvre un nouveau chantier, que nous explorerons au chapitre cinq, titré « Incertitude de paternité et jouissance féminine » et sous-titré « Une fable darwinienne ». Auparavant, il convient de tester le christianisme virtuel envisagé dans le présent chapitre par comparaison avec un épisode du christianisme historique qui a tout fait pour étouffer l'amour excentrique de Joseph mais n'en a pas moins produit une version perverse d'une inouïe intensité.

Bruxelles, mars 2006 ; mai 2008 ;
Los Angeles, mai 2009

Incertitude de paternité et féodalité

La chevalerie, un ordre symbolique insensé et impossible

> *L'historien ne peut, je l'ai dit, mesurer la part du désir.*
> Georges Duby[1]

Imaginons, si la chose est possible, la horde primitive de Freud *christianisée* : au lieu d'une meute de brutes dont l'hominisation n'est pas achevée, nous aurions affaire à une société humaine à part entière qui bénéficierait du lent travail civilisateur des religions mais qui n'en aurait pas moins en commun avec la horde de *Totem et Tabou* les traits suivants : 1° les jeunes hommes sont des chasseurs-guerriers sans cesse occupés à se disputer les femmes ; 2° les femmes sont des proies puis des objets d'échange ; 3° un mâle dominant règne, qui doit son statut à ce qu'il s'excepte du lot commun aux jeunes hommes ; 4° la conscience d'une faute collective originelle crée puis entretient le rapport à la loi qui établit l'ordre social ; 5° cette loi édicte l'interdit de l'inceste et l'exogamie qui en résulte, à quoi s'ajoute, christianisation oblige, le prix attaché à la fidélité des femmes et à l'indissolubilité du lien conjugal : 6° cette société est mythique et réelle à la fois.

Les trois premiers traits font écho à la horde primitive avant, les deux suivants après le meurtre fondateur et le repas totémique, et le dernier trait établit le statut heuristique de notre modèle et son éventuelle portée anthropologique par analogie avec celui de Freud. C'est que, contrairement à la horde primitive, la société que nous sommes invités à imaginer n'est évidemment pas dans un état de nature qui précède la loi. Elle ne se trouve pas non plus dans un état de droit stable qui succède à l'établissement de la loi, sans quoi l'analogie avec *Totem et Tabou* n'aurait aucun sens. Elle est en pleine mutation de l'ordre symbolique, plus précisément, en pleine transformation des structures de parenté. Sa réalité est historique, son origine est mythique, comme il sied à une société que la religion façonne. Elle a existé. C'est la société chevaleresque, le cœur de l'ordre féodal.

---

1 Georges Duby, *Le chevalier, la femme et le prêtre*, Hachette, Paris, 1981, p. 169.

Le but de ce chapitre, dont la rédaction a été interrompue pendant plus de douze ans, est de soumettre l'hypothèse à l'emporte-pièce que j'avais adressée en 2006 aux participants du colloque *Parler sexes* à l'université de Lille 3, et une semaine plus tard aux psychanalystes de l'association lilloise *Savoirs et Clinique*, à une contre-épreuve. Pouvais-je me sentir autorisé à remplacer « castration » par « incertitude de paternité » dans l'œuvre de Lacan sans la trahir ? Je n'avais aucune idée de ce que cette contre-épreuve allait m'apprendre, ni si elle allait confirmer l'hypothèse. Je puis dire sans déflorer le sujet que je ne suis pas déçu. Si je l'avais été je pense que je n'aurais publié aucun des quatre chapitres consacrés dans ce livre à l'incertitude de la paternité. Mais je puis dire aussi que la compréhension que j'ai de mon hypothèse a bougé au cours de la rédaction de ce chapitre. Je n'en dis pas plus. On me pardonnera, j'espère, la longueur de la démonstration et le scrupule « universitaire » qui l'a animée. J'ai ajouté des intertitres pour faciliter la lecture.

La plupart de mes sources dans cet essai sont dues à Georges Duby, qui a consacré une part considérable de son œuvre à la tentative de comprendre la chevalerie dans tous ses aspects : économiques, sociaux, politiques, idéologiques, religieux, littéraires, sans oublier l'aspect génétique, au double sens de genèse historique et de transmission généalogique. Je demande pardon aux médiévistes de me contenter pratiquement d'un seul informateur, fût-il aussi éminent que Duby. Outre que je n'ai aucun espoir de jamais maîtriser la quantité de données que brasse une discipline aussi complexe que la leur, je me réfugie à tort ou à raison dans l'impression que j'ai que Duby nourrit pour la question des rapports (ou non-rapports) entre les sexes au Moyen Âge une passion qui déborde la curiosité de l'historien, pour y puiser l'excuse de m'attacher presque exclusivement à ses pas et de négliger d'autres travaux tout aussi autorisés. Ses patientes recherches sur la société mâconnaise aux XIe-XIIe siècles et sa profonde connaissance de la France du nord à la même époque lui ont souvent fait toucher au registre anthropologique où l'homme – l'être humain, le mâle – qu'est aussi l'historien se confronte au risque tentant de perdre sa neutralité axiologique. Non que Duby y ait jamais succombé, et ses scrupules, à l'occasion, sont touchants[2].

---

2 « Car ces hommes dont j'examine les mœurs sont mes ancêtres, et les modèles de comportement dont j'essaie de suivre la mise en place ont tenu bon jusqu'à moi. Le mariage dont je parle [celui du roi Philippe, en 1092] est le mien, et je ne suis pas

Mais moi, qui le lis avec en tête les questions dont je devine qu'elles le travaillent mais qu'il ne couche pas telles quelles sur papier parce que ce ne sont pas des questions d'historien, je ne peux m'empêcher de suivre entre ses lignes le fil conducteur de ma propre interrogation, et j'ai moins de scrupules. Le silence qui entoure ce fait anthropologique brut que constitue l'incertitude de la paternité biologique dans les écrits des féministes, des ethnologues, des psychanalystes, me frappe et m'étonne chaque jour davantage. Le silence des historiens là-dessus est plus normal, sauf que chez Duby c'est un silence qui s'entend au point de faire résonner nombre de ses textes.

À ma connaissance (mais je n'ai certes pas tout lu), il y a très peu d'allusions explicites à l'incertitude de paternité dans les écrits de Duby sur la famille à l'ère féodale. Mise à part une question en forme d'interjection : « qui est le père de ce garçon ? », présentée comme une conséquence épouvantable de l'adultère féminin[3], je n'en connais que deux, presque identiques et cependant très différentes, toutes deux insérées dans des considérations assez générales sur l'institution matrimoniale. Dans l'une, Duby écrit : « Désignant qui sont les pères, [les rites du mariage] ajoutent une autre filiation à la filiation maternelle, seule évidente[4]. » Dans l'autre, il fait état de prescriptions qui « entendent […] substituer à la filiation maternelle, la seule évidente, la filiation paternelle[5] ». Entre « ajoutent » et « entendent substituer » se glisse toute la différence qui sépare n'importe quelle société dont la reproduction est régulée par le mariage et l'idéal de société extrêmement singulier qu'invente la féodalité. Duby sait bien que sa seconde formule énonce une aberration. Nous avons tous deux parents ; chacun de nous est issu de deux lignes de filiation ; *entendre substituer* l'une à l'autre est une impossibilité physique[6]. Que veut donc dire Duby par cette formule ?

---

tout à fait sûr de me déprendre du système idéologique qu'il me faudrait démystifier. Je suis concerné. Suis-je sans passion ? Il me faut sans cesse faire l'effort pour restituer la différence, pour ne point écraser, entre mon objet et moi, le millénaire qui m'en sépare, cette épaisseur de temps dont je dois accepter qu'elle recouvre d'opacité insondable presque tout ce que je voudrais voir. » Duby, *Ibid.*, p. 26.

3 *Ibid.*, p. 224.

4 *Ibid.*, p. 23.

5 Georges Duby, « Le mariage dans la société du haut moyen âge », *in* Duby, *Qu'est-ce que la société féodale ?*, Flammarion, Paris, 2002, p. 1417.

6 J'écris ces lignes le jour même (4 juillet 2008) où la machine médiatique nous « apprend » qu'un homme vient d'accoucher d'une petite fille et veut nous faire

Que pense-t-il au juste que prétendent accomplir les formes spécifiquement féodales du mariage lorsqu'elles veulent substituer une filiation à l'autre ? Entendent-elles minorer le rôle des femmes dans la génération et les soustraire à la sphère du pouvoir à l'intérieur de la lignée ? Oui. Minimiser l'ascendance par les femmes dans la conscience que la société à d'elle-même ? Entre autres. Évincer les femmes des chaînes de transmission du patrimoine ? Oh que oui. Remplacer un ordre biologique par un ordre symbolique ? Certainement, mais c'est ce que fait toute société humaine. Transformer la filiation en une institution uniquement symbolique ayant rompu toute attache avec le biologique ? Absolument pas. (Évitons donc d'identifier précipitamment le biologique au féminin, le symbolique au masculin.) Rendre la paternité aussi évidente, aussi certaine et « biologique » que la maternité ? Il y a de cela, oui, mais c'est impossible. Prendre le risque d'instituer l'incertitude plutôt que la certitude au fondement du lignage ? Il y a de cela aussi, et c'est insensé. Conjoindre l'impossible à l'insensé, c'est ce qui fait la singularité de l'idéal de société que se donne à elle-même la chevalerie. C'est aussi, je pense, ce qui fascine Duby et qu'il exprime par la très singulière idée d'une *substitution* de la filiation paternelle à la maternelle. Il a l'intuition, féconde et qui le guide dans ses recherches, qu'une société animée d'une telle folie ne peut que subir de profonds bouleversements qui retentissent sur tous les aspects de la vie sociale et politique, qui pénètrent jusqu'au plus intime des comportements sexuels et amoureux des individus, et qui imposent de remanier de fond en comble le discours normatif qui assure la régulation des rapports sociaux entre les sexes.

Les aléas du lignage agnatique

C'est cette intuition de Duby que je voudrais à mon tour interroger et faire résonner dans ceux de ses textes qui étudient ces bouleversements. Commençons par un passage où Duby présente la muta-

---

croire qu'aucune impossibilité naturelle ne fait plus obstacle à la libre substitution des lignes de filiation. Cet « homme » est en réalité une femme en voie de transsexuation que le désir d'enfant a fait interrompre, après ablation des seins mais avant celle de l'utérus, le traitement hormonal qui lui aurait donné un phénotype masculin.

tion des structures de parenté telle qu'elle s'amorce aux alentours
de l'an mil :

> À la fin du IXᵉ siècle, la parenté demeurait vécue, si je puis dire, à l'hori-
> zontale, comme un groupe rassemblant, sur l'épaisseur de deux ou trois
> générations seulement, les consanguins et les alliés, hommes et femmes,
> sur le même plan [...]. Insensiblement, à cet assemblage, un nouveau
> se substitua : vertical celui-ci, ordonné en fonction de la seule *agnatio* –
> une lignée d'hommes, la place et le droit des femmes se rétrécissant et,
> le long de ce tronc, le souvenir englobant toujours davantage de morts,
> remontant vers un aïeul, qui, au fil du temps, peu à peu s'éloignait : le
> héros fondateur de la maison[7].

On pressent déjà que le héros fondateur est un être mythique. Sa
maison est noble, bien entendu, d'une noblesse dont Duby rappelle
qu'elle « s'est toujours fondée sur l'honneur d'une ascendance et
se renforce naturellement en remontant dans le passé, le long des
arbres généalogiques[8]. » Puis, il pose la question : « ascendance,
mais de quel côté ? Paternel ? Maternel ? Les deux ensemble ?[9] » Bien
qu'il juge fort exagéré de prétendre qu'avant l'an mil, la noblesse
se transmettait exclusivement par les femmes (comme c'était le cas
de la liberté et de la servitude), Duby note que le plus ancien des
écrits généalogiques, « qui décrit l'ascendance du comte Arnoul de
Flandre et qui fut composé entre 951 et 959, insiste surtout sur les
femmes, sur l'illustration de leur lignage », et que « tout le propos de l'ouvrage est d'assurer la noblesse du comte Arnoul en le
rattachant, par sa grand-mère, à la famille carolingienne[10] ». Par
contraste, la généalogie des comtes d'Angoulême, écrite vers 1160,
soit deux siècles plus tard, « s'articule strictement de père en fils et
ne se déploie jamais en direction des lignes maternelles[11]. » Et Duby
d'ajouter « qu'une semblable disposition linéaire selon les primo-
génitures mâles, fonction d'une transmission essentiellement masculine de la gloire familiale et de la mémoire des aïeux, fut adoptée

---

7 Duby, *Le chevalier, la femme et le prêtre, op. cit.*, p. 100.
8 Georges Duby, « La noblesse dans la France médiévale », *in* Duby, *Qu'est-ce
que la société féodale ?, op. cit.*, p. 1056.
9 *Ibid.*
10 *Ibid.*, p. 1058.
11 *Ibid.*

très généralement dans la très haute aristocratie au XII[12] siècle », avant de conclure : « Un tel changement de perspective pourrait bien être l'un des indices d'une mutation qui affecta, aux alentours de l'an mil, les structures de la famille aristocratique en Occident et ses représentations dans la conscience collective[13]. »

Un siècle et demi après l'an mil, cette mutation n'affecte plus seulement la très haute aristocratie, elle est descendue jusque dans la conscience collective que la chevalerie a de soi, comme l'atteste le tableau généalogique de sa propre famille rédigé en 1152 par un certain Lambert de Wattrelos, « issu d'un lignage de simples chevaliers de Flandre[14] ». Il ressort de ce tableau que « les hommes ont toujours le pas sur les femmes et les aînés sur les cadets, enfin que la parenté par alliance tient une large place auprès de la parenté par le sang[15]. » Duby prête donc une attention particulière aux alliances et relève une forte asymétrie. Du côté maternel, « les alliances matrimoniales des membres du lignage ne semblent pas retentir dans la conscience familiale comme elles le font dans la branche paternelle », où « les femmes dont le souvenir se conserve sont celles qui ont participé à l'accroissement du patrimoine familial ou qui, venues d'une autre race, ont partagé la vie de la maison et l'ont unie à d'autres lignages[16] ». C'est le cas en particulier de la grand-mère paternelle de Lambert, qui fit entrer le domaine de Néchin dans le patrimoine – et Duby souligne à cette occasion que le mariage unit souvent des conjoints dont l'épouse est plus fortunée que le mari. S'il est vrai que les femmes annexées à la famille par le mariage sont plus souvent nommées du côté paternel que maternel, des deux côtés les frères de ces femmes sont montrés ayant une forte influence sur le destin des fils de celles-ci, « et l'on trouve ici l'illustration concrète de la position privilégiée qu'occupaient alors les liens entre neveu et oncle maternel[17]. » Rien de tel du côté des oncles paternels. À ces asymétries diverses s'ajoute l'inégalité des deux branches devant le *cognomen*, le surnom patronymique de la lignée. Lambert sur-

---

12 *Ibid.*
13 *Ibid.*, pp. 1058–1059.
14 Georges Duby, « Structures de parenté et noblesse dans la France du nord au XIe et XIIe siècle », *in* Duby, *Qu'est-ce que la société féodale ?, op. cit.*, p. 1161.
15 *Ibid.*, p. 1162.
16 *Ibid.*, p. 1164.
17 *Ibid.*, p. 1167.

nomme ses deux grands-pères « de Wattrelos » par référence à un mythique ancêtre commun beaucoup plus éloigné dans le temps, alors que Wattrelos est le nom du terroir d'origine du grand-père maternel, sans doute approprié par la lignée paternelle à la génération suivante. L'ascendance qu'il se construit remonte à la quatrième génération puis se perd dans les sables de l'oubli. S'il n'a pas trace des ancêtres ayant vécu plus d'un siècle avant lui, remarque Duby, c'est probablement parce qu'avant 1050 la couche inférieure de l'aristocratie dont procédait Lambert ne s'était pas encore constituée en lignée héréditaire par primogéniture – signe qu'avant cette date la mutation du système de parenté n'avait pas encore atteint la classe nouvelle des chevaliers, comme il est clair qu'elle l'a fait au moment où Lambert rédige.

> Auparavant, par-delà ce seuil chronologique, les relations familiales parmi la chevalerie s'ordonnaient sans doute d'une autre manière. Point de maisons, donc point de *cognomina* familiaux, point de race, mais des groupes de parenté, qui gravitaient autour de la maison d'un seigneur, d'un patron. De ces réseaux familiaux, beaucoup moins cohérents, diffus et changeant au gré des mariages, le souvenir s'est perdu très vite. La mémoire des ancêtres est devenue ferme au moment même où les structures de parenté se sont modifiées et ont pris, autour d'un « casement » foncier, d'un héritage, d'un faisceau de droits définis et bien attachés à un patrimoine, une allure résolument agnatique[18].

Qu'est-ce qui se transmet ainsi, en ligne « résolument agnatique », c'est-à-dire du père au fils aîné ? Un héritage, une fortune, un patrimoine foncier, voilà pour la part tangible qui détermine les stratégies matrimoniales de l'aristocratie, du roi au plus humble chevalier. Mais aussi, un « honneur », une ancienneté, une noblesse, un nom, choses moins tangibles mais non moins déterminantes dans l'échelle des valeurs chevaleresques. Et enfin, un *sang*. Honneur, noblesse, sang, ces mots sont peu ou prou synonymes en tant que valeurs symboliques, et pourtant le mot « sang » connote quelque chose de plus, et de plus risqué, à savoir la conviction que les attributs moraux de la chevalerie, la vaillance, la loyauté, la *prouesse* (la qualité d'être preux) se transmettent héréditairement,

---

18 *Ibid.*, p. 1166.

de père en fils, voire, selon la version la plus intégriste de cette idéologie, du père au fils aîné, après quoi le sang se gâte. Contrairement aux Anciens, qui concevaient le « vase » féminin comme le simple réceptacle nourricier de l'embryon issu, lui, de la seule semence paternelle, les Médiévaux avaient une théorie du sperme féminin qui attribuait une part aussi active à la femme qu'à l'homme dans la génération[19]. En contractant alliance matrimoniale, deux lignées s'apprêtent donc à mêler leurs sangs, une perspective qui entraîne chez les mâles des deux bords des comportements obsessionnels en cascade dont il n'est pas facile de décider s'ils nourrissent la misogynie ambiante ou s'ils s'en nourrissent : se méfier des femmes, en qui le sang de la race ne peut que se diluer ; chercher à prendre femme plus noble que soi afin d'anoblir le sang de ses enfants ; ne donner sa fille qu'à un parti dont le sang est sûr ; donner femme à son fils ni trop près ni trop loin de la souche familiale de peur de voir son sang dégénérer par excès de consanguinité ou, à l'inverse, d'étrangeté ; propager son sang partout mais en évitant à tout prix que dans les unions légitimes sa pureté ne s'altère ; répudier son épouse si son sang se révèle de basse qualité car il ne lui fait engendrer que des filles ; etc. Le dénominateur commun de ces comportements, c'est l'identification de la filiation paternelle à la transmission *du sang par le sang*, c'est-à-dire, de l'honneur et de la noblesse par la voie exclusive de la paternité biologique, laquelle, dès lors, doit être avérée.

C'est un risque insensé qu'ont pris les producteurs de cette idéologie, car ils ont rendu le système entier de valeurs attachées à la féodalité dangereusement dépendant d'un protocole d'établissement de la paternité chargé de la certifier, alors qu'elle est par

---

19 L'existence du sperme féminin et son utilité dans la conception (semence ou non ?) restent toutefois controversées, les représentants de la tradition galénique, tel Guillaume de Conches (mort vers 1150), étant plus enclins à reconnaître le rôle de la femme dans la conception que ceux de la tradition aristotélicienne. « À ce moment de la pensée médicale, le supposé sperme féminin devait remplir une triple fonction : participer à la conception en transmettant les caractères maternels, permettre une meilleure réception de la semence masculine, manifester le plaisir de la femme. C'est dire que l'ovulation, les sécrétions cervicales, la lubrification vaginale se trouvaient résumées par un seul terme. » Claude Thomasset, « De la nature féminine », *in* Georges Duby et Michelle Perrot, éds., *Histoire des femmes en Occident*, Vol. 2, *Le Moyen* Âge (sous la direction de Christiane Klapisch-Zuber), Plon, Paris, 1991, p. 70. Cf. aussi sur cette question Thomas Laqueur, *La fabrique du sexe, Essai sur le corps et le genre en Occident*, Gallimard, Paris, 1992, pp. 42–87.

essence incertaine et qu'un tel protocole n'existe pas[20]. De mémoire d'anthropologue on n'a jamais vu cela. Les systèmes Crow, Omaha et autres, dont nous ont entretenu Claude Lévi-Strauss et Françoise Héritier, gèrent l'incertitude de la paternité biologique en la neutra-lisant *a priori*. Le système féodal que Duby voit se mettre en place aux XIe-XIIe siècles la gère en l'exacerbant, quitte à multiplier les stratagèmes qui tentent de la neutraliser *a posteriori*. Pas d'héritier mâle, et c'est l'extinction de la race. Des fils en trop grand nombre, et c'est le risque de dispersion du patrimoine. Des filles itou, et c'est l'obligation de les doter toutes ou de les envoyer au couvent. Pis, bien pis (c'est l'obsession de chaque instant), une épouse infidèle, et c'en est fini de la légitimité du lignage entier. Les femmes font les frais du moindre malfonctionnement du système, et celui-ci, natu-rellement, ne fonctionne jamais avec la pureté voulue par les idéo-logues. Le maître de maison est-il impuissant ? C'est la faute de sa femme, et les bâtards dont il s'enorgueillit sont là pour le prouver. Est-il stérile ? C'est elle qui l'est, et il la répudie (la stérilité mâle est inconcevable). Il n'engendre que des filles ? C'est elle la coupable, et il la répudie encore (il faudra attendre la découverte du chromo-some Y pour qu'on sache que c'est le père qui détermine le sexe de l'enfant). Le système est extrême et plus vulnérable que la plu-part des systèmes de parenté que l'humanité a inventés, et ce sont précisément ses talons d'Achille, les entorses et les aménagements au système, qui prouvent *a contrario* à quel point il est extrême. Témoin les liens privilégiés entre neveu et oncle maternel que relève Duby : la pratique, ici, corrige l'intransigeance de la doctrine ; sans aller jusqu'à nommer « père » l'oncle maternel, à la manière des Trobriandais, elle rattache l'enfant à la lignée maternelle, la seule certaine ou, comme dit Duby, évidente. Témoin, encore, le fait que les généalogies d'« allure résolument agnatique » que se construit la chevalerie débouchent très souvent sur des ancêtres mythiques chargés, eux, de rattacher la lignée à une noblesse atavique de souche assurée parce que matrilinéaire. Duby en a montré un cas symptomatique qui me paraît avoir valeur de paradigme.

---

20 Il faut attendre la découverte des groupes sanguins dans les années 1920 pour que l'on dispose d'un protocole scientifique permettant de prouver la non-pater-nité biologique, et la généralisation des tests d'ADN dans les années 1980 pour qu'on puisse établir la paternité, positivement.

Le fondateur mythique de la tribu

Analysant un autre spécimen de cette littérature généalogique qui fleurit aux XIIᵉ-XIIIᵉ siècles, l'histoire des comtes de Guînes rédigée entre 1201 et 1206 et due à un autre Lambert, d'Ardres cette fois, Duby voit confirmés les traits déjà notés dans la généalogie des Wattrelos : même prépondérance des hommes, même priorité du côté paternel, même privilège des aînés, même apport des femmes en fortune ou en gloire, même rôle du patrimoine comme support de la mémoire des aïeux et de la conscience familiale, même attachement du sentiment de parenté à la maison, au château. Mais le lignage étant plus haut placé, la mémoire généalogique remonte bien plus loin que celle de Lambert de Wattrelos. Duby note, chose intéressante, que les seuils où se perd le souvenir des mémorialistes de l'époque sont ceux-là mêmes sur lesquels bute la recherche historique moderne. Dans le Mâconnais, Duby dit avoir pu reconstituer la parenté jusque vers le milieu du XIᵉ siècle pour la petite chevalerie, jusqu'aux abords de l'an mil pour les familles de châtelains, enfin jusqu'au début du Xᵉ siècle pour les familles comtales comme celle des Guînes. Ces dates butoirs correspondent à la profondeur temporelle des généalogies de l'époque, dont celles des deux Lambert. « Parvenu, en passant toujours des fils à leur père, jusqu'à la huitième génération, c'est-à-dire jusqu'en 928, Lambert d'Ardres se heurte à l'impossibilité d'établir des filiations patrilinéaires sûres. » Et là, « Lambert invente alors un ancêtre [...], un personnage qui paraît bien mythique et qu'il traite d'ailleurs en héros courtois[21] », un certain aventurier scandinave nommé Sigfrid ou Sifridus, à qui il prête d'avoir construit le château de Guînes, assise matérielle de la lignée, et d'avoir séduit une des filles du prince voisin, le comte de Flandre. Duby commente :

> Par cette union illicite, l'homme devient la racine de cet arbre de Jessé que constitue après lui la *genealogia ghisnensium*. Avec son fils, bâtard, la puissance familiale reçoit sa légitimation, puisque le nouveau comte de Flandre, son oncle, l'adopte pour filleul, l'arme chevalier [...], érige sa terre en comté, et enfin la lui concède en fief[22].

---

21 Duby, « Structures de parenté et noblesse ... », *in* Duby, *Qu'est-ce que la société féodale ?*, *op. cit.*, p. 1171.
22 *Ibid.* Cf. aussi Georges Duby, « Le pouvoir des dames », *in* Duby, *Dames du XIIᵉ siècle*, Gallimard, Paris, 1995, pp. 242–312, et plus spécialement pp. 277–279.

À l'ombilic où la généalogie réelle s'abîme dans des origines mythiques, on trouve le rapt d'une femme par un personnage venu d'ailleurs, rapt que vient légitimer après coup l'adoption, par son oncle maternel, de l'enfant mâle né du viol. Un faisceau de symptômes renvoyant tous à l'incertitude de la paternité converge à cet endroit pour faire de la naissance de la maison de Guînes un mythe d'origine censé justifier la loi du père et sa transmission en ligne agnatique. Il ne remonte pas plus haut que l'an 928, mais il paraît avoir structure et fonction analogues au mythe de *Totem et Tabou*. Duby suggère en effet qu'il pourrait, *mutatis mutandis*, valoir pour l'humanité :

> À l'origine de chacun des deux lignages, comme à l'origine du genre humain, dans un passé brumeux, presque hors du temps, mythique, prend place une copulation fondatrice[23].

Nul ne sait qui est le vrai père fondateur de la lignée. L'invention d'un aïeul mythique à la puissance virile surestimée – un preux, mais Viking, donc barbare – est là pour suppléer à cette ignorance : elle la dénie, donc elle la reconnaît malgré elle. Bien que géniteur biologique de la race, Sifridus est un étranger et le reste. À défaut d'être assassiné comme le père de la horde primitive freudienne, il est expulsé de la lignée symbolique aussitôt accomplie la « copulation fondatrice ». Le fils naturel de l'étranger est adopté par son oncle maternel, le frère de la femme que Sifridus a ravie et violée. Il est symptomatique que la généalogie des Guînes invoque le statut privilégié de l'oncle maternel uniquement à la première génération après l'ancêtre mythique au lieu de le reconduire à chaque génération, comme dans les sociétés qui pratiquent le mariage entre cousins croisés[24]. L'oncle maternel a dans cette généalogie un rôle aussi mythique que Sifridus. L'ancêtre Viking a fourni le sang (les gènes), le comte de Flandre le sang (la noblesse légitime). La conjonction de ces deux formes de paternité, l'une biologique mais mythique, l'autre symbolique mais qui se rattache en réalité à la lignée maternelle, fait la substance de la *genealogia ghisnensium*. Peut-être est-il exagéré de voir en celle-ci un mythe d'origine analogue à *Totem et Tabou* du seul fait de cette conjonction ; il n'en reste pas moins que le rôle fondateur de semblables

---

23 Duby, *Le chevalier, la femme et le prêtre, op. cit.*, p. 271.
24 Pour une description du système matrimonial qui prescrit le mariage entre cousins croisés, cf. Claude Lévi-Strauss, *Le regard éloigné*, Plon, Paris, 1983, p. 86.

conjonctions semble paradigmatique de la société chevaleresque en train de s'instaurer. Elle paraît de fait avoir été nécessaire pour que soient fondées ces prescriptions qui, disait Duby, « entendent [...] substituer à la filiation maternelle, la seule évidente, la filiation paternelle » – des prescriptions comme celle-ci, tirée d'un acte de donation de 1025 : « Par la succession des temps, les fils légitimes issus de ma semence par mon épouse légitime se succéderont à tour de rôle par droite et légale ligne de génération[25]. »

Duby commente : « les "fils", non pas les "enfants" ; ce sont les seuls héritiers vrais ; les filles sont exclues comme le sont les bâtards. Privilège de la masculinité. Importance de la légitimité du mariage[26]. » Privilège et importance qui s'accroîtront au cours du XIe siècle et qui concernent en premier lieu le patrimoine. Dans le couple, le mari appesantit son autorité et dispose, à la place de son épouse, non seulement de la part du patrimoine ancestral qu'il lui a donnée mais aussi des biens qu'elle a hérités de ses parents. « Tous les droits de la société conjugale sont [...] tenus dans la main toujours plus crispée d'un homme[27]. » Pourquoi « toujours plus crispée » ? On ne saurait jamais compter tout à fait sur la fidélité des épouses. Or, quand la semence définit la paternité dans sa légalité, on risque que ce soit à la certitude du sang des fils qu'incombe de définir en retour la légitimité de l'union des parents. L'empressement de la noblesse à distinguer le mariage du concubinage, de même que la lente évolution, au cours des deux siècles de féodalité qu'analyse Duby, vers l'institution du mariage en sacrement, furent une manière de parade contre ce risque. À celui-ci s'ajoutait un autre risque, conséquence de la même crispation : qu'en donnant sa fille en mariage à un homme étranger au lignage, ce dernier mette la main sur les biens qu'elle a reçus en dot ou en héritage. « La parade à ce danger, écrit Duby, fut de réduire le droit des filles mariées à l'héritage[28]. » Avec, en corollaire, la stratégie matrimoniale suivante :

> Le chef de maison s'employait à marier toutes les filles disponibles du lignage ; dispersant ainsi le sang de ses aïeux, il nouait des alliances, raffermies à la génération suivante par la relation privilégiée attachant

---

25 Duby, *Le chevalier, la femme et le prêtre, op. cit.*, p. 110.
26 *Ibid.*
27 *Ibid.*
28 *Ibid.*, p. 111.

les garçons au frère de leur mère. [...] En revanche, la prudence imposait de n'autoriser qu'un seul fils à prendre épouse légitime, à moins que l'on pût trouver pour un autre une fille sans frère, une héritière[29].

Cette stratégie matrimoniale permettait à un chef de maison de récupérer au profit de sa descendance masculine la part de son patrimoine (fût-elle racornie) qu'il avait dû aliéner en mariant ses filles. Mais c'est aussi l'incertitude de sa paternité sur ses filles qu'elle lui permettait de conjurer en rattachant ses petits-fils à sa lignée propre via leur oncle maternel. Quant à la primogéniture, associée au mariage du seul fils aîné, elle permettait non seulement d'éviter la dispersion du patrimoine mais aussi de minimiser le risque qu'il passe à un fils de sang impur, à un bâtard. On épouse une vierge et on la surveille de près jusqu'à ce qu'elle ait engendré un héritier mâle ; vingt ans plus tard, on donne une femme vierge à son premier-né en l'enjoignant de faire de même. La volonté, stratégique de la part des mâles de la lignée, de contrôler la transmission du patrimoine est-elle cause ou effet de leur volonté de *contrôler la reproduction* (pour citer Françoise Héritier[30]) ? Idem pour la stratégie matrimoniale qui dépossède les filles mariées au profit de leur frère : est-elle le reflet d'une volonté de neutralisation de l'incertitude de paternité de la part des hommes du lignage ? Ou bien cette volonté n'est-elle qu'un épiphénomène de conduites que seul dicte l'intérêt économique ?

Ces questions se posent pour la féodalité autant que pour les systèmes de parenté qu'Héritier a analysés en ethnologue. Et comme pour eux se pose cette autre question : la volonté de contrôler la reproduction est-elle cause ou effet de ce qu'Héritier a appelé la « valence différentielle des sexes », cet ensemble de traits idéologiques et de préjugés par lesquels le masculin se trouve valorisé et le féminin déprécié dont elle a constaté l'ubiquité dans les sociétés humaines ? Peut-être cette question de type « œuf-poule » ne sera-t-elle jamais tranchée. Héritier a raison de dire, plus prudemment, que la valence différentielle des sexes est « l'*expression* d'une volonté de contrôle de la reproduction de la part de ceux qui ne dis-

---

29 *Ibid.*, pp. 113–114.
30 Cf. *supra*, p. 46.

posent pas de ce pouvoir tout particulier[31] ». Expression des mâles, valorisant donc systématiquement le masculin, mais aussi, de leur part, compensation crispée de leur infériorité devant le pouvoir et la certitude de la maternité. Le féminin, Duby en apporte preuve sur preuve, bien que jugé intrinsèquement faible, est ressenti comme pervers et diabolique, minant dangereusement l'ordre social – et j'ajouterais : d'autant plus délétère que la semence paternelle est le vecteur concret de la transmission du patrimoine comme du « sang » de la race, le seul fil conducteur de la généalogie, le seul garant de l'honneur de la lignée. Rien d'étonnant, donc, à ce que la misogynie soit à son comble dans la société féodale. Elle n'empêche pas le paradoxe de l'amour courtois, sur lequel j'aurai à revenir tant il est symptomatique de ce que l'ordre chevaleresque a d'extrême. Me retiennent pour l'instant les contradictions engendrées par l'extrémisme doctrinal aussi bien que les aménagements de la société réelle qu'elles autorisent. Un de ces aménagements se trouve dans la politique du divorce. Il est particulièrement instructif parce qu'il montre comment une société qui conjoint l'impossible à l'insensé est forcée, pour être viable, de s'arranger avec son *réel*.

Morale des prêtres et morale des guerriers

Étudiant l'évolution de la morale matrimoniale, Duby situe autour de 1100 l'acmé d'un conflit opposant deux conceptions du mariage et de sa légitimité : morale des prêtres contre morale des guerriers, écrit-il. Côté guerriers, le mariage est « un moyen de préserver, de rehausser l'honneur de la maison. Pour cela tout est bon, le rapt, la répudiation, l'inceste[32]. » Côté prêtres, le mariage est un pis-aller, un médiocre substitut à la continence, un compromis qu'il s'agit à tout prix de régimenter, un chemin escarpé vers le salut dont on tolère les chausse-trappes parce qu'il faut bien que l'humanité se reproduise. Si l'Église ferme les yeux sur le rapt, elle prône la monogamie, encadre sévèrement la répudiation et prohibe l'inceste au-delà du raisonnable. Le mariage n'est pas encore un sacrement mais la présence du prêtre commence à s'imposer. Dans la France carolin-

---

31 Françoise Héritier, *Masculin/Féminin, La pensée de la différence*, Odile Jacob, Paris, 1996, p. 25. (Je souligne.)
32 Duby, *Le chevalier, la femme et le prêtre, op. cit.*, p. 166.

gienne, l'enveloppe rituelle du mariage était restée profane : de la *desponsatio* à la *commixtio sexuum* (qu'une traduction libre rendrait respectivement par fiançailles et consommation du mariage), nulle intervention ecclésiastique. En revanche, dès le IXe siècle, les évêques insistent sur « la loi évangélique d'une seule épouse » et profèrent « l'interdiction d'épouser une cousine en deçà du septième degré de parenté »[33]. C'étaient là deux prescriptions contradictoires : la première impliquait l'indissolubilité du mariage et la prohibition du divorce, la seconde, au contraire, imposait la séparation en cas de parenté jugée trop proche. Or, écrit Duby :

> Déployée sur sept générations, l'aire de consanguinité recouverte par une telle conception de l'inceste était démesurée, au plein sens de ce terme – sans mesure –, et tant de personnes étaient exclues qu'il était à peu près impossible de respecter l'interdit[34].

Retenons l'insistance de Duby sur la démesure, l'excès, l'extrémisme d'un interdit impossible à respecter par cette petite société de féaux fermée sur elle-même et forcément plus endogame que le peuple des villes et des campagnes. L'interdit date du concile de Paris, en 829, mais ce n'est qu'au tournant du XIIe siècle que l'impossibilité de le respecter se met à déployer ses effets paradoxaux. C'est le moment où, côté guerriers, la mutation du système de parenté qui signe l'avènement de la société féodale se croit accomplie et où, côté prêtres, la réforme grégorienne qui bat son plein exige de plus en plus des laïcs une morale calquée sur celle des gens d'église[35]. Les prêtres tiennent le mariage pour sacré, voulu par Dieu ; seule l'Église a le droit de le dissoudre, et pour deux raisons seulement : la fornication (entendons, l'adultère féminin) et l'inceste. Voici la riposte des guerriers : invoquer la consanguinité quand on veut répudier son épouse ; prétendre s'être tardivement découvert une parenté trop proche avec sa conjointe afin de faire annuler le mariage ; jouer

---

33 *Ibid.*, p. 40.

34 *Ibid.*

35 La « réforme grégorienne » est ainsi nommée « en hommage à l'impulsion décisive du pape Grégoire VII (1073–85). Réforme, car il s'agit selon ses promoteurs d'un retour à la pureté évangélique, à la vie idéale des Apôtres ; mouvement neuf, en vérité, qui prétend modeler aussi bien la vie des clercs que celle des laïcs et les rapports mêmes de l'Église et du siècle. » Jacques Dalarun, « Regards de clercs », in Duby et Perrot, éds., *Histoire des femmes en Occident*, Vol. 2, *op. cit.*, p. 34.

le remords d'avoir transgressé l'interdit de l'inceste pour déjouer l'interdit du divorce. La riposte est admirable. Au-delà de son pragmatisme, il s'agit bien d'un arrangement avec le *réel*, au sens lacanien : les guerriers mettent les prêtres en demeure de choisir lequel de deux péchés pardonner, sachant qu'entre la transgression d'un interdit impossible à respecter – l'inceste – et la désobéissance à une prescription jugée insensée – l'indissolubilité du mariage –, les prêtres exigeront le respect de l'impossible et seront forcés malgré eux de renoncer à prescrire l'insensé.

Deux questions, ici : pourquoi, aux yeux du clergé, le respect de l'impossible est-il dû ? Et pourquoi l'indissolubilité du mariage est-elle insensée aux yeux des chevaliers ? À la première question, comme on verra, il n'y a pas de réponse d'historien. La réponse à la seconde doit expliquer que l'indissolubilité du mariage n'est pour les chevaliers ni un simple désagrément ni une entrave à leur libre désir mais une folie, une exigence irresponsable. Il va de soi que dans la noblesse du XIIe siècle on ne divorçait pas et on ne cherchait pas à se remarier pour des raisons sentimentales ou sexuelles. Les mâles avaient toute latitude de faire autant de conquêtes amoureuses qu'ils le désiraient, hors mariage. On divorçait et on se remariait au nom d'une responsabilité. La morale des guerriers leur imposait de tout faire pour que leur patrimoine, et avec lui la gloire de la race, soient transmis en ligne « résolument agnatique ». Il leur fallait pour cela un héritier mâle légitime, et si la première épouse échouait à leur en donner un, en prendre une autre était un impératif qui méritait de braver jusqu'à l'autorité supérieure du pape. Le cas du roi capétien Philippe, auquel Duby consacre un chapitre, en est la meilleure preuve. Il m'intéresse spécialement en raison de son caractère extrême et sans concession. Nul arrangement avec le réel, ici : les prêtres refusent *et* de reconnaître l'insensé *et* de transiger sur l'impossible (si ce n'est à l'épilogue, quand Philippe feint de céder à l'Église parce qu'il n'y a plus d'enjeu).

Philippe Ier n'a pas pu jouer l'interdit de l'inceste contre l'interdit du divorce car ce qu'on lui reproche est d'avoir transgressé les deux. En 1092, après vingt ans de mariage, il répudie sa femme légitime, Berthe de Frise, parce qu'elle ne lui avait donné qu'un garçon chétif à l'espérance de vie incertaine, et s'unit à Bertrade, qu'il avait ravie au comte d'Anjou, son mari (avec le consentement de celui-ci). Il a beau réunir un concile pour s'attirer les bonnes grâces de l'Église, il se fait excommunier trois fois pour avoir, « sa femme étant vivante, pris pour femme en plus (*superduxerit*) la femme d'un autre qui, lui aussi, était vivant[36] », et de surcroît (j'insiste sur le surcroît), pour inceste. Bertrade n'était que sa cousine par alliance au troisième ou quatrième degré, pourtant l'inceste du roi Philippe fut jugé plus sévèrement que sa bigamie. Pourquoi ? Il y avait quantité de raisons politiques à ces excommunications, mais aucune n'explique qu'il faille penser, comme le prétendra un moine de Saint-Bertin en 1164, que « l'inceste est pire que l'adultère[37] ». Rien n'explique non plus le comptage extravagant des degrés de consanguinité à la base des jugements d'inceste. « Les prescriptions du Lévitique 18 et 20 sont cent fois moins astreignantes », écrit Duby[38]. Pourquoi ne pas s'en contenter ? Pourquoi un tel extrémisme ? Ce sont des questions auxquelles Duby n'a pas trouvé de réponse d'historien. Les textes témoignent de l'embarras des juristes médiévaux : comme à l'historien moderne, les sources et la justification de cet extrémisme dans la patristique ou d'autres textes qui font autorité semblent leur manquer. « Au concile de Paris en 829, l'interdit fut énoncé sans explication. Personne, pas même Isidore de Séville[39], dernier recours, n'en fournissait de satisfaisante », écrit Duby. Presque trois siècles plus tard, au tournant du XIIe siècle, même l'évêque Yves de Chartres, le plus rigoriste des contempteurs de l'inceste et le plus acharné des adversaires du roi Philippe, se révèle

impuissant à mieux convaincre, à justifier par des arguments clairs, étayés par des autorités certaines, l'exigence obstinée des prêtres. L'affinement de l'outillage intellectuel, le classement minutieux des textes, leur critique plus aiguë ne servent à rien. Un bloc est là, inébranlable[40].

---

36 Sigebert de Gembloux relatant la décision du concile de Clermont, cité par Duby, *Le chevalier, la femme et le prêtre*, *op. cit.*, p. 9.

37 *Ibid.*, p. 184.

38 *Ibid.*, pp. 40–41. Les prescriptions du Lévitique ne vont en effet pas plus loin que le troisième degré. Je relève pour ma part qu'alors que l'homme qui couche avec la femme de son oncle paternel doit être condamné pour inceste, rien de semblable n'est dit concernant l'homme qui couche avec la femme de son oncle maternel (Lévitique 20–20).

39 Isidore, évêque de Séville (v. 560–636), théologien, homme à la culture immense et grand connaisseur des Pères de l'Église. Ses *Étymologies*, dépositoire très complet du savoir antique, seront enseignées et consultées à travers tout le Moyen Âge. *Ibid.*, p. 41.

40 *Ibid.*, p. 184.

Inébranlable et inexplicable. Ce n'est pourtant pas faute de documents. Duby cite les épîtres qu'Yves de Chartres adressa à divers laïcs afin de les exhorter à accepter que l'Église contrôle leurs mœurs sexuelles. Une proportion considérable de ces lettres, douze sur trente, précise Duby, est consacrée à la question de l'inceste : « l'inceste est la pierre d'achoppement[41]. » L'évêque Yves expose la doctrine et rappelle que le mariage est une institution naturelle, voulue par Dieu dès l'origine. On ne peut donc le rompre que pour une raison tout aussi « naturelle », la fornication. Toutefois, ajoute-t-il, « dans le développement de la religion chrétienne » (Duby commente : « donc dans l'histoire, dans la culture, non pas dans la nature »), une autre raison de divorce est venue s'ajouter, et c'est l'inceste[42]. Yves ne lui donne aucune justification sinon que « l'union doit être honorable, et sans tache, en tout[43]. » Ses épîtres sont prolifiques sur l'interdit de l'inceste mais muettes sur ses raisons, *a fortiori* sur son caractère extrême.

Nous avons ici affaire à la scrupuleuse déontologie de Duby : quand une question ne reçoit pas une réponse d'historien, elle reste en suspens. Mais là où l'historien est réduit au silence par le silence de ses sources, l'anthropologue est invité à prendre le relais. L'appel du pied est discret mais clair, pour qui a son Lévi-Strauss en tête (et Duby l'a certainement) : « dans l'histoire, dans la culture, non pas dans la nature ». Yves de Chartres aurait, à sa manière et par devers lui, reconnu ce que nous ont appris, à nous autres modernes, l'analyse des structures élémentaires de la parenté de même que celle des rites et des mythes, et de ce mythe singulier et artificiel qu'est le *Totem et Tabou* de Freud : que la prohibition de l'inceste trace le seuil entre nature et culture, qu'elle est le lieu de naissance de la loi-du-père-mort. Yves de Chartres est de ceux qui, sans le savoir, agissent comme si la mutation des structures de parenté en cours exigeait de se référer à un mythe fondateur de la loi, un mythe qui, en quelque sorte, christianise *Totem et Tabou*, un mythe historiquement nouveau mais qu'il n'arrive pas à formuler. Comment Yves disposerait-il de justifications théoriques pour un interdit dont la raison d'être est tout entière dans sa conséquence pratique, produire de l'exogamie ? Il n'a pas de surplomb, il est

---

41 *Ibid.*, p. 180.
42 *Ibid.*, p. 184.
43 *Ibid.*

lui-même absorbé par la fonction du mythe à la confection duquel il appelle en idéologue, obsédé qu'il est, comme tout le clergé, par l'inceste. La chevalerie (je l'ai souligné en commençant) est une société humaine à part entière et non une horde primitive vivant dans l'état de nature qui précède la loi. La loi étant advenue depuis toujours, la prohibition de l'inceste n'a plus à être édictée. Tout se passe pourtant comme si elle le devait. Compulsivement. Voilà peut-être pourquoi les prescriptions du Lévitique ne suffisent pas et pourquoi le décompte rituel des sept degrés de parenté trahit symptomatiquement qu'il cherche désespérément à fonder dans le symbolique le réel de l'inceste qu'en réalité il fuit dans l'imaginaire. Les sept degrés énoncent la loi-du-père-mort comme si elle quantifiait d'elle-même sa conséquence. Comme au sortir de *Totem et Tabou*, c'est l'exogamie, non l'interdit de l'inceste comme tel, qui fonde l'ordre symbolique, et les sept degrés le reconnaissent inconsciemment en reculant bien au-delà du raisonnable, jusqu'à l'impossible, les limites de l'aire de consanguinité taboue.

Cependant, à l'impossible nul n'est tenu ; aucune société ne peut fonder son ordre symbolique sur le réel sans s'arranger avec lui ; le vouloir, c'est se réfugier dans l'imaginaire. Le dénouement de l'histoire du roi Philippe, coupable d'avoir transgressé l'interdit de l'inceste *et* l'interdit du divorce, le confirme. Après bien des péripéties, évêques et archevêques réunis à Paris en 1105 prièrent Philippe d'abjurer la « copulation charnelle et illicite » avec Bertrade. Le roi, en costume de pénitent, pieds nus, obtempéra, et

> Bertrade prit le même engagement. L'anathème tombait de lui-même. Qui pouvait être dupe ? Les deux époux continuèrent de vivre ensemble. On les vit à Angers en 1106 fort bien accueillis par le comte Fouque[44].

Quand on sait que le comte Fouque d'Anjou était le mari auquel Philippe avait ravi Bertrade avec son consentement, et qu'en 1095 Fouque s'était retourné contre Philippe afin de s'attirer les bonnes grâces de Rome et de consolider son pouvoir en Anjou, on prend la mesure des retournements d'alliances et des arrangements entre morale des prêtres et morale des guerriers dont l'aristocratie était capable au tournant du XIIᵉ siècle.

---

44 *Ibid.*, p. 17.

Les jeunes et l'amour courtois

L'histoire du roi Philippe met aux prises des gens de haut parage qui avaient de considérables droits héréditaires à défendre. Or à la même époque l'obsession de la primogéniture et du mariage du fils aîné était déjà descendue de la haute aristocratie à la petite noblesse et même à la classe des chevaliers. Duby, qui décrit cette diffusion descendante, décrit aussi la promotion en sens inverse du concept normatif de chevalerie. Le mot latin *miles* (d'où dérive « militaire » et qui signifie chevalier) commence dès l'an mil à supplanter *nobilis*. « Certes, écrit Duby, *miles* n'élimine-t-il pas tout à fait *nobilis*, mais il prend sur lui, à partir de 1030, une écrasante supériorité[45]. » Parfois les deux appellations sont conjuguées : ainsi, l'obituaire de Mâcon (vers 1090) nomme le seigneur d'Uxelles *nobilissimus miles*. « Partout, donc, les mots "noble" et "chevalier" paraissent inter-changeables[46]. »

> Ce fut donc autour de l'idéal chevaleresque, de la morale qu'il contenait, des vertus de vaillance et de loyauté que s'est cristallisée la conscience de classe qui fit peu à peu l'homogénéité de l'aristocratie française. Et dans la diffusion de ce modèle de comportement, le rôle majeur fut sans doute tenu par [...] ces hommes que les documents latins du XIIe siècle appellent les *juvenes*, des jeunes[47].

Ces *jeunes* sont tous chevaliers, mais leur destin diffère selon qu'ils sont aînés ou cadets. Pour le fils aîné d'une maison, la *jeunesse* est un état qui commence au sortir de l'adolescence et prend fin avec son mariage et l'établissement de sa propre seigneurie, voire avec son premier-né. Pour les puînés elle peut durer beaucoup plus long-temps, parfois jusque dans la quarantaine. Primogéniture oblige, ils trouvent difficilement femme[48]. Le coût de leur adoubement et les difficultés financières auxquelles fait face leur père, en ces temps

---

45 Georges Duby, « Lignage, noblesse et chevalerie au XIIe siècle dans la région mâconnaise. Une révision », *in* Duby, *Qu'est-ce que la société féodale ?*, *op. cit.*, p. 1132.
46 *Ibid.*, p. 1135.
47 *Ibid.*, p. 1140.
48 Duby écrit : « Il importait, en effet, de ne point autoriser trop de cadets à prendre femme, de crainte que ne se multipliassent à l'excès les branches latérales du lignage et qu'elles ne vinssent à étouffer la tige maîtresse. » *Ibid.*, p. 1153–1154.

où la noblesse s'appauvrit, les forcent à offrir leurs services à tel ou tel prince en mal de soldats. Et quand ils sont sans emploi militaire, ils sont oisifs, frustrés et agités. C'est pour ces *jeunes*, dit Duby, « le temps de l'impatience, de la turbulence et de l'instabilité[49]. » Ils errent en bandes à la recherche d'aventures guerrières et de conquêtes amoureuses. Ils ont un chef qui les « retient », c'est-à-dire leur distribue armes et deniers et vis-à-vis de qui se reconstitue la cohésion vassalique qui unissait leurs pères. Ils pratiquent l'échange des sangs et d'autres rituels homoérotiques d'amitié virile subsumés sous la notion d'*affrèrement*[50]. C'est donc en quasi-frères qu'ils s'entraînent les uns les autres. Ils s'amusent, ils boivent, ils séduisent ou violent les filles des campagnes, ils guettent la riche héritière, et quand ils ne sont pas à la guerre ou à la chasse ils vont de tournoi en tournoi briser des lances pour une dame dont ils portent les couleurs.

Point n'est besoin d'un grand effort d'imagination pour voir que ces bandes de jeunes possèdent les trois traits qu'en commençant j'ai attribué à la horde primitive de Freud en l'imaginant christianisée : *1° les jeunes hommes sont des chasseurs-guerriers sans cesse occupés à se disputer les femmes ; 2° les femmes sont des proies puis des objets d'échange ; 3° un mâle dominant règne, qui doit son statut à ce qu'il s'excepte du lot commun aux jeunes hommes.* À chaque génération, ce statut d'exception est promis au fils aîné. « Or, écrit Duby, à la fin du XIIe siècle, le fils aîné parvenait normalement à l'âge adulte et recevait les armes entre seize et vingt-deux ans, c'est-à-dire alors que son père, dans la cinquantaine, tenait encore fortement en main le patrimoine et se sentait très capable de le gérer seul[51]. » Pour le faire patienter, on envoyait donc le fils aîné « conduire un groupe de "jeunes" dans l'errance pendant un an ou deux après la cérémonie de l'adoubement. Au terme de cette randonnée, le "jeune", revenu dans la maison paternelle, s'ennuie. Il étouffe[52]. » Duby, naturellement, n'a pas en tête l'analogie avec

49 *Ibid.*, p. 1148.
50 Sur les rites d'*affrèrement* pratiqués par les bandes de jeunes au XIIe siècle, cf. René Nelli, *L'érotique des troubadours*, Privat, Toulouse, 1963, pp. 278–295.
51 Georges Duby, « Les "jeunes" dans la société aristocratique dans la France du nord-ouest au XIIe siècle », *in* Duby, *Qu'est-ce que la société féodale ?*, *op. cit.*, p. 1151.
52 *Ibid.*

Totem et Tabou ; encore moins la prolonge-t-il en direction du meurtre collectif du patriarche. Et pourtant :

> Longues discussions, premier affrontement avec le père, qui parfois doit céder. Mais même alors, le « séjour » pèse. Les tensions s'aggravent contre la puissance paternelle. L'histoire des grands lignages est pleine de telles discordes : elles provoquent souvent un nouveau départ du fils, agressif celui-ci : le « jeune » fils aîné, entouré de ses jeunes compagnons, entre en lutte ouverte contre le vieux seigneur[53].

L'analogie avec *Totem et Tabou* est patente mais elle s'arrête là. Rien n'atteste que de telles luttes se soient jamais soldées par l'assassinat du père et encore moins par le repas totémique. C'est du côté de celle que dans « mon mythe » j'ai appelée au chapitre deux *l'épouse du chef* que l'analogie a sa pertinence, ne fût-ce que parce que j'imagine la horde primitive de Freud christianisée et que « mon mythe » débouche sur une virtualité non réalisée du christianisme. Je désignais comme épouse du chef « celle des femelles de la horde qui voue fidélité à un seul mâle car il y a de bonnes chances qu'elle l'ait choisi du fait qu'il était plus charismatique ou tout simplement plus vigoureux que ses rivaux[54]. » L'épouse d'un seigneur du XIIe siècle n'a évidemment pas choisi son mari, fût-il charismatique ou vigoureux. Elle a été un objet d'échange dans les stratégies matrimoniales des familles. Mais elle « voue fidélité à un seul mâle ». Du moins est-elle censée lui vouer fidélité, courtisée – c'est le mot qui convient – qu'elle est par les jeunes chevaliers fougueux et inexpérimentés qui séjournent dans sa maisonnée et sur lesquels elle exerce un incontestable ascendant, car elle est la *dame*.

> Ce fut pour ces jeunes gens, qui peuplaient les cours des princes, que furent vraisemblablement composées les œuvres maîtresses de la jeune littérature de divertissement en langue vulgaire, la littérature épique et la littérature amoureuse, et les héros de ces œuvres exaltent tous la chevalerie[55].

---

53 *Ibid.*, p. 1152.
54 Cf. *supra*, p. 59–60.
55 Georges Duby, « Situation de la noblesse en France au début du XIIIe siècle », *in* Duby, *Qu'est-ce que la société féodale ?, op. cit.*, p. 1140.

La littérature courtoise, puisque c'est d'elle qu'il s'agit, prend son essor au tout début du XIIe siècle avec les onze chansons composées par Guillaume IX de Poitiers, duc d'Aquitaine, « personnage fameux en son temps pour sa propension à la gaudriole[56]. » Dans ce qui fut longtemps l'ouvrage de référence concernant l'amour courtois, *L'Érotique des troubadours* de René Nelli, l'auteur appelle chevaleresque cette littérature du début du siècle et l'oppose à celle, plus tardive, qu'il nomme courtoise, mais c'est sans doute parce qu'il privilégie celle rédigée en langue d'oc et que Guillaume IX écrivait en dialecte limousin[57]. Duby, qui a surtout étudié la France du nord, pense « que chanter l'amour au temps de Guillaume d'Aquitaine n'était pas le privilège de l'Occitanie » et que la littérature courtoise ne s'est pas moins développée « dans ces avant-postes de la sophistication sociale qu'étaient les cours anglo-normandes[58] ». Quoi qu'il en soit, de guerrière et « sportive » au début du XIIe siècle, cette littérature devient de plus en plus raffinée à mesure que le siècle avance. Elle met en place un idéal inédit et hautement policé de rapports amoureux et de pratiques érotiques qui fait rapidement florès mais ne survivra pas au déclin de la société chevaleresque, un siècle et demi plus tard. Avec la génération des troubadours occitans écrivant entre 1130 et 1150, Marcabru, Cercamon, Jaufré Rudel, l'amour courtois se trouve codifié dans ses moindres détails. Entre la génération de Bernard de Ventadour (1150–1180) et celle de Montanhagol (1232–1258), la poésie occitane essaime au nord de la Loire jusqu'en Flandre, où elle se coule dans le genre littéraire du roman et engendre bientôt toute une culture de cour diffusée avec grand succès à travers l'Europe. Avec le succès vient son déclin progressif : dès le tournant du XIIIe siècle, le modèle de l'amour courtois, qui reflétait moins les mœurs de l'époque qu'il ne les a façonnées, avait accompli son œuvre pédagogique et civilisatrice. S'il devait marquer profondément la culture européenne jusqu'au romantisme et au-delà, il s'était néanmoins vu normalisé, cantonné dans un genre littéraire daté. Il ne risquait plus d'être pris à la lettre, et ce qu'il pouvait avoir d'extrême s'était émoussé.

---

56 Georges Duby, « Le modèle courtois », *in* Duby et Perrot, éds., *Histoire des femmes en Occident,* Vol. 2, *Le Moyen Âge, op. cit.,* p. 264.

57 Cf. René Nelli, *L'érotique des troubadours*, pp. 63–77, et *passim.*

58 Duby, *Dames du XIIe siècle*, Gallimard, Paris, 1995, « Héloïse », p. 89 et « Iseut », p. 103.

Amour courtois et sublimation

C'est précisément ce qu'il avait d'extrême qui doit nous intéresser, comme il a intéressé Jacques Lacan en 1959–1960, au livre VII
de son Séminaire, *L'Éthique de la psychanalyse*. On sait que, cette
année-là, l'amour courtois lui a inspiré une théorie de la sublimation qui se démarque fortement de celle de Freud. Pour ce dernier,
il y a sublimation lorsque la pulsion sexuelle se voit détournée de
son but et « met à la disposition du travail culturel des quantités de
force extraordinairement grandes » qui visent des objets socialement
valorisés[59]. Lacan retient l'idée que la sublimation est essentielle au
travail de la culture, qu'elle mobilise de grandes quantités de force
et, trait majeur, qu'elle vise des objets socialement valorisés. Mais il
ne pense pas que la pulsion sexuelle soit détournée de son but (une
chose que, s'agissant de l'amour courtois, Nelli perçoit avec beaucoup de perspicacité bien qu'il confonde sublimation et spiritualisation). Pour Lacan, le but de la pulsion reste sexuel, quelque interdite et impossible que soit son atteinte. De la sublimation, Lacan
donne la définition suivante : « *elle élève un objet à la dignité de la
Chose*[60] ». Retenons de cette élévation qu'elle est une survalorisation
sans être une idéalisation et de cette énigmatique Chose – que Lacan
appelle en allemand *das Ding* – qu'elle est « *ce qui, du réel, pâtit
du signifiant*[61] ». Lacan fait appel à Heidegger pour dire que, telle la
cruche de terre que façonne le potier, la Chose, en tant qu'elle est
du réel subissant le façonnement du signifiant, donne existence à
un vide en son centre qu'on ne peut que contourner[62]. Il en appelle
aussi à Freud pour soutenir qu'elle est un objet perdu dont on ne sait
qu'il a été perdu qu'après l'avoir retrouvé, voilé. Par conséquent,
« elle est, dans les retrouvailles de l'objet, représentée par autre
chose[63]. » La Chose est à la fois ce que j'ai de plus intime et de plus
étranger – oxymore que Lacan forge du néologisme « extime » –,

---

59 Sigmund Freud, « Die "kulturelle" Sexualmoral und die moderne Nervosität »
(1908), cité à l'article « Sublimation » par J. Laplanche et J.B. Pontalis, *Vocabulaire
de la psychanalyse*, PUF, Paris, 1973, p. 465.
60 Jacques Lacan, *Le Séminaire, Livre VII, L'Éthique de la psychanalyse*, Seuil,
Paris, 1986, p. 133.
61 *Ibid.*, p. 150 ; cf. aussi p. 142.
62 Martin Heidegger, « La chose », *in Essais et conférences*, Gallimard, Paris, 1958,
pp. 194–218.
63 Lacan, *Le Séminaire, Livre VII, op. cit.*, p. 143.

hors de mon atteinte à moins que je m'anéantisse en elle en allant à la rencontre de ma jouissance, et en ce sens elle est un mal dont il faut absolument que je me garde. Sublimer, élever un objet à la dignité (lisible ironiquement comme *dingité*) de *das Ding*, c'est substituer à la Chose une autre chose promue au rang d'un objet à la fois digne d'être aimé pour lui-même et interdit car situé dans cette zone au-delà de la loi qui est le lieu de la jouissance. Sublimer, c'est donc tourner autour de la Chose afin de ménager le vide extime en son sein, s'en approcher dangereusement et la maintenir à distance tout à la fois, mettre entre elle et moi une autre chose (l'objet petit a) qui m'en protège mais qui en est en même temps le signifiant.

La littérature courtoise, et toute la culture de cour qu'elle encourage, sont entièrement à l'enseigne de la sublimation, ainsi comprise. « L'amour courtois est en effet une forme exemplaire, un paradigme de sublimation », écrit Lacan[64]. Rien n'introduit mieux au rapport de l'amour courtois à la Chose que cette remarque qu'il fait lorsqu'il réhabilite l'école kleinienne en notant qu'elle a « mis à la place centrale de *das Ding*, le corps mythique de la mère[65]. » En effet, dans l'amour courtois – la *fin'amor*, comme disent les troubadours – ce qui est élevé à la dignité de la Chose est le corps d'une femme qui, « comme cette mère dont les chevaliers adolescents gardaient le désir insatisfait enfoui au tréfonds de leur être » (c'est Duby qui parle[66]), est interdite : la dame après qui soupire le chevalier.

Les rites sublimants de l'amour courtois tournent autour de la *dame*, qui se trouve ainsi élevée à la dignité de la Chose[67]. Elle est mariée, et son mari la tient de près. Elle est aussi, et invariablement, d'une très grande beauté – et nous savons avec Lacan que la fonction sublimante du beau est d'ériger une barrière sur le chemin de la Chose plus dangereusement proche d'elle que celle qu'érige le bien[68]. Le scénario type des romans courtois met en scène un jeune

---

64 *Ibid.*, p. 153.
65 *Ibid.*, p. 127.
66 Duby, « Iseut », *in* Duby, *Dames du XIIᵉ siècle, op. cit.*, p. 105.
67 Commentant Lacan, Marc De Kesel écrit : « La sublimation de l'objet féminin tient à ceci qu'elle lie artificiellement le signifiant "Dame" à cette sorte de centre "extime" (se tenant hors du signifiant), cette "chose" au milieu du tourbillon des signifiants » (ma traduction). Marc De Kesel, *Eros & Ethiek, Een lectuur van Jacques Lacans Séminaire VII*, Acco, Leuven, 2002, p. 205.
68 Lacan, *Le Séminaire, Livre VII, op. cit.*, les chapitres « La fonction du bien » et « La fonction du beau », pp. 257–281.

chevalier célibataire, un *bachelier*, qui aperçoit la dame de son seigneur et reçoit d'elle un signe, un regard, une flèche qui le « blesse d'amour », c'est-à-dire, ne nous-y trompons pas, de désir charnel. Duby décrit la suite ainsi :

> L'homme ne songe plus qu'à s'emparer de cette femme. Il en entreprend le siège et, pour s'introduire dans la place, le stratagème dont il use, la feinte, est de s'incliner, de s'abaisser. [...] Ce qu'il souligne en accomplissant des gestes d'allégeance. Il s'agenouille, prenant la posture du vassal. Il parle, il engage sa foi, promettant, comme un homme lige, de ne pas porter son service ailleurs. Il va plus loin : à la manière d'un serf, il fait donation de lui-même[69].

En position de force, la dame met alors notre bachelier à l'épreuve. Il doit lui démontrer sa prouesse, soit en faisant preuve de témérité et de hardiesse (c'est ce que Nelli nomme l'amour chevaleresque), soit et surtout en lui prouvant qu'il sait dompter son désir, attendre par pur amour et peut-être éternellement que la dame veuille bien se donner à lui (et c'est ce que tous les auteurs nomment l'amour courtois[70]). Les épreuves que la dame impose au chevalier sont autant de degrés dans l'impératif de continence : saura-t-il maîtriser son ardeur si elle lui accorde un baiser sur le front ? Sur la bouche ? Une caresse plus osée ? Si elle lui fait coussin d'un de ses bras ? De sa poitrine ? Si elle se laisse enlacer ? Contempler nue ? Tout ce que les textes des troubadours nous disent, c'est que « le fait », c'est-à-dire le coït, est le tabou absolu et que la gradation des épreuves culmine dans « l'essai », en langue d'oc, l'*assaig* (Nelli écrit l'*asag* ou l'*assays*) : typiquement, la permission enfin accordée à l'amant courtois de s'allonger nu aux côtés de sa dame, nue, elle aussi, avec obligation

> de se contenir, de ne pas se départir, s'il voulait se montrer vaillant, d'une pleine maîtrise de son corps. Ce que chantaient les poètes retardait donc indéfiniment, repoussait toujours dans le futur le moment où tomberait l'aimée, où son servant prendrait en elle son plaisir[71].

---

69 Duby, « Le modèle courtois », *op. cit.*, p. 262.

70 L'expression « amour courtois » ne date pas des troubadours. Elle a été proposée pour la première fois par le philologue Gaston Paris vers 1880.

71 Duby, « Le modèle courtois », *op. cit.*, p. 263. Nelli, pour sa part, décrit l'*asag* ainsi : « La dame conviait son ami à la rejoindre dans un lieu secret où elle se

C'est cette exacerbation du désir suspendu à son objet, souffrance et jouissance mêlées, qui est au cœur du *joy d'amor* des poètes occitans : « Ah ! Que je meurs de désirer ! » écrit Bernard de Ventadour[72]. Conjuguant l'extrême de la tentation à l'extrême de l'interdit, l'*assaig* n'impose pas seulement au chevalier une dure épreuve de continence. Il lui fait miroiter comme un idéal érotique, et donc, si l'on suit Lacan, comme une forme de satisfaction de la pulsion sexuelle nullement détournée de son but, le plus haut degré de sublimation qui se puisse concevoir. La dame est élevée à la dignité de la Chose. Que sublimer ne signifie pas idéaliser (sauf au titre, justement, d'un idéal érotique socialement valorisé), c'est ce que souligne Lacan en mentionnant un poème d'un célèbre troubadour nommé Arnaud Daniel « qui se distingue par ceci, qu'il déborde [...] les limites de la pornographie, allant jusqu'à la scatologie[73]. » Daniel, en effet, prend le parti d'un certain Bernard de Cornil à qui la dame de ses désirs enjoint de mériter son nom en la « cornant », c'est-à-dire en la prenant pour un cor dans lequel souffler, et qui refuse cet *assaig* peu ragoûtant : « Mieux lui vaudrait qu'il fût allé en exil que de l'avoir "cornée" dans l'entonnoir entre l'échine et le pénil, par où suivent les matières couleur de rouille. Il n'aurait jamais su tant se garantir, qu'elle ne lui compissât le museau et le sourcil[74]. » Ce singulier *assaig*, qui marque la limite des capacités de sublimation de Bernard de Cornil lorsqu'il est mis en présence du *réel* de la Chose, est bien fait pour montrer ce que les épreuves imposées au bachelier avaient d'extrême, voire de dangereux : on

---

livrait à sa discrétion. Ils étaient tous deux dévêtus, mais avant de lui permettre de s'allonger auprès d'elle, la dame lui *faisait jurer* – c'était le côté rituel de cette "cérémonie" – qu'il ne prendrait point d'autres privautés que celles qui s'accordaient avec *Mezura* et le droit d'amour (et qui sont *toujours* désignées par *tener, abrassar, baisar* et *manejar*) ; que de façon générale, il ne prendrait aucune initiative, s'abstiendrait du "fait" et s'appliquerait à obéir en toutes choses à son amie. Laquelle demeurait libre, évidemment, de pousser plus loin sa Merci. Mais il eût été déshonnête, pour elle comme pour lui, de montrer trop d'impatience (*leujaria*). La chute, si elle avait lieu, ne devait se produire que quelque temps après. » Nelli, *L'érotique des troubadours, op. cit.*, p. 209.

72 Bernard de Ventadour, cité par Henri Rey-Flaud, *La névrose courtoise*, Navarin, Paris, 1983, p. 22.

73 Lacan, *Le Séminaire, Livre VII, op. cit.*, p. 191.

74 Arnaud Daniel, cité par Lacan, *ibid.*, pp. 192–193.

ne refusait pas sans risque les injonctions de la dame[75]. En revanche, il ne renseigne en rien sur la *réalité* de l'amour courtois, question que Lacan tranche crûment, qui parle d'« une époque où tout de même, on baisait ferme et dru, je veux dire où l'on n'en faisait pas mystère, où l'on ne mâchait pas les mots[76]. » S'il est évident qu'il n'a pas été sans ancrage dans la réalité, l'amour courtois n'en est pas moins une invention littéraire, et avant tout, un jeu. Un jeu qui, certes, élève la dame à la dignité de la Chose mais un jeu dont le mari, et avec lui la gent masculine, tire toutes les ficelles. Le seul pouvoir dont jouit la dame est d'être l'épouse du seigneur qui, lui, détient le pouvoir réel, y compris sur elle.

Les troubadours mettent tout leur art dans la fiction de la souveraineté de la dame mais ils savent, et leur audience également, qu'elle est un leurre. En décrivant par le menu la gradation des épreuves qu'endure le bachelier, ils entretiennent le suspense, d'autant plus piquant qu'il se prolonge et qui se prolonge aussi longtemps que les troubadours veulent tenir leur auditoire en haleine. Et en y réussissant ils ne décrivent pas des mœurs avérées, ils inventent une culture de l'amour inédite, une culture datée avec précision de l'apogée de la société chevaleresque et qui disparaîtra avec elle. De cette société, Duby a perçu mieux que quiconque ce qu'elle avait de singulier quant au système de parenté qu'elle met en place, à savoir, qu'elle a entrepris de « substituer à la filiation maternelle, la seule évidente, la filiation paternelle[77]. » Et de la culture de l'amour courtois que cette société, et elle seule, a produite, Lacan le premier a su voir la portée anthropologique. Non pas en 1959–60, dans le Séminaire VII, mais plus tard, en 1972–73, dans le Séminaire XX, *Encore* :

C'est une façon tout à fait raffinée de suppléer à l'absence de rapport sexuel en feignant que c'est nous qui y mettons obstacle. [...] L'amour

---

75 D'autres troubadours, nommément Trumalec et Raymond de Durfort, ont reproché à Arnaud Daniel de prendre le parti de Bernard de Cornil contre les injonctions de la dame, ce qui a fait de la mésaventure de ce dernier un cas fort discuté dans la casuistique courtoise. Cf. Lacan, *ibid.*, p. 193. Quant à ces injonctions de la dame, elles sont, dit Lacan, « la réponse de la bergère au berger » : « Je ne suis rien d'autre, lui dit-elle, que le vide qu'il y a dans mon cloaque, pour ne pas employer d'autres termes. Soufflez dedans un peu pour voir – pour voir si votre sublimation tient encore. » *Ibid.*, p. 254.
76 *Ibid.*, p. 163.
77 Duby, *Qu'est-ce que la société féodale ?*, *op. cit.*, p. 1417.

courtois, c'est pour l'homme, dont la dame était entièrement, au sens le plus servile, la sujette, la seule façon de se tirer avec élégance de l'absence du rapport sexuel[78].

Un mythe qui « tombe » dans la fiction

Quand Lacan assigne à l'amour courtois de confirmer élégamment cette vérité transculturelle, *qu'il n'y a pas de rapport sexuel*, il nous renvoie aux formules qui dans le Séminaire XX la théorisent, celles-là mêmes que j'ai interprétées au chapitre deux non en termes de castration mais bien d'incertitude de la paternité. Or l'enseignement majeur qu'il tire de ces formules, dont je n'ai compris que tardivement qu'elles se référaient à *Totem et Tabou*, c'est le contraste entre la formule en haut à gauche dans la colonne « hommes », $\exists x \, \overline{\phi}x$, qui se lit : *il existe un x tel que non-Phi de x*, il existe un homme qui échappe à la loi de la castration, et celle en bas à droite dans la colonne « femmes », $\overline{\forall}x \, \phi x$, qui se lit : *pour pas tout x, Phi de x*, pour *pas toute* femme, la loi de la castration vaut. Comme dans mon chapitre deux je vais donc, bille en tête, traduire loi de la castration par loi de l'incertitude de paternité. Reportons-nous d'abord à la formule en haut à gauche : $\exists x \, \overline{\phi}x$ se lit dans ma traduction, « il existe un homme qui échappe à la loi de l'incertitude de paternité. » Tout le rituel de l'amour courtois vise en apparence à faire accroire que le mari, le seigneur, est cette exception. L'*assaig*, en tant qu'il interdit aux prétendants l'accès ultime à la dame, rassure le mari sur le fait, comme dit Françoise Héritier, qu'il garde « le contrôle de la reproduction. » Ainsi que l'écrit Duby :

> L'interdit le plus abrupt défendait en effet de toucher cette femme puisque, la régularité des successions dépendant de la conduite de l'épouse, il fallait celle-ci non seulement féconde, mais fidèle et qu'elle n'allât pas accueillir dans ses flancs d'autre semence que celle de son époux[79].

La fonction rassurante de l'*assaig* est un leurre, évidemment, mais un leurre qui trouve sa vérité dans le rôle mythique qu'il est censé

78 Jacques Lacan, *Le Séminaire, Livre XX, Encore*, Seuil, Paris, 1975, p. 65.
79 Duby, « Le modèle courtois », *op. cit.*, p. 270.

jouer. Je dis « censé jouer » parce que le roman courtois est une fiction qui cherche à compenser ou à masquer l'échec du mythe fondateur que l'ordre chevaleresque requiert pour accéder véritablement au symbolique. La comparaison s'impose entre la gradation des épreuves qui conduisent à l'*assaig* et les sept degrés de parenté qui poussent l'interdit de l'inceste vers l'impossible pour Yves de Chartres. Par leur côté fantastique et fantasmatique, les sept degrés sont une fiction qui en appelle à un mythe fondateur de l'ordre matrimonial que le clergé, comme nous l'avons vu, échoue à produire (alors que Lambert d'Ardres, par exemple, réussit parfaitement à transformer en mythe fondateur de la lignée des Guînes la fiction de l'ancêtre Sifridus). Le roman courtois, lui, réussit bel et bien à produire son mythe fondateur, mais seulement sur une *autre scène* que celle de la réalité socio-symbolique.

Sur cette autre scène, qui est la scène où la sublimation fait œuvre de culture, la scène où la dame est un objet socialement valorisé, le mari, le seigneur, est *mutatis mutandis* dans la position du patriarche de *Totem et Tabou*. Point n'est besoin de le tuer pour que la loi-du-père-mort fasse son office ; il suffit qu'il soit hors-jeu ; le mari exerce son pouvoir en coulisses, dans la réalité, mais, sur scène « c'est exactement comme s'il flûtait[80] » (Lacan parle en ces termes du père du petit Hans analysé par Freud). Le mari ne compte pas ; il est celui dont tout le monde, en premier lieu les bacheliers qui font l'assaut de la dame, attend qu'il soit fait cocu. Sur scène la dame domine, elle a pris la place du maître, elle est d'ailleurs souvent masculinisée et appelée *mi dons*, mon seigneur. Le sujet de la pièce, dirais-je pour filer la métaphore théâtrale, diffère selon les protagonistes. Pour la dame, c'est la liberté dont elle jouit de soumettre ses prétendants à tous les caprices qu'il lui prend d'imaginer[81]. Pour eux, c'est la joute dont la dame est à la fois le juge et l'enjeu. Et pour le seigneur, c'est le risque auquel est soumise, aux yeux de tous, sa certitude de garder « le contrôle de la reproduction. » Il pense être l'exception et il l'est, mais à ses propres yeux seulement. Le scénario courtois ne lui laisse d'autre choix que de dénier, en ce qui le concerne, la

---

80 Jacques Lacan, *Le Séminaire, Livre V, Les formations de l'inconscient*, Seuil, Paris, 1998, p. 193.
81 « La dame [...] est aussi arbitraire qu'il est possible dans les exigences de l'épreuve qu'elle impose à son servant », écrit Lacan, *Le Séminaire, Livre VII, op. cit.*, p. 180.

loi-du-père-mort, $\forall x\, \phi x$. Déni, et non dénégation. Mais ce déni – $\exists x\, \overline{\phi} x$, « il existe un homme qui échappe à la loi de l'incertitude de paternité et cet homme c'est moi, le mari, le maître » – échoue à assumer la fonction fondatrice de l'ordre symbolique que remplit l'exception dans le mythe artificiel de Freud, *Totem et Tabou*. C'est pourquoi le mythe courtois « tombe » dans la fiction.

Ce destin de l'amour courtois d'être un mythe qui « tombe » dans la fiction ne devrait pas nous étonner. Il est le prix que les producteurs de l'idéologie chevaleresque ont eu à payer pour avoir pris le risque insensé de vouloir gérer l'incertitude de la paternité biologique non en la neutralisant, comme le font la plupart des sociétés humaines, mais en l'exacerbant. Il n'est donc guère étonnant de voir que l'ordre féodal – ce « mauvais rêve impossible dit de la féodalité[82] », comme l'appelle Lacan – n'accède pas véritablement au symbolique. La mutation du système de parenté en cours échoue et avorte. Faute d'un mythe qui établisse l'exception qui fonde la loi, le fait que tout homme a affaire à l'incertitude de sa paternité en reste au niveau d'une loi de la nature, niveau imaginaire dans la mesure où nul ne sait ce que serait l'inscription au symbolique d'un signifiant capable de certifier la paternité[83]. Cette loi de la nature, le langage, *lalangue*, ne l'enregistre pas. Nul signifiant ne l'accrédite au lieu de l'Autre. Dans ces conditions, $\exists x\, \overline{\phi} x$ forclôt la fonction du phallus. Il ne reste qu'une évidence plate et banale : tout homme, sans exception, a affaire à l'incertitude de sa paternité. Tout homme dont le mari, le seigneur, le maître. Mais aussi – et on peut ici voir une tentative de symbolisation qui ne franchit pas la rampe de l'autre scène où se joue le rituel courtois –, le maître *plus* que tout autre, ou plus *explicitement* que tout autre. C'est en effet la règle du jeu pour les jeunes chevaliers que de lui signifier qu'il n'a pas « le contrôle de la reproduction. »

C'est une autre règle du jeu des romans courtois que même si dans les faits la dame est tenue de près par son mari, elle entretient le désir de ses soupirants en leur faisant miroiter l'espoir qu'un jour elle sera accessible. Il y a là aussi un leurre, mais c'en est un autre que celui qui fait croire au maître qu'il échappe à l'incertitude de sa paternité. Et c'est un leurre qui a lui aussi sa vérité et qui la trouve,

---

82 Lacan, *Le Séminaire, Livre XX, op. cit.*, p. 79.
83 Non seulement au Moyen Âge mais même aujourd'hui. Le résultat d'un test d'ADN n'est pas un tel signifiant.

non pas dans l'échec de sa fonction mythique – la liberté de caprice dont jouit la dame n'a pas et n'est pas censée avoir cette fonction – mais bien dans le réel du rapport de la dame à l'autre jouissance. Aux chevaliers, la dame signifie qu'elle ne se refuse pas entièrement et qu'elle ne se donne pas entièrement. Elle n'est pas toute, pas toute à eux. À son seigneur de mari, elle fait savoir qu'elle a le désir d'autre chose que lui, peut-être bien le désir d'un des prétendants qui la courtisent. Elle n'est pas toute, pas toute à lui. Ce sont là deux traits qui renvoient à la formule en bas à droite, $\overline{\forall}x\ \phi x$, pas toute femme est soumise à la loi de l'incertitude de paternité.

Chevalerie, *Totem et Tabou*, et « mon mythe »

Dans mon chapitre deux, j'ai soutenu que remplacer « loi de la castration » par « loi de l'incertitude de paternité » dans la colonne « femmes » du schéma de Lacan entraînait d'imaginer un mythe fondateur qui ne saurait être celui de Freud, car l'incertitude de la paternité ne concerne les femmes que si la promiscuité sexuelle n'est pas rendue impossible, comme c'est le cas sous la domination du patriarche de *Totem et Tabou*. J'ai donc produit un mythe alternatif à celui de Freud, que j'ai appelé par commodité « mon mythe ». Et plus haut dans ce chapitre-ci, j'ai soutenu que l'épouse d'un seigneur du XIIᵉ siècle pouvait bien représenter celle que dans « mon mythe » j'ai appelée l'épouse du chef, ne fût-ce que parce que j'imaginais la horde primitive de Freud christianisée et que « mon mythe » débouche sur une virtualité non réalisée du christianisme, entrevue au chapitre trois. De la dame alias l'épouse du chef, je disais qu'elle voue fidélité à un seul mâle, ou du moins, qu'elle est censée lui vouer fidélité. Ceci, dans la réalité de la vie au jour le jour dans une cour seigneuriale. Il n'en va pas de même sur la scène fictive du roman courtois. Là, la dame est ouvertement perverse : elle joue à chaque instant de son infidélité potentielle. Il y va du suspense qu'entretiennent les troubadours, lequel exige que la dame donne sérieusement leur chance à ses prétendants. Même s'il s'agit là d'une fiction qu'on peut dire prophylactique – le risque que la dame se fasse réellement ensemencer par son prétendant étant, *in extremis*, toujours déjoué – le suspense est suffisant pour signifier à l'auditoire que ce n'est pas du fait du mari que le risque est déjoué. « C'est exactement comme s'il flûtait. » L'auditoire le sait, la dame également, et les prétendants aussi. C'est pour eux que quelque chose de l'ordre du symbolique échoue à advenir, grippe, et en fin de compte, avorte. Et si ce quelque chose avorte, c'est du fait que la dame ignore avec superbe non que c'est à son mari de faire la loi – cela, tout le monde le sait – mais bien que c'est à elle de le signifier aux jeunes qui l'assaillent. Lacan nous explique pourquoi. Il nous l'explique non quand il nous parle de l'amour courtois mais quand il introduit la métaphore paternelle, au livre V du Séminaire, *Les formations de l'inconscient* :

> Ce qui est essentiel, c'est que la mère fonde le père comme médiateur de ce qui est au-delà de sa loi à elle et de son caprice, à savoir, purement et simplement, la loi comme telle. Il s'agit donc du père en tant que Nom-du-Père, étroitement lié à l'énonciation de la loi, comme tout le développement de la doctrine freudienne nous l'annonce et le promet[84].

Duby ne cesse d'insister sur le fait que la dame est pour les bacheliers qui la courtisent « le substitut de la mère dont ils avaient été brutalement arrachés au sortir de l'enfance[85] ». Dans une noble maisonnée du XIIe siècle, les garçons sont dans les jupes de leur mère, de leur nourrice, de leurs sœurs et des servantes jusque vers l'âge de sept ans, après quoi ils sont brutalement arrachés au gynécée pour être embrigadés dans un univers misogyne et exclusivement masculin, « soit dans les écoles où se formaient les futurs clercs, soit dans ces escouades plus tumultueuses où le jeune mâle apprenait à dompter les chevaux et à manier les armes[86]. » Tout se passe comme

---

84 Lacan, *Le Séminaire, Livre V, op. cit.*, p. 191.
85 Duby, « Le modèle courtois », *op. cit.*, p. 271.
86 *Ibid.*, p. 268. Duby enchaîne : « Une telle séparation favorisait l'efflorescence des tendances homosexuelles. Elle entretenait aussi parmi les chevaliers appelés à jouer le jeu d'amour la nostalgie de la femme inaccessible et consolante. » Qu'« efflorescence des tendances homosexuelles » et « nostalgie de la femme inaccessible et consolante » aillent de pair n'étonnera pas le lecteur de Lacan, même s'il n'épouse pas nécessairement ses vues sur l'homosexualité. Parmi les traits qui favoriseront chez un petit garçon l'éclosion de l'homosexualité, il y a, écrit Lacan, « un rapport profond et perpétuel à la mère » et le fait que « c'est la mère qui se trouve avoir fait la loi au père à un moment décisif », c'est-à-dire dans les mois, bien avant l'âge de sept ans, où l'enfant devrait décliner le complexe d'Œdipe. Et Lacan d'ajouter : « En d'autres termes, le père peut toujours dire ce qu'il veut, ça ne leur fait ni chaud ni froid » [aux homosexuels]. Lacan, *Le Séminaire, Livre V, op. cit.*, p. 207 ; p. 208.

si, pour ces *jeunes*, le troisième temps de l'Œdipe n'avait jamais eu lieu. Ils sont restés, dirait Lacan, dans la position d'*assujet*, assujettis qu'ils étaient, enfants, aux caprices de leur mère et sous la coupe de sa *loi*, cette loi que Lacan dit incontrôlée et qui tient au fait « que quelque chose de son désir est complètement dépendant de quelque chose d'autre[87]. » Faute d'avoir été sanctionné par la mère comme relevant de la parole du père, ce quelque chose d'autre échoue à signifier aux fils du seigneur qu'il y a une loi « au-delà de sa loi à elle et de son caprice. » Le père, dans ces conditions, n'accède jamais au rang d'une métaphore.

> Le père est, dans l'Autre, le signifiant qui représente l'existence du lieu de la chaîne signifiante comme loi. Il se place, si je puis dire, au-dessus de celle-ci. Le père est dans une position métaphorique pour autant que, et uniquement dans cette mesure, la mère fait de lui celui qui sanctionne par sa présence l'existence comme telle du lieu de la loi[88].

Dans ma lecture, où « loi de la castration » se dit par hypothèse « loi de l'incertitude de paternité », le nom-du-père a pour fonction d'arrêter le glissement métonymique de la procréation présumée en la fixant sur un individu particulier, arbitrairement au besoin. La métaphore paternelle neutralise l'incertitude de la paternité. C'est ce qu'elle fait partout, dans tous les systèmes de parenté qu'ont étudiés Claude Lévi-Strauss et Françoise Héritier et dans toutes les religions qui célèbrent le culte des ancêtres. C'est ce qu'elle fait encore mais ne fait plus qu'avec méfiance dès lors qu'un Dieu unique et transcendant surcode le culte des ancêtres : dans le judaïsme, les pères transmettent le nom mais seules les mères l'appartenance au peuple élu. C'est ce qu'elle fait à nouveaux frais dans le christianisme théorique, lequel court-circuita l'interminable chaîne de filiation du peuple élu en donnant Dieu lui-même pour père au Fils de la Vierge. Mais c'est ce que la métaphore paternelle ne fait pas, ou ne fait que très inégalement, dans cet épisode du christianisme historique qu'a été la société chevaleresque.

Telle que je la comprends, avec Duby, cette société prend le risque insensé de faire dépendre les lignages d'un protocole d'établisse-

---

87 *Ibid.*, p. 188.
88 *Ibid.*, p. 196.

ment de la paternité qui identifie *le sang au sang*, c'est-à-dire l'honneur et la noblesse aux gènes paternels. Le seul protocole capable d'authentifier ce lien serait un test d'ADN ; il va sans dire que le Moyen Âge n'en a aucune idée : certifier la paternité biologique est resté impossible jusqu'à très récemment. La métaphore paternelle, à laquelle la société chevaleresque demande de faire ce que seul un test d'ADN le pourrait, y est évidemment impuissante. Elle grippe, incapable d'agir en point de capiton par rapport au glissement des signifiés – ou des signifiables – que représentent au lieu de l'Autre les nombreux mâles en âge de procréer qui, dans une cour typique du XIIᵉ siècle, bourdonnent autour de la dame. L'exception, c'est le fils aîné du seigneur. Il a beau avoir reçu dans l'enfance la même éducation que ses frères, pour lui la métaphore paternelle a été opérante dans la mesure où, avec l'appui de sa mère, le père l'a reconnu comme son héritier et le continuateur de la race : « Je le reconnais et tiens pour mien. » Reconnaissance qui est aussi, de la part du père, déni crispé de sa propre incertitude : « Mien est, et ce n'est en doutance[89]. » Lacan dirait que l'aîné est le seul des fils à faire sa sortie normale (ou normative) du complexe d'Œdipe, le seul à avoir son « titre en poche[90] ». La *jeunesse* n'est pas pour lui un état mais seulement une étape. Il est destiné à être marié aussitôt qu'on lui aura trouvé une héritière au sang avantageux. Il ne compte pas parmi les bacheliers à qui est donné en modèle de comportement l'amour courtois. Ce dernier, dont Duby ne cesse de souligner la fonction éducatrice, prend les bacheliers là où ils étaient au sortir de l'enfance, en position d'assujets, et leur apprend ce qu'il en est du désir des femmes.

On comprend pourquoi Lacan voit dans l'amour courtois « la seule façon de se tirer avec élégance de l'absence du rapport sexuel. » La femme, en réalité, s'en tire avec bien plus d'élégance que le mari, ce qui explique peut-être que certains, dont Michelet, mais non Duby, ont parlé d'une véritable promotion de la femme au XIIᵉ siècle[91]. Si

---

89 Georges Duby, « Épouses et concubines », *in* Duby, *Dames du XIIᵉ siècle, op. cit.*, p. 234. Ces mots sont prêtés à Robert le Diable, reconnaissant son fils Guillaume, par ses deux biographes/hagiographes, Wace et Benoît de Sainte-Maure.
90 Cf. Lacan, *Le Séminaire, Livre V, op. cit.*, p. 195 et p. 205.
91 Duby ne nie pas entièrement la promotion de la femme au XIIᵉ siècle. Mais c'est pour ajouter qu'il ne doute pas que « le mouvement des structures entraînât au même rythme la promotion de la condition masculine, si bien que l'écart hiérarchique entre les deux sexes ne fut point sensiblement réduit. » « Le modèle

« promotion » de la femme il y a, elle n'a lieu que sur l'*autre scène* de l'amour courtois et ne prend relief que de son contraste avec l'impouvoir, sur cette même scène, du mari. Du mari, c'est-à-dire du maître de maison, de l'homme du couple seigneurial, du père présumé des enfants de la dame, du mâle féodal dans son rapport à l'incertitude de la paternité. Je persiste à penser que c'est à cette incertitude que Lacan a donné les noms métaphoriques de « fonction phallique » et « loi de la castration ». Il avait de bonnes raisons : la loi de l'incertitude de paternité n'a rien de métaphorique ; elle énonce un fait biologique, l'absence de signal somatique de fécondation chez le mâle durant et après le coït et sa conséquence pour le savoir, tant le sien que celui de sa partenaire sexuelle. (Sur cette conséquence pour le savoir, voir le chapitre suivant.) Il fallait à ce manque de certitude un nom qui fasse passer une absence de signal au rang de signifiant de l'absence. Non pas un signe *ad hoc* qui, tel le résultat d'un test d'ADN, viendrait certifier un fait empirique – je suis ou je ne suis pas le géniteur de cet enfant –, mais le signifiant structural d'un manque susceptible de prendre la place d'un manque structural de signifiant. C'est cela, la fonction du phallus. On peut donc objecter à ma traduction de « fonction phallique » par « incertitude de paternité » qu'elle fait l'inverse de ce que font les métaphores : elle substitue du *factuel* à tout ce train de métaphores que sont « castration », « phallus », « nom-du-père », ce train qui articule justement la métaphore paternelle. C'est une objection que j'assume en connaissance de cause. Il a fallu que j'arrive jusqu'ici pour que je comprenne un peu mieux la raison de la résistance des ethnologues, des féministes et des lacaniens par rapport à l'incertitude de la paternité. C'est la crainte du biologisme : pour les ethnologues, la crainte de voir mise en échec la sacro-sainte coupure nature/culture ; pour les féministes, la hantise de voir la féminité rejetée dans l'intemporel essentialiste de l'éternel féminin ; et pour les lacaniens, la volonté sans cesse mise en avant d'affirmer

---

courtois », *op. cit.*, p. 276. Ailleurs, Duby dit avoir « longtemps combattu, et durement, l'hypothèse d'une promotion de la femme à l'époque féodale », pour cependant ajouter que devant les personnages féminins du poème de Chrétien de Troyes, *Cligès*, il cède. Mais c'est pour mieux distinguer cette œuvre des romans courtois : « Il est incontestable que le poème montre en exemple aux "bacheliers", aux jeunes chevaliers sans femme, un mode de comportement fort différent de celui qu'on a coutume d'attribuer aux amants courtois. » Duby, « Dorée d'Amour et la Phénix », in *Dames du XIIᵉ siècle, op. cit.*, p. 134.

la primauté du signifiant. Il m'intéresse que chez Lacan lui-même cette volonté ait pris l'allure provocatrice d'un anti-évolutionnisme et d'un créationnisme qui, à mon sens, mériteraient d'être placés dans une perspective résolument néo-darwinienne pour voir leurs paradoxes dénoués. Ceci, comme piste à suivre[92].

Je ne fais pas du biologisme gratuit et je ne nie pas que l'ordre symbolique préexiste à l'inscription des sujets en son sein. J'aimerais simplement ajouter à cette phrase de Lacan, « La position du Nom-du-Père comme tel, la qualification du père comme procréateur, est une nécessité de la chaîne signifiante[93] », celle-ci, qui devrait venir en amont : si notre dépendance à l'égard de la chaîne signifiante s'appelle loi-du-père, c'est qu'elle découle de la nécessité de qualifier le procréateur putatif d'un signe qui lui épingle la présomption de paternité. Je pense que Lacan approuverait[94].

———

92 Sur le « créationnisme » et « l'anti-évolutionnisme » de Lacan, cf. *Le Séminaire, Livre VII, op. cit.*, pp. 251–253.

93 Lacan, *Le Séminaire, Livre V, op. cit.*, p. 181.

94 Je ne voudrais pas alourdir le texte par des démonstrations « techniques », mais ici comme au premier chapitre, j'aimerais donner à mes lecteurs et lectrices les moyens de vérifier si je comprends Lacan correctement. Voici, *in extenso*, le paragraphe du *Séminaire, Livre V*, p. 181, que je viens de citer avec des élisions. J'y insère mes commentaires en italiques :

La position du père comme symbolique ne dépend pas du fait que les gens aient plus ou moins reconnu la nécessité d'une certaine consécution d'événements aussi différents qu'un coït et un enfantement.

La nécessité dont parle ici Lacan est une nécessité biologique, une loi de la nature qui découle de ce que la sélection naturelle a « opté » pour la reproduction sexuée.

La position du Nom-du-Père comme tel, la qualification du père comme procréateur, est une affaire qui se situe au niveau symbolique.

Deux remarques : 1) « Position du Nom-du-Père comme tel » et « qualification du père comme procréateur » (et non du procréateur comme père) sont synonymes. 2) Lacan présume que son auditoire sait ce que signifie « se situer au niveau symbolique », c'est-à-dire est capable de situer, justement, *ce niveau à sa juste place anthropologique. Pour ce faire, qu'il me soit permis de citer cet autre passage de Lacan, à peu près contemporain :* « Le signifiant a fonction active dans la détermination des effets où le signifiable apparaît comme subissant sa marque, en devenant par cette passion le signifié. Cette passion du signifiant dès lors devient une dimension nouvelle de la condition humaine en tant que ce n'est pas seulement l'homme qui parle, mais que dans l'homme et par l'homme ça parle. » (Lacan, *Écrits*, Seuil, Paris, 1966, p. 688.) *Le niveau symbolique, c'est précisément ce par quoi s'ouvre cette « dimension nouvelle de la condition humaine ».*

Elle [la position du Nom-du-Père comme tel, la qualification du père comme procréateur] peut être réalisée selon les diverses formes culturelles, mais elle

Amour courtois et christianisme

Au départ du présent chapitre, il y avait l'invitation d'imaginer la horde primitive de Freud *christianisée*. Il est donc temps de mettre en rapport, sous l'angle de la question paternelle, la plus haute production culturelle de cette horde christianisée, l'amour courtois, et la religion chrétienne. Autant la morale des prêtres et celle des chevaliers s'opposaient-elles violemment au début du XIIe siècle, autant en viennent-elles à la fin du siècle pratiquement à l'osmose dans une œuvre qui n'est pas de poésie mais qui se donne pour un traité de morale sexuelle à l'usage de la *jeunesse* – masculine, cela va sans dire. L'artisan de cette quasi-osmose idéologique est un clerc, André, chapelain du roi de France Philippe Auguste. Sous un titre – *De amore* – qui évoque l'*Ars amandi* d'Ovide et indique, soit dit en passant, que ce classique de l'Antiquité romaine n'avait cessé

---

ne dépend pas comme telle de la forme culturelle, c'est une nécessité de la chaîne signifiante.

Les formes culturelles sont aussi diverses que les systèmes de parenté, mais la fonction du nom-du-père est un invariant dont la nécessité n'est ni naturelle ni culturelle mais structurale, c'est-à-dire liée à notre existence d'êtres parlants.

Du seul fait que vous instituez un ordre symbolique, quelque chose répond ou non à la fonction définie par le Nom-du-Père,

Quelque chose, « une pierre, une fontaine, ou la rencontre d'un esprit dans un lieu écarté » *(un peu plus haut dans le texte, en référence à telle croyance primitive), ou, plus vraisemblablement, quelqu'un : un mâle en âge de procréer, et partant, signifiable dans cette fonction.*

… et à l'intérieur de cette fonction vous mettez des significations qui peuvent être différentes selon les cas,

Par exemple, chez les Samo du Burkina-Faso, la signification d'être considéré comme le géniteur de l'enfant qu'a pourtant eu sa femme, aux yeux de tous, avant leur mariage, d'un amant qui lui avait été assigné par la communauté. (F. Héritier, *Masculin/Féminin, op. cit.*, p. 52.)

… mais qui, en aucun cas, ne dépendent d'une autre nécessité que la nécessité de la fonction du père, à quoi répond le Nom-du-Père dans la chaîne signifiante.

On ne pourrait dire plus clairement que le nom-du-père répond à la nécessité structurale de neutraliser, de court-circuiter, de circonvenir ou de pallier l'incertitude de la paternité. Une page plus haut, Lacan écrit en effet :

Le père, pour nous, *il est*, il est réel. Mais n'oublions pas qu'il n'est réel pour nous qu'en tant que les institutions lui confèrent, je ne dirai même pas son rôle et sa fonction de père – ce n'est pas une question sociologique – mais son nom de père. Que le père, par exemple, soit le véritable agent de la procréation, n'est en aucun cas une vérité d'expérience. (Lacan, *Le Séminaire, Livre V, op. cit.*, p. 180.)

116

d'être lu à travers tout le Moyen Âge, André le Chapelain écrit en latin, vraisemblablement entre 1181 et 1186, un *Traité de l'amour courtois* (c'est le titre de la traduction française) qui, aux yeux de René Nelli, résume toute la pensée amoureuse des troubadours. Nelli nous dit que le *De amore* fut expressément rejeté par l'Église à la fin du XIIIᵉ siècle car il incarnait « la somme des conceptions courtoises incompatibles avec le Christianisme[95]. » Il ne nous dit pas pourquoi l'Église ne rejeta pas l'ouvrage dès sa parution, un siècle plus tôt. Il ne relève pas non plus que c'est un *prêtre* qui prit sur lui de rédiger ce que les médiévistes Danièle Jacquart et Claude Thomasset proposent de lire comme un « manuel de sexologie » auquel, de son côté, la médiéviste américaine Betsy Bowden a crûment donné pour titre anglais *The Art of Courtly Copulation*[96]. « L'interprétation de ce livre est malaisée », nous dit Duby, prudent, qui recommande « de faire sa part, fondamentale, à l'ironie » et suggère de suivre l'avis d'Alfred Karnein, qui a établi que le *De amore* « proposait de l'amour courtois, non point un mode d'emploi, mais une critique[97]. » Je n'ai pas les moyens de trancher dans « l'exubérante floraison de commentaires contradictoires dont cette somme n'a cessé d'être l'objet[98] », aussi me rangerai-je comme à l'accoutumée derrière Duby, qui met en avant, d'une part, l'érudition et la haute culture du Chapelain, et d'autre part son ironie mordante :

> Riant sous cape, le Chapelain s'appliquait en vérité à donner réponse aux questions nombreuses et ardues que soulevait, dans l'entourage du Capétien, l'adoption des usages galants propagés depuis les cours des princes féodaux. Raillant, au nom de la raison, les outrances de la fine amour troubadouresque, il édictait les règles d'une saine gestion du plaisir masculin[99].

Tout prêtre qu'il fût, donc astreint au célibat, et tout persuadé qu'il fût que le désir charnel pour cette créature diabolique qu'est la femme incite au péché, André le Chapelain était pragmatique : l'amour est une maladie de jeunesse, « comme une fièvre de crois-

---

95 Nelli, *L'érotique des troubadours, op. cit.*, p. 247.
96 Georges Duby, « À propos de l'amour que l'on dit courtois », in Duby, *Mâle Moyen Âge, De l'amour et autres essais*, Flammarion, Champs, Paris, 1990, p. 76.
97 Duby, « Le modèle courtois », *op. cit.*, p. 274.
98 *Ibid.*
99 *Ibid.*

sance. C'est une épreuve dont l'homme, s'il la traverse bien, sort aguerri[100]. » Son livre est une opération de détournement de l'amour courtois au profit de l'Église et de sa morale sexuelle. Tablant sur le fait que seul le clergé savant saisira son ironie, il s'emploie avec une délectation cynique à étaler devant son jeune public les séductions de la fine amour et à lui expliquer comment on mène le jeu.

> À celui qui n'était pas encore parvenu à renoncer au plaisir, André recommandait à défaut de l'amour « pur » l'amour « mêlé », c'est-à-dire la mise en œuvre durant l'étreinte de postures et de techniques grâce auxquelles le rapprochement des corps, sans cesser d'être délectable, risquait moins de donner le jour, hors mariage, à des héritiers illégitimes[101].

On retrouve ici, dans la crainte obsessionnelle des enfants illégitimes, la croyance au sang comme véhicule physiologique de la génération *et* véhicule métaphorique de l'honneur : « la semence de l'homme est l'écume du sang », écrivait déjà Isidore de Séville au VIIe siècle[102]. Crainte et croyance qui sont la marque du risque insensé qu'a pris la féodalité à vouloir établir la paternité sur la transmission du sang par le sang ; crainte et croyance qui sont aussi le plus « osmotique » lieu d'échanges entre morale des prêtres et morale des guerriers. La législation matrimoniale que l'Église met en place au cours du siècle, et qui mènera à faire du mariage un sacrement, trouve dans le *De amore* d'André le Chapelain un adjuvant capable de discipliner les débordements de la sexualité extraconjugale en feignant de les accompagner. Le Chapelain transforme l'inévitable concupiscence des mâles en un parcours du combattant qui mène *in fine* à la chasteté, exactement comme Marcabru et les autres troubadours dont Nelli nous dit qu'ils « ont voulu – selon un comportement bien connu des psychanalystes – transformer les "impossibilités" subies en difficultés choisies[103]. » Lacan ne disait pas autre chose quand il affirmait que l'amour courtois était « une façon tout à fait raffinée de suppléer à l'absence de rapport sexuel en feignant que c'est nous qui y mettons obstacle. »

---

100 *Ibid.*
101 *Ibid.*, p. 275.
102 Isidore de Séville, cité par Thomas Laqueur, *La fabrique du sexe, op. cit.*, p. 79.
103 Nelli, *L'érotique des troubadours, op. cit.*, p. 139.

Que la morale des prêtres, quoi qu'elle prétende, ait rejoint celle des guerriers se voit à quelques symptômes qui n'ont pas attendu le *De amore* d'André le Chapelain pour se manifester. À l'époque même où Guillaume de Poitiers composait ses chansons grivoises, premières expressions de l'amour chevaleresque ou courtois, Robert d'Arbrissel pratiquait déjà une sorte d'*assaig* avec les nonnes dont il avait la charge, dormant nu au milieu d'elles afin de mettre sa chasteté à l'épreuve[104]. Déjà avant de fonder l'Abbaye de Fontevraud en 1103, ce prédicateur errant et charismatique en qui Nelli voit un « esprit singulier et chimérique[105] » avait réuni autour de lui une foule nombreuse de disciples, hommes de toutes conditions mais surtout « femmes pauvres et nobles, veuves et vierges, âgées et adolescentes, débauchées et celles qui dédaignent les hommes[106] ». L'évêque de Rennes Marbode reproche à Robert d'Arbrissel de coucher la nuit au milieu des deux sexes, et l'abbé Geoffroy de Vendôme de partager la couche des femmes et de s'y supplicier par un martyre inouï[107]. Soulignons avec Jacques Dalarun que la particularité de Fontevraud – abbaye mixte, ou double, puisqu'elle juxtaposait un monastère masculin et un monastère féminin séparés par la clôture – était que tous les hommes de l'abbaye, moines, convers et laïcs, étaient placés sous la puissance et la domination des moniales. Celles-ci, du reste, étaient d'un rang social supérieur à celui des frères. La primauté des femmes dans l'abbaye, loin d'être le signe d'une promotion de la femme, apparaît plutôt comme un moyen raffiné d'humilier les hommes de la communauté. Le « martyre inouï » de Robert d'Arbrissel a beau n'avoir avec l'*assaig* qu'une ressemblance formelle, car il se trouve dans le droit fil des exercices

---

104 Cette convergence n'implique pas qu'il y ait eu influence de Robert d'Arbrissel sur Guillaume de Poitiers, ou l'inverse. Nelli écrit que s'il « est exact que Robert d'Arbrissel préconisait, entre religieux et religieuses, une sorte d'*assays* mystique, destiné à mettre à l'épreuve, dans un même lit, leurs vertus chrétiennes et leurs capacités de continence, on conçoit que Guillaume IX, peu religieux de tempérament et respectant assez peu les moines, n'ait vu dans ces manœuvres qu'une aimable et hypocrite dépravation. » *Ibid.*, p. 100.

105 *Ibid.* Ailleurs, Nelli appelle d'Arbrissel un « esprit fort indépendant sinon "hérétique" ». *Ibid.*, p. 302.

106 Baudri de Bourgueil, *Vita B. Roberti de Arbrissello* (1116–1120), cité par Jacques Dalarun, « *Dieu changea de sexe, pour ainsi dire* », *La religion faite femme XIe-XVe siècle*, Fayard, Paris, 2008, p. 106.

107 *Ibid.*, pp. 104–105.

d'humilité préconisés par la règle de saint Benoît, pourtant, comme les « postures et techniques » de l'amour *mêlé* qu'André le Chapelain détourne des pratiques érotiques troubadouresques pour les mettre au service de l'apprentissage de la chasteté chrétienne, la forme sublimée de martyre charnel que pratique Robert d'Arbrissel paraît bien comme un *assaig* détourné de sa fonction courtoise. Qu'il ait eu un rôle idéologique très différent ne l'a pas empêché d'entrer en parfaite résonance avec le service humiliant que l'amant courtois devait à sa dame.

Le culte de Notre Dame

J'ai gardé pour la fin de cet essai le commentaire de la plus flagrante et la plus massive zone d'interférence entre morale des prêtres et morale des guerriers, la passion pour Notre Dame. « En expansion dès l'époque carolingienne, son culte a déferlé sur la chrétienté comme un torrent depuis la fin du XIᵉ siècle, écrit Duby, depuis que saint Anselme a vu dans la mère de Dieu la nouvelle Ève, l'anti-Ève, Eva, Ave : retournement[108]. » (Qui, déjà, parlait de la primauté du signifiant ?) Duby souligne, comme tous les auteurs pour une fois unanimes, que la récente désignation de la Vierge comme *dame* – Notre-Dame de Paris est en pleine construction – est une transposition dans la sphère religieuse de la sublimation courtoise. La question est de savoir comment on interprète cette sublimation. Je n'ai pas trouvé, même chez Henri Rey-Flaud, l'un de rares critiques de l'amour courtois que Duby dit « d'inspiration lacanienne[109] » mais qui est plus freudien que lacanien, d'accent mis sur la théorie de la sublimation que l'amour courtois avait inspirée à Lacan. Si ses fines analyses de texte lui font souligner les outrances et les excès du rituel courtois, elles ne les lui font pas interpréter en termes d'élévation d'un objet à la dignité de la Chose. Or c'est à une telle interprétation qu'invite la passion pour Notre Dame. Il convient donc d'aborder le culte marial par ses excès ou même, à la limite, ses *assays*. Duby raconte qu'au début du XIIᵉ siècle les chanoines d'Utrecht dénoncèrent un hérésiarque dans le style de

---

108 Georges Duby, « De l'amour », *in* Duby, *Dames du XIIᵉ siècle, op. cit.*, p. 470.
109 Duby en nomme trois, Dragonetti, Rey-Flaud et Huchet. « Le modèle courtois », *op. cit.*, p. 268.

Robert d'Arbrissel qui avait osé, la main dans la main d'une statue de la Vierge, célébrer publiquement ses noces avec elle. Duby ne relève pas le sacrilège ; il ne dit pas que l'hérésiarque a été brûlé sur la place publique, ni même excommunié ; il renchérit :

> Combien de moines, combien de prêtres, combien de chevaliers n'ont-ils pas rêvé, dans le secret de leur cœur, une semblable alliance mystique ? Et de se protéger ainsi du grand péché, l'acte sexuel ? « Honore et chéris Marie. Vénère-la, loue-la, cherche à lui plaire […], goûte les plaisirs très doux de son très suave amour », Adam de Perseigne, dans une de ses lettres, exhorte par ces mots un adolescent – c'est-à-dire tous les adolescents – à servir Notre Dame comme l'amant courtois sert son amie. Dans le corps en croissance de ces jeunes mâles le feu bouillonne ; ils sont plus que quiconque menacés de pécher. Qu'ils se défendent. « C'est facile à ceux que remplit l'amour de notre Vierge […], prenez-la pour mère, pour nourrice, pour épouse, pour amante. » L'abbé conclut : « Elle ne te manquera jamais si tu l'aimes d'amour, si tu lui dédies ton corps[110]. »

Nourrice, mère, mère et vierge, vierge et épouse, épouse et amante, amante intouchable car épouse de Dieu : on ne peut manquer de relever la surdétermination par le signifiant « dame » de ces multiples et contradictoires condensations. De même note-t-on ce qu'elles fantasment d'extrême au nom de la relève du péché d'Ève : rien de moins que l'idée scandaleuse que Marie est *l'épouse de son fils*. « Comment est-il possible, se demande Sylviane Agacinski, que, au premier couple humain, qui était *mari et femme*, succède un couple salvateur constitué par un fils et sa mère ?[111] » Et donné en exemple, par-dessus le marché, à ces jeunes bacheliers transis de désir pour une dame qui pourrait être leur mère ? À eux qui ne manquent pas d'entendre par ailleurs, tout autour d'eux, quantités de malédictions réelles proférées à l'encontre des femmes ? Il y a une autre anagramme d'*Eva* que *Ave*, et c'est *Vae*, « malheur à… ».

---

110 Duby, « De l'amour », *op. cit.*, pp. 470–471. Homme de vaste culture et de grand talent rhétorique, Adam, qui devint abbé de Perseigne, dans le diocèse du Mans, en 1188, s'est surtout adressé dans ses lettres à des femmes, à qui il prêche de s'unir au Christ en des termes tout aussi explicitement érotiques que ceux qu'il emploie pour s'adresser aux adolescents. Cf. Duby, « Parler aux femmes », in *Dames du XIIᵉ siècle, op. cit.*, pp. 393–397.
111 Sylviane Agacinski, *Métaphysique des sexes, Masculin/Féminin aux sources du christianisme*, Seuil, Paris, 2005, p. 105.

L'exaltation de la Madone (*ma dame* : l'expression est neuve à l'époque) n'a jamais signifié promotion de la femme, seulement celle d'*une* femme portée au pinacle par la plus intense – on est tenté de dire délirante – spéculation théologique. Celle-ci avait commencé au concile d'Éphèse, en 431, qui avait proclamé Marie *Theotokos*, c'est-à-dire « celle qui accouche de Dieu ». Dès le Ve siècle, on spécule que la mère de Dieu ne pouvait pas mourir comme tout le monde, et on se met à parler de la *dormition* de la Vierge et de la montée au ciel de son corps, ce qui deviendra le dogme de l'Assomption, curieusement le dernier en date à avoir été proclamé, puisqu'il ne le fut qu'en 1950, par Pie XII. La mariologie proprement dite prend son essor avec le concile de Latran, en 649, lorsqu'est érigée en dogme la virginité de Marie avant, pendant, et après l'accouchement. Elle explose et se fait mariolâtrie au tournant de l'an mil parce que l'Église voulait détourner la piété populaire du fétichisme pour les reliques et la canaliser vers un petit nombre de figures de sainteté incontestables, au premier rang desquelles Marie. Le *Salve Regina* date du XIe siècle ; la Vierge en majesté apparaît au portail de la cathédrale de Senlis au milieu du XIIe siècle ; et c'est entre les XIIe et XIVe siècles que l'idée de l'Immaculée Conception, c'est-à-dire l'idée que la femme destinée à engendrer le Dieu incarné ne saurait être souillée par le péché originel, prend de l'ampleur et divise profondément la communauté monastique. À l'instar de saint Bernard et plus tard de saint Thomas d'Aquin, cisterciens et dominicains s'y opposent ; à l'instar de Jean Duns Scot, les franciscains, qui l'emportèrent, s'en font les champions. Il faudra néanmoins attendre 1854 pour que le pape Pie XI la proclame en dogme.

Les trois dogmes mariaux, la virginité, l'immaculée conception et l'assomption, ont en commun d'être motivés par l'obsession de la pureté et la phobie à l'égard de toute espèce de souillure. Marie ne saurait être salie d'aucune façon, que ce soit par le commerce sexuel, le péché originel ou le pourrissement du corps après la mort. Elle se trouve ainsi triplement idéalisée, en étant tout d'abord désexualisée, ensuite soustraite à la faute de celle qui se trouve à l'origine du genre humain, enfin libérée de la déchéance corporelle dans la mort. Cette idéalisation est une constante de la mariologie à travers l'histoire. Au XIIe siècle elle prend un tour très particulier. Comme la dame courtoise, la Vierge est sublimée, c'est-à dire élevée à la dignité de la Chose, promue au rang d'un être digne d'être aimé et désiré pour lui-même mais interdit d'accès car ayant affaire avec la jouissance. Il faut partir de ce que cette sublimation de la Vierge entraîne pour ces adolescents qu'Adam de Perseigne exhorte à la vénérer comme le chevalier sa dame, afin de débusquer ce qu'implique cette élévation à la dignité de la Chose. Elle est et elle n'est pas une idéalisation. Elle ne l'est pas, dans le sens d'une spiritualisation, car la pulsion sexuelle, nullement détournée de son but, trouve à s'y satisfaire : la Vierge « ne te manquera jamais si tu l'aimes d'amour, si tu lui dédies ton corps ». Et elle l'est car la sublimation produit « le surgissement d'un type idéal[112] ». Elle idéalise indirectement son objet, en grande partie en l'esthétisant – comme la dame, la Vierge est toujours d'une très grande beauté – et en le valorisant socialement par l'entremise de la religion, laquelle est pour Lacan l'un des trois domaines de la culture, avec l'art et la science, que la sublimation organise de part en part. Pour ces adolescents la Vierge est donc intouchable, plus interdite encore qu'ils ne sauraient imaginer l'être la dame de leur seigneur, mais elle demeure objet – ou cause, dirait Lacan – de leur désir charnel. Laissons-les se débrouiller avec les reculs effarouchés, les scrupules moraux et les *double binds* psychologiques qui ont dû être leur lot devant pareil sacrilège. Demandons-nous plutôt comment la subli-mation de la Vierge, cette propulsion de la plus sainte des saintes, la mère de Dieu, dans le dangereux voisinage de la Chose, c'est-à-dire du mal, a pu agir en retour sur l'éthos du poète courtois.

Je pense que c'est sur cette question que le rapprochement sou-vent fait – y compris par Lacan[113] – et souvent contesté entre poésie occitane et hérésie cathare est justifié. Le catharisme offre une solu-tion au *double bind* dans lequel se trouve coincé l'adolescent à qui s'adresse Adam de Perseigne. Ravivant des hérésies qui remontent aux premiers siècles de la chrétienté, les cathares, comme les mani-chéens, croient à une double création du monde, le monde spirituel étant l'œuvre de Dieu et le monde matériel, charnel, l'œuvre du diable. Et comme les docètes, les cathares pensent que l'incarna-tion n'est qu'apparence trompeuse, que l'*adumbratio* du Christ, sa conception sous l'ombre de l'esprit saint, est un fantasme et que, par conséquent, Marie n'a jamais accouché. Non seulement elle est vierge et exempte du péché originel, mais elle n'est en rien

---

112 Lacan, *Le Séminaire, Livre VII, op. cit.*, p. 190.
113 *Ibid.*, p. 182 ; pp. 254–255.

compromise dans l'engendrement d'un être de chair – cette chair condamnée en bloc car elle est l'œuvre de Lucifer. On peut donc vénérer Marie comme l'amant courtois vénère sa dame car c'est un être imaginaire qu'on élève à la dignité de la Chose[114]. Je ne sais si cet arrangement avec le réel permet de pousser plus loin le rapprochement entre poésie courtoise et catharisme, mais je pense qu'il confirme ce que je disais plus haut du mythe de l'amour courtois comme « tombant » dans la fiction. En accord avec le dernier Lacan, le théoricien de la littérature médiévale Alexandre Leupin a distingué à sa manière le mythe qui réussit à fonder un ordre symbolique de la fiction qui y échoue. Il réfère le mythe à la lettre, c'est-à-dire au mathème, seule écriture du réel, et la fiction au signifiant sur son versant imaginaire. Comme l'amour courtois dans mon analyse, l'hérésie cathare ne franchit pas la rampe de l'autre scène, celle de la fiction :

> Le dieu des cathares est un dieu impuissant, qui ne participe en rien à la création du monde, car ce serait le compromettre dans le mal. Il se contente de fictionner des simulacres qui n'ont pas de rapport avec la vie terrestre ; à la création réelle, mais mauvaise, s'oppose donc une action divine qui est bonne, mais essentiellement limitée à une action poétique, à une production de fiction[115].

Sur cette scène de la fiction productrice de culture, ni le purisme catholique ni même l'ultra-purisme cathare n'évitent en fin de compte le risque qu'en élevant Notre Dame à la dignité de la Chose on fasse éclater aux yeux de tous son affinité avec la face Dieu de l'Autre, non la face symbolique paternelle mais celle, réelle, qui se supporte de la jouissance féminine. C'est un risque qu'il s'agit à tout prix pour l'Église de conjurer. Pour ce faire on met l'accent sur le destin exceptionnel de Marie. On la traite en suzeraine, on la représente écrasant le serpent, on la montre en majesté au tympan des cathédrales, on la « masculinise », bref, on tente de lui appliquer la formule en haut à gauche dans le schéma de Lacan, $\exists x \, \overline{\phi} x$.

---

114 Lacan dit que dans le désir courtois pour la dame – ou pour Notre Dame, ajouterais-je – « l'être auquel le désir s'adresse n'est rien d'autre qu'un être de signifiant. » *Ibid.*, p. 254.
115 Alexandre Leupin, *Fiction et incarnation, Littérature et théologie au Moyen Âge*, Flammarion, Paris, 1993, p. 144.

L'Ave Maria ne dit-il pas « Je vous salue Marie, pleine de grâce. Le Seigneur est avec vous. *Vous êtes bénie entre toutes les femmes* » (je souligne) ? En réalité, l'Ave Maria condense deux salutations, à quelques versets de distance dans l'Évangile selon saint Luc : celle de l'archange Gabriel lors de l'Annonciation et celle d'Élisabeth lors de la Visitation. L'ange ne marque pas l'exception ; il s'adresse à Marie en ces termes : « Réjouis-toi, comblée de grâce, le Seigneur est avec toi[116]. » Quant à Élisabeth… voyons les faits dans l'ordre où Luc les narre. Son Évangile commence par la visite de l'archange Gabriel à Zacharie, à qui il annonce que sa femme, Élisabeth, qui est stérile, va accoucher d'un garçon qui sera rempli de l'Esprit Saint et ramènera les fils d'Israël à Dieu. « Et tu l'appelleras du nom de Jean. » Comme Zacharie proteste qu'il est vieux et sa femme stérile, l'ange se présente avec son nom, « Moi je suis Gabriel », et tance Zacharie pour ne pas l'avoir cru. Pour sa punition il sera désormais muet[117]. L'Annonciation est la scène suivante, et Luc prend soin de nous dire que c'est le même archange Gabriel que Dieu a chargé d'apporter à Marie la nouvelle qui la stupéfie : « Voici que tu concevras dans ton sein et enfanteras un fils, et tu l'appelleras du nom de Jésus. » Marie proteste qu'elle ne connaît pas d'homme, et l'ange plutôt que de la tancer la rassure, lui disant que l'Esprit Saint la prendra sous son ombre. Et alors il ajoute :

> Et voici qu'Élisabeth, ta parente, vient, elle aussi, de concevoir un fils dans sa vieillesse, et elle en est à son sixième mois, elle qu'on appelait la stérile ; car rien n'est impossible à Dieu[118].

Ce n'est qu'à ce moment que Marie acquiesce à l'ange, comme s'il lui était resté un doute que seul calme la perspective d'aller vérifier auprès de sa cousine s'il est vrai que rien n'est impossible à Dieu. La scène suivante, *of course*, est la Visitation. Ayant reçu la salutation de Marie enceinte venue la visiter, Élisabeth sentit tressaillir en son

116 Évangile selon saint Luc, 1, 28. Je cite dans l'édition de *La Bible de Jérusalem*, Les Éditions du Cerf, Paris, 1981, p. 1482. Au chapitre précédent, écrit il y a fort longtemps, je n'avais pas relevé que l'ange ne marquait pas l'exception. Je ne pense pas que la lecture que je propose aujourd'hui invalide l'ancienne, elle la rend seulement plus complexe.
117 *Ibid.*, 1, 5–23.
118 *Ibid.*, 1, 36–37.

sein l'enfant qu'elle portait et « fut remplie d'Esprit Saint. Alors elle poussa un grand cri et dit : "Bénie es-tu entre les femmes, et béni le fruit de ton sein[119] !" » La traduction que je cite ne dit pas « entre *toutes* les femmes ». Il me semble qu'Élisabeth comme Gabriel font droit au « pas-toute » de Marie : l'Évangile de Luc ne permet pas qu'on « masculinise » Marie au point de l'inscrire en haut à gauche dans le schéma de Lacan. Et que Luc reconnaît l'autre jouissance se voit non seulement au grand cri que pousse Élisabeth mais surtout à ce que, sur ces entrefaites, Marie entame le *Magnificat,* comme si elle avait reçu de sa cousine l'assurance de ce qu'en effet rien n'est impossible à Dieu. Qu'on demande aux compositeurs que le *Magnificat* a inspirés, de Monteverdi à Penderecki, s'ils n'ont pas perçu là, dans l'allégresse de ce se-savoir-enceintes partagé par deux femmes, « une face de l'Autre, la face Dieu, comme supportée par la jouissance féminine[120] ». L'enfant que portait Élisabeth, Jean-Baptiste, naît à la scène suivante, et huit jours plus tard il est circoncis, cérémonie où la castration symbolique est traditionnellement accompagnée de l'attribution de son nom à l'enfant, ce que nous, mais non les Hébreux de l'époque, appellerions son baptême.

> On voulait l'appeler Zacharie, du nom de son père ; mais, prenant la parole, sa mère dit : « Non, il s'appellera Jean. » Et on lui dit : « Il n'y a personne de ta parenté qui porte ce nom ! » Et l'on demandait par signes au père comment il voulait qu'on l'appelât. Celui-ci demanda une tablette et écrivit : « Jean est son nom » ; et ils en furent tous étonnés. À l'instant même, sa bouche s'ouvrit et sa langue se délia, et il parlait et bénissait Dieu[121].

Et Zacharie, la langue déliée, d'entamer aussitôt le *Benedictus,* qu'il est impossible de ne pas entendre comme l'écho du *Magnificat* de Marie, soit comme un salut à l'autre jouissance. S'il m'est permis de prendre l'incipit de l'Ave Maria (qui date du XIIIe siècle) pour un raccourci de la position de l'Église de l'époque quant à la promotion populaire de la Vierge, qu'il me soit aussi permis de lire la condensation des salutations de Gabriel et d'Élisabeth que l'Ave Maria opère, et modifie par l'ajout de « toutes », comme le symptôme de

---

119 *Ibid.,* 1, 42.
120 Lacan, *Le Séminaire, Livre XX, op. cit.,* p. 71.
121 Évangile selon saint Luc, 1, 59–64.

ce que l'Église ne veut rien entendre du « pas-toute ». J'ajouterais que Luc, qui fait droit au « pas-toute », rechigne à reconnaître qu'en-face il se pourrait qu'il y ait un « pas-tout ». Il est significatif que son Évangile prenne départ non dans l'annonce faite à Marie mais dans celle de la naissance de Jean-Baptiste, annonce faite non à une femme mais à un homme, non à une jeune vierge qui n'a pas encore conçu mais à un vieillard qui pense que sa femme n'est plus en âge de concevoir, non à Élisabeth, la principale concernée, mais à son mari, Zacharie. C'est la fonction du père que de donner son nom à l'enfant. Et c'est le rôle de la mère que de relayer la parole du père, rôle dont Élisabeth s'acquitte si bien – « Non, il s'appellera Jean » – qu'en permettant à Zacharie d'écrire, en père, même muet, « Jean est son nom », non seulement elle relaye sa parole mais elle la lui rend. Zacharie se met alors à prophétiser, et c'est le *Benedictus*. « Et toi petit enfant », chante-t-il s'adressant à son fils, « tu marcheras devant le Seigneur pour lui préparer les voies[122]. » Ainsi les Écritures vont-elles s'accomplir.

Et saint Joseph ?

En entendant Zacharie on en viendrait presque à oublier l'Annon-ciation, et que c'est à la *mère* que Gabriel ordonne de s'acquitter de la fonction paternelle : « Voici que tu concevras dans ton sein et enfanteras un fils, et tu l'appelleras du nom de Jésus. » Où est le père, celui qui nomme ? L'ange tourne autour du pot : « L'Esprit Saint viendra sur toi, et la puissance du Très-Haut te prendra sous son ombre ; c'est pourquoi l'être saint qui naîtra sera appelé Fils de Dieu[123]. » L'ange ne dit pas par qui. La fonction paternelle, la fonc-tion ϕ, comme l'appelle Lacan, celle que j'ai identifiée à la néces-sité de qualifier le procréateur putatif d'un signe qui lui épingle la présomption de paternité, reste en rade. Sans ancrage. Flottante. On comprend que le culte de Notre Dame ait tant d'affinité avec la fiction courtoise. Mais ce qu'il faut encore chercher à comprendre, c'est en quoi cette affinité remonte à l'Évangile de Luc. Chez Luc, une structure d'adresse à un seul allocuteur, l'ange, et deux allo-

---

122 *Ibid.*, 1, 76.
123 *Ibid.*, 1, 35.

cutaires, Zacharie et Marie, refoule une matrice de quatre places depuis lesquelles écouter et parler. Gabriel efface deux des sujets censés s'inscrire dans cette matrice à quatre places : il ne s'adresse ni à Élisabeth ni à Joseph. Mes lectrices ne manqueront pas de relever à quel point est insultant pour les femmes le fait que Gabriel choisit d'avertir son mari et non Élisabeth de la grossesse qu'ils ont tous deux attendue en vain. Le silence de Luc sur Joseph n'est pas moins scandaleux. Luc mentionne en passant « un homme du nom de Joseph[124] » à qui Marie est fiancée, et c'est tout ; il ne lui donne pas sa place, si ce n'est comme le mort au jeu de bridge ou la case vide dans le structuralisme. Pour voir une place accordée à Joseph, il faut quitter l'Évangile de Luc et se tourner vers celui de Matthieu. (Marc et Jean ne disent mot sur la naissance du Christ.) Marie Balmary, qui écrit « je ne peux souscrire [...] au choix d'une seule annonce, celle à la mère, sans entendre l'annonce au père », n'hésite pas à dire que le texte de Luc est « mutilé lui-même quand il est choisi comme seul signifiant[125]. » Elle aussi nous dirige vers Matthieu. Or dans l'Évangile selon saint Matthieu il n'y a pas d'Annonciation. C'est à Joseph plutôt qu'à Marie que « l'Ange du Seigneur » (on ne sait s'il s'agit de Gabriel) apparaît en songe, comme il apparaît à Zacharie plutôt qu'à Élisabeth chez Luc. Et l'ange dit :

> Joseph, fils de David, ne crains pas de prendre chez toi Marie, ta femme : car ce qui a été engendré en elle vient de l'Esprit Saint ; elle enfantera un fils, et tu l'appelleras du nom de Jésus[126].

Chez Matthieu il incombe à Joseph, non à Marie, de nommer l'enfant Jésus. C'est à Joseph de s'acquitter de la fonction ɸ. Comme il se doit : ∀x ɸx. Pour tout homme, la fonction phallique vaut. Tout homme a affaire à l'incertitude de sa paternité, et m'inscrire dans la fonction ɸ, c'est assumer que le signifiant « père » me soit épinglé lorsque je vais déclarer mon rejeton à l'état civil, lorsque je lui donne son nom, mon nom. Mais, disais-je au chapitre précédent, Joseph est l'exception : il n'a pas affaire à l'incertitude de sa paternité parce qu'il a affaire à la certitude de sa non-paternité.

---

124 *Ibid.*, 1, 27.
125 Marie Balmary, *La divine origine, Dieu n'a pas créé l'homme*, Grasset, Paris, 1993, p. 189.
126 Évangile selon saint Matthieu, 1, 20–21.

$\exists x \ \overline{\phi}x$. Il existe un homme pour qui la fonction phallique ne vaut pas. À moins qu'il faille dire : il existe un homme pour qui vaut une fonction non-phallique ; la formule $\exists x \ \overline{\phi}x$ autorise les deux lectures. J'ai un faible pour la seconde, disais-je aussi, parce qu'elle féminise Joseph de la plus intéressante des façons, par le partage sans possession ni communauté du « pas-tout » qui fonde son acte de foi *et* celui de Marie.

Je voudrais maintenant corriger ce que je percevais en 2008 comme la soumission de Joseph à une fonction indifféremment appelée fonction non-phallique et non-fonction phallique. Ce n'est pas que, comme tant de lecteurs et surtout de lectrices de Lacan (je pense en particulier à Luce Irigaray et à Bracha Lichtenberg Ettinger[127]), je cherchais malgré moi une échappatoire à la domination du phallus. C'est plutôt que je n'avais pas encore vraiment compris que quand on suit Lacan il faut le suivre jusqu'au bout. En réalité Joseph s'inscrit dans la fonction phallique ; ce qui est révolutionnaire, c'est que rien ne l'oblige à le faire. En ce sens il est l'exception : il sait qu'il n'est pas concerné par l'incertitude de sa paternité s'agissant de la grossesse de Marie. Pourtant il donne à Jésus son nom, il va le déclarer à l'état civil, il assume le rôle ingrat de « père nourricier », et il révèle du même coup que s'inscrire dans la fonction ϕ, c'est admettre l'incertitude de la paternité même quand on a la certitude d'être l'exception. Je ne pense pas contredire ici ce que j'écrivais en 2008. Je m'aperçois simplement que je donne une inflexion beaucoup plus active à l'expression « s'inscrire dans la fonction ϕ ». Je ne l'entends pas comme soumission – à la loi du père, de la castration, de l'incertitude de paternité, à la primauté du signifiant, etc. Je l'entends comme prise en charge. Joseph s'acquitte de la fonction ϕ, disais-je un peu plus haut. Il prend la responsabilité de s'y inscrire par un acte, en l'occurrence un acte de foi, dont il assume ensuite les conséquences. Dans un premier temps Joseph croit Marie ; dans un second temps il nomme l'enfant Jésus. C'est toujours un passage à l'acte suivi de l'acquiescement à sa conséquence qui fait que l'on passe d'un état de soumission à la loi à son assomption active. C'est vrai de *Totem et Tabou* : d'abord le meurtre, ensuite le repas

---

127 Cf. Luce Irigaray, *Speculum de l'autre femme*, Minuit, Paris, 1974 ; et *Ce sexe qui n'en est pas un*, Minuit, Paris, 1977 ; et Bracha Lichtenberg Ettinger, *Regard et espace-de-bord matrixiels, Essais psychanalytiques sur le féminin et le travail de l'art*, La lettre volée, Bruxelles, 1999.

totémique et l'introjection de la loi. C'est vrai de « mon mythe » : d'abord l'homme fait un acte de foi en son épouse, ensuite il adopte les enfants de sa compagne pour siens. Et c'est vrai de Joseph. « Mon mythe », décidément, ouvre bel et bien sur une virtualité refoulée du christianisme. Et l'évacuation de Joseph dans l'Évangile de Luc se révèle de plus en plus comme le symptôme magistral de ce refoulement. Qu'en est-il de l'Évangile de Matthieu ?

Chez Luc la fonction paternelle, la fonction ϕ, reste en rade. Pas du tout chez Matthieu. Chez lui les deux temps de l'assomption de la fonction ϕ par Joseph sont marqués très clairement et s'enchaînent : du songe où Joseph reçoit la visite de l'ange qui lui annonce la grossesse incompréhensible de Marie, on passe sans transition à la naissance de Jésus et à la donation de son nom par Joseph. La chasteté de Joseph dans l'intervalle est comme une allégorie de l'absence de transition entre ces deux moments :

> Une fois réveillé, Joseph fit comme l'Ange du Seigneur lui avait prescrit : il prit chez lui sa femme, et il ne la connut pas jusqu'au jour où elle enfanta un fils, et il l'appela du nom de Jésus[128].

La question du père nommant le fils est tellement importante pour Matthieu que son Évangile s'ouvre par la généalogie de Jésus, de père en fils : quatorze générations d'Abraham à David, quatorze générations de David à la déportation de Babylone, et quatorze générations de celle-ci au Christ[129]. Par un lignage, il faut le souligner, qui aboutit à Joseph, alors que Matthieu sait très bien que Joseph n'est pas le père biologique de Jésus. Les mères sont très rarement nommées mais quand elles le sont c'est par ce genre de formule : « Juda engendra Pharès et Zara, de Tamar », ou « Salomon engendra Booz, de Rahab, Booz engendra Obed, de Ruth » (Matthieu, 1, 3 et 1, 5). Marie Balmary commente :

> Parfois, la femme est nommée, mais après l'enfant, comme provenance de l'enfant et non pas comme épouse de l'homme [...] C'est le père qui

---

128 Évangile selon saint Matthieu, 1, 24.
129 Comme Matthieu, Luc déploie aussi, mais beaucoup plus loin dans le texte, la généalogie de Jésus, par Joseph, mais avec d'autres noms et en sens inverse, remontant jusqu'à « Adam, fils de Dieu ». Évangile selon saint Luc, 1, 23–38. Pour une comparaison des deux généalogies, cf. *La Bible de Jérusalem*, p. 1415, note a.

engendre de sa femme (le « de » signifie ici la provenance) ; ou c'est la femme qui engendre pour l'homme ; ou encore l'enfant est engendré pour le père…, toutes sortes de formules ; sans que l'on trouve une seule fois réunis, pour autant que je sache, en juste place l'homme, la femme et l'enfant[130].

Or la formule qui fait aboutir la chaîne des générations à Jésus est très différente : « Jacob engendra Joseph, l'époux de Marie, de laquelle est engendré Jésus, dit le messie[131]. » Cette fois l'homme, la femme et l'enfant sont à leur juste place. Le texte est discret sur la paternité de Joseph mais très clair sur son état matrimonial. Marie et Joseph *font un couple*. Un couple marié ou fiancé, ce n'est pas important en soi : les fiançailles hébraïques veulent que les fiancés soient indissolublement promis l'un à l'autre mais ne vivent pas encore sous un même toit. Ce qui est important, c'est qu'entre la visite de l'ange et la naissance de Jésus, Joseph, qui, avec un tact que Matthieu souligne, pense d'abord répudier Marie sans bruit, l'a prise chez lui. L'aurait-il fait si le couple qu'il forme avec elle n'était pas fondé dans l'amour et la confiance réciproques ?

S'il est clair dans Matthieu que Marie et Joseph font un couple, c'est pourtant une chose que le culte marial n'a jamais mise en évidence, et certainement pas au cours de ces deux petits siècles de chevalerie où l'on vénère la Madone comme l'amant courtois poursuit la femme de son seigneur. Je n'ai pas fait d'enquête exhaustive sur le culte de saint Joseph mais je peux dire qu'il me paraît pratiquement inexistant avant le XIVe siècle, et souvent dissocié de celui de la Vierge[132]. En France, on prie Joseph dès le VIIIe siècle, mais seulement dans quelques abbayes bénédictines. En Italie, les Franciscains ont instauré, mais pas avant 1399, voire, selon Paul Payan,

---

130 Balmary, *La divine origine, op. cit.*, p. 192 ; p. 194.
131 Évangile selon saint Matthieu, 1, 16. Je cite dans la traduction qu'utilise Marie Balmary. *La Bible de Jérusalem* (p. 1415) donne la traduction suivante : « Jacob engendra Joseph, l'époux de Marie, de laquelle naquit Jésus, que l'on appelle Christ. »
132 Dans un livre sur le culte de Marie écrit conjointement par un théologien catholique et un théologien protestant, Joseph est cité en tout et pour tout une dizaine de fois, et toujours en passant. Jacques Duquesne et Alain Houziaux, *La Vierge Marie, Histoire et ambiguïté d'un culte*, Les Éditions de l'Atelier, Paris, 2006.

1461, la fête de saint Joseph, célébrée le 19 mars[133]. Il ne circule quasi pas d'images saintes de Joseph avant le XIVe siècle et l'iconographie, qui le représente la plupart du temps comme un vieillard bienveillant et protecteur, attentionné vis-à-vis de l'enfant Jésus mais distant vis-à-vis de Marie, ne fleurit pas avant le siècle suivant. Et si je suis bien informé, ce n'est qu'au XVIIe siècle, et dans le Nouveau Monde hispanique, qu'on voit se développer un culte autonome de *San José* qui ait quelque envergure[134]. Pour le Moyen Âge central, Joseph et Marie *ne font pas un couple*. Quand ils le deviendront c'est pour ainsi dire par la bande, parce qu'ils formeront, avec l'enfant Jésus, une *famille*, la sainte famille. La famille est une institution : une famille est un couple marié avec enfant(s) ; qu'elle découle de l'union de deux êtres fondée dans l'amour et la confiance réciproques n'est nullement requis. Le personnage de Joseph ne prend de l'importance que quand il devient un pion dans les débats sur la définition du mariage au XIIe siècle : pour les canonistes le mariage doit être consommé pour être valide, pour les théologiens non, ce qui place Joseph en position d'arbitre entre deux définitions de la paternité. Soit Joseph n'est pas le père de Jésus parce qu'il n'a pas consommé le mariage, mais alors qu'est-il, puisque son couple avec Marie a été dissout dans la famille ? Soit il est le père de Jésus parce que d'être l'époux de Marie lui donne l'autorité légale sur l'enfant – un décret qui remonte au droit romain et qui neutralise l'incertitude de paternité –, mais alors *quid* de sa certitude de non-paternité ? *Quid* de l'exception ? J'imagine que cet arbitrage par Joseph a dû rendre nerveux, au XIIIe siècle, Hughes de Saint Cher quand il proposa dans le *Postillae* une réflexion sur la paternité qui distingue jusqu'à onze catégories de père. (Ce comptage excessif n'évoque-t-il pas les sept degrés de parenté d'Yves de Chartres ?) Hughes range Joseph dans celle de *père putatif ou fictif* (comme si c'était la même chose), suivi en cela par Albert le Grand et Thomas d'Aquin. Quand la « joséphologie » sérieuse démarre au début du XVe siècle avec Pierre d'Ailly, Jean Gerson et Bernardin de Sienne, elle a tout à voir avec la consolidation du mariage en sacrement et rien à voir avec la nature des sentiments entre Joseph et Marie. On

---

133 Paul Payan, *Joseph : Une image de la paternité dans l'Occident médiéval*, Aubier, Paris, 2006.
134 Cf. Charlene Villaseñor Black, *Creating the Cult of St. Joseph, Art and Gender in the Spanish Empire*, Princeton University Press, Princeton, 2006.

postule tout simplement que la *dilectio* – cette douce bienveillance du cœur à l'abri des turbulences du désir qui est le sentiment que l'Église suppose régner par défaut entre époux – règne exemplairement dans la sainte famille. Jean Gerson va jusqu'à comparer celle-ci à la Trinité[135], passant sous silence le fait que, contrairement à la sainte famille, la Trinité ne connaît pas la différence des sexes. Pour Gerson la paternité de Joseph n'est ni naturelle ni putative mais tout bonnement décrétée réelle et légitime, car le fruit d'un mariage *parfait* et *accompli*. La discussion est close.

L'est-elle, vraiment ? On peut se demander quels fantasmes ont dû passer par la tête de ces très sérieux « joséphologues » qui écrivent au moment où la société chevaleresque décline et où l'amour courtois n'est bientôt plus qu'un genre littéraire désuet. Leur but avoué est de promouvoir l'image d'un artisan consciencieux, un peu niais mais si attentionné – la cruelle culture populaire n'a cessé de faire des gorges chaudes de ce portrait naïf –, bon époux, bon père. Et avant tout, modeste et chaste. On est alors stupéfait de lire que dans un de ses sermons Jean Gerson loue Joseph pour sa chasteté en disant qu'il a été victorieux de la « fournaise ardente » de la « concupiscence charnelle[136] ». Quoi ! Joseph aurait-il été tenté ? Et puisque tenté, jaloux ? Phallocrate repenti grâce à l'ange mais n'en nourrissant pas moins des pensées lubriques ? On n'y comprend rien, tant ce sermon trahit que la discussion n'est pas close. Derrière le charpentier vieillissant prenant avec bonhommie son sort de père nourricier, n'y aurait-il pas un autre Joseph, peut-être guère plus réaliste mais qui, visiblement, obsède Gerson ? Un Joseph inconsciemment modelé sur les idéaux que la société chevaleresque déclinante continue malgré tout de proposer en exemple à ces adolescents qu'Adam de Perseigne haranguait ? On n'y comprend rien, à moins de voir que grâce à Gerson la boucle est bouclée : voici Joseph portraituré en héros courtois, en chaste amant de la Vierge, en *jeune* qui prend Marie pour nourrice, mère, mère et vierge, vierge et épouse, épouse

---

135 Jean Gerson parle de la sainte famille comme d'une « trinité si digne d'étonnement et de vénération. » Cité par Cynthia Hahn, « "Joseph Will Perfect, Mary Enlighten and Jesus Save Thee": The Holy Family as Marriage Model in the Mérode Triptych », *The Art Bulletin*, Vol. 68, 1, mars 1986, p. 64.
136 Jean Gerson, « Autres considérations sur Saint Joseph », cité par Cynthia Hahn, *ibid.*, p. 61.

et amante, amante intouchable car épouse de Dieu. Un Joseph, en somme, endurant l'épreuve de l'*assaig* avec sa propre épouse !

On peut en effet se demander quelle tournure d'esprit perverse aura permis de concevoir Joseph de la sorte. Fallait-il que le clergé fût obsédé par le sexe et ses tentations pour que, malgré l'image du charpentier vieillissant, celle d'un gaillard qui part à l'assaut de sa dame vienne subitement l'effacer ; pour que, malgré la rassurante *dilectio* qu'on suppose régir sa vie de couple, le fiancé de Marie se révèle brutalement comme dévoré de désir ; pour que, malgré les phrases péremptoires qui font taire le débat sur sa paternité, Joseph surgisse au détour d'un sermon avec toutes les qualités mais aussi tous les vices d'un amant courtois ! L'explication par le retour du refoulé – trop patent, trop massif pour qu'on l'ignore – s'impose. Mais j'entrevois une explication plus hardie que le retour du refoulé, et aussi plus cohérente avec la théorie lacanienne de la sublimation. Car la sublimation n'est pas le refoulement, c'est cela qui fait qu'elle est productrice de culture. Elle crée une *autre scène* qui n'est pas, comme le rêve ou le symptôme, celle où se produisent les retours du refoulé. De plus, dans la sublimation la pulsion sexuelle n'est pas détournée de son but. A lire Duby, on croit volontiers le clergé composé exclusivement d'obsédés sexuels, mais s'il devait s'avérer que tous ces clercs subliment et ne refoulent pas, leur fixation sur les turpitudes sexuelles serait plus compliquée à interpréter qu'un retour du refoulé. En élevant Marie à la dignité de la Chose ils se trouvent fatalement dans le dangereux voisinage de la jouissance et se débrouillent avec elle comme ils le peuvent. L'assimilation de Joseph à un amant courtois est dans ce cas une construction culturelle parfaitement plausible parce qu'elle protège le bon chrétien de base : c'est sur une scène de fiction que Joseph, qui le représente, s'approche à sa place dangereusement de Notre Dame, objet de sa vénération.

Bref, mon hypothèse est que ce n'est pas le culte de Joseph qui refoule la tentation de l'amour courtois, laquelle de temps à autre ferait violemment retour ; c'est l'amour courtois qui compense, sur son autre scène, l'inexistence d'un culte de Joseph digne de ce nom. Sur cette autre scène personne n'assume la métaphore paternelle, personne ne s'inscrit dans la fonction ϕ par un acte, tous les mâles y sont *soumis* : aussi bien les bacheliers, forcés d'être chastes en dernière instance, que le seigneur, qui « flûte » tout ce qu'il peut mais n'a rien à dire. S'il y en a un pour qui être soumis à la loi de l'incertitude de paternité et être soumis à la loi de la castration sont une seule et même chose, c'est bien lui.

Dans une société si profondément modelée par le christianisme que la féodalité, tout se tient, et il n'est pas surprenant que les deux grandes productions culturelles qui sont le fruit de la sublimation, la littérature et la religion, se comportent en vases communicants. L'invention de l'amour courtois est une singularité de l'histoire qui, même si elle a laissé de nombreuses traces dans la culture européenne jusqu'à ce jour[137], est propre à une époque précise. Marquée par une mutation du système de parenté qu'elle n'a pas, en définitive, su mener à son terme, cette époque a entrepris, comme disait Duby, de « substituer à la filiation maternelle, la seule évidente, la filiation paternelle[138]. » Le culte de Notre Dame, lui, s'est développé sur une plus longue échelle historique, mais il connaît au XIIe siècle une intensification à laquelle l'essor de la poésie courtoise est tout sauf étrangère. C'est que la sublimation prend désormais le pas sur d'autres modes d'idéalisation ou de spiritualisation. S'il n'était le fait que sur la scène de la poésie courtoise la dame domine, le mari ne compte pas, et les bacheliers subliment à qui mieux mieux, on ne verrait pas pourquoi, à côté du culte de Notre Dame, main dans la main, pourrait-on dire, ne se serait pas développé un culte de saint Joseph, bon époux bon père, oui, mais parce qu'il fait avec Marie, qu'il aime, un *couple*. Eh bien, cela ne s'est pas produit. L'amour courtois a mis en évidence qu'il n'y a pas de rapport sexuel, il a échoué à mettre en évidence que l'amour supplée au manque de rapport sexuel. L'histoire du christianisme réel est passée à côté d'une des virtualités les plus libératrices, les plus révolutionnaires, du christianisme théorique originel. Pourra-t-elle un jour réparer cette faute historique ? Je ne suis pas optimiste. Mais on ne m'ôtera

---

137 Malgré les exemples suggestifs que donne Slavoj Žižek de la survivance de l'amour courtois dans la culture contemporaine, cinématographique en particulier, je ne suis pas convaincu par sa lecture, pourtant lacanienne, de l'amour courtois. Selon lui le masochisme en serait une variante, ce qui me paraît incompatible avec tout ce que j'ai lu chez Duby, Nelli ou Rey-Flaud. Essentiel au masochisme – et Žižek ne cesse de le souligner – est le contrat par lequel le soumis dicte en termes détaillés les sévices et humiliations qu'il attend de sa dominatrice. Il n'y a rien de tel dans la soumission de l'amant courtois aux caprices de sa dame. Slavoj Žižek, *The Metastases of Enjoyment*, Verso, Londres, 1994, chapitre 4, « Courtly Love, or, Woman as Thing », pp. 89–112, et p. 92 en particulier.
138 Duby, *Qu'est-ce que la société féodale ?, op. cit.*, p. 1417.

pas de la tête que, comme je l'écrivais déjà en 1999, l'acte de foi de Joseph dans la fidélité de Marie – foi dans la foi, donnée par l'amour – donne le véritable coup d'envoi non religieux de la doctrine de l'incarnation. Si jamais un monde radicalement post-chrétien doit voir le jour, la figure de Joseph sera pleinement réhabilitée.

Los Angeles, septembre 2008-juin 2009 ;
Williamstown, MA, septembre-décembre 2009 ;
New York, juin-juillet 2022

Incertitude de paternité et jouissance féminine

Une fable néo-darwinienne

La question est en effet de savoir, dans ce qui constitue la jouissance féminine pour autant qu'elle n'est pas toute occupée de l'homme, et même, dirai-je, que comme telle elle ne l'est pas du tout, la question est de savoir ce qu'il en est de son savoir.

Jacques Lacan[1]

Nos savants ont récemment découvert une planète où les gens ne sont pas comme nous, mais alors, pas du tout du tout. Pourtant, ils naissent et meurent – nous aussi. Ils se divisent en deux catégories qu'ils appellent sexes – nous aussi. Ils se reproduisent – nous aussi. Et *grosso modo* de la même façon. Comme chez nous, l'homme a au bas du ventre une sorte de tube flaccide mais érectile, et la femme au même endroit une fente entourée de lèvres, une sorte de bouche. Quand ils s'accouplent l'homme met son tube dans la fente de la femme. Jusqu'ici rien d'extraordinaire. Comme chez nous, après le coït le mâle se retire et les partenaires se séparent. Mais là les choses cessent d'être pareilles. Figurez-vous que sur cette planète, qu'on appelle terre, il n'existe pas de signal de fécondation, chez aucune des espèces animales sexuées, et cela tout le long de la chaîne évolutive jusqu'à l'espèce dite humaine. Il semblerait que chez eux, les transformations hormonales qui accompagnent la fécondation ne soient pas immédiates, comme chez nous, et que, chose difficilement croyable, elles n'affectent que la femelle. Ni les humains ni les autres mammifères, *a fortiori* les espèces inférieures, n'éprouvent dans leur corps ces signes que toute mère et tout père de notre espèce connaissent si bien – tachycardie instantanée, bouffées d'amour, respiration synchrone, excitation intellectuelle – par lesquels l'orgasme qui conclut un acte sexuel fécond le distingue d'un acte stérile.

Aussitôt découvert, le fait a bien sûr mobilisé toute l'attention de nos savants, et tous se sont déclarés stupéfaits que chez les humains – qui ont un poids cérébral équivalent au nôtre et une civilisation

---

1   Jacques Lacan, *Le Séminaire, Livre XX, Encore*, Seuil, Paris, 1975, p. 81.

très avancée sur le plan technologique, deux indices qui prouvent un haut degré de complexité évolutive –, une telle complexité ait pu être atteinte au moyen d'une solution au problème de la reproduction que la sélection naturelle a éliminée sur notre planète voici près de quatorze millions d'années. Cette complexité est d'autant plus inexplicable qu'elle coexiste avec l'extraordinaire barbarie de leurs rapports sociaux et affectifs, particulièrement entre les sexes. Une équipe d'anthropologues qui s'est rendue sur place a ramené ses conclusions. Pendant des millénaires, rapportent-ils, les femmes ont été asservies, placées sous tutelle, échangées par les hommes entre eux, privées de parole, n'ayant d'autre nom que celui de leur père ou de leur mari, et assignées à des tâches domestiques et nourricières. Même si leurs informateurs les ont assurés que les choses changent, surtout depuis que les femmes ont le contrôle de leur fécondité, ce qui a le plus frappé nos anthropologues est que la plupart des institutions humaines sont sexuées, et qu'elles le sont en fonction du pouvoir que les hommes cherchent à se réserver sur les femmes en compensation d'un savoir qui, pour eux, reste incertain. La « valence différentielle des sexes » qu'ils ont constatée partout sur terre, et qui, partout, minorise les femmes, dérive, selon les résultats de leurs recherches, de cette étrange absence de feedback immédiat d'un sexe à l'autre dans l'acte d'amour, qui fait que la femelle humaine doit attendre plus d'un mois pour savoir si elle est enceinte et que le mâle, lui, n'en est jamais informé par voie somatique. Il en résulte une définition de la paternité incompréhensible pour nous, fondée, sinon dans l'ignorance absolue (car si on a couché on le sait), du moins dans un acquiescement volontaire à une incertitude constitutive.

Toujours d'après nos anthropologues, la plupart des humains mâles ne veulent rien savoir de cette définition de la paternité et prétendent fonder leur pouvoir, très paradoxalement, sur ce non-savoir qui en dénie un autre. Ils ont si bien réussi à modeler leurs institutions sur ce déni que même les femmes ont fini par croire au pouvoir des pères. Il n'y a que le droit, qui s'occupe de choses futiles comme des affaires de divorce ou d'héritage, à placer la différence des sexes là où elle est pour les humains, mais les gens ne consultent le droit que quand *leur* droit est en jeu et rarement pour philosopher. Quoi qu'il en soit, nos anthropologues, qui se sont partagé par équipes l'étude de plusieurs sociétés humaines à des stades variés d'avancement, ont constaté que plus ces sociétés sont simples ou archaïques, plus clairement leur système de parenté révèle qu'il a pour fonction de contenir au maximum l'incertitude de paternité, ou quand ce n'est pas possible, d'en limiter les effets déstructurants par des stratagèmes à l'ingéniosité parfois diabolique. Et que plus ces sociétés sont complexes et civilisées, moins l'armature sexuelle des échafaudages sociaux et son fondement dans les systèmes de parenté sont visibles, et plus le pouvoir que s'arrogent les hommes dans l'espoir de contrôler ce qui par essence échappe à leur savoir masque précisément ce non-savoir. Il est à cet égard significatif que dans les sociétés humaines les plus complexes, qui dépendent tragiquement de la culture pour leur évolution, une équation quasi magique se soit établie entre savoir et pouvoir, et que ce soient les femmes qui la contestent le plus souvent. Et il est non moins significatif que chez les humains le mot « autorité », qui chez nous signifie qualité d'être auteur – auteur ou autrice de sa progéniture et, par extension, de son œuvre – signifie chez eux pouvoir. Ils l'associent souvent à la paternité, ce qui n'est pas seulement étrange pour nous mais devrait l'être pour eux. Car la paternité est pour les humains un acte de reconnaissance symbolique dans lequel le non-savoir de l'homme et la nécessité pour lui de s'en remettre, dans un acte de foi aveugle, à sa partenaire sexuelle, manifestent le plus clairement son impouvoir. Nos anthropologues en ont conclu que, décidément, le patriarcat qui règne sur la terre est l'institution la plus mystérieuse qui soit.

C'est par cette fable que j'ai commencé mon exposé d'il y a dix ans à Beaubourg, lors du colloque qui s'est tenu en février 1996 à l'occasion de l'exposition *Fémininmasculin*[2]. Même si ce n'est pas instantanément, comme dans ma fable, les femmes sont informées par voie somatique du fait qu'elles ont conçu. La plupart réalisent qu'elles sont enceintes grâce au retard de leurs règles. Certaines ne se rendent à l'évidence que lorsqu'elles voient leurs seins ou leur ventre gonfler. De rares autres, qui refusent à tout prix la maternité, réussissent à être dans le déni pratiquement jusqu'au jour de leurs couches. Et il y en a, paraît-il (c'est une femme qui me l'a dit) qui se

---

2   J'ai publié mon intervention à ce colloque, intitulé *Manières de voir, manières d'aimer*, beaucoup plus tard. Cf. Thierry de Duve, « À d'autre ! », *Parade* n° 6, Tourcoing, 2006.

rendent compte sur le champ qu'elles sont enceintes – pas dans la minute mais, disons, dans les deux jours. Je ne sais pas si c'est vrai.

On risque de tirer une conclusion hasardeuse de la relecture du schéma lacanien de la sexuation que j'ai proposée au chapitre deux et de l'évocation du mystère sur laquelle je terminais le chapitre trois. La jouissance féminine, l'autre jouissance, serait, à terme, la jouissance d'enfanter. Je dis « à terme » en jouant sur les mots. L'enfantement procure à beaucoup de femmes de la jouissance, le fait est connu. Mais je parle ici d'une jouissance qui s'éprouve neuf mois avant, dans l'acte sexuel, même si elle n'est pas sexuelle et même si l'acte a été entrepris pour le plaisir sans intention de procréer. Dès lors, la jouissance féminine serait, plus radicalement que la jouissance d'enfanter, celle d'être *faite pour enfanter*. Cela s'est dit souvent, y compris parmi les disciples de Freud. Hélène Deutsch, par exemple, voyait la féminité s'épanouir dans la maternité. Le féminisme inspiré de Lacan a accompli un énorme travail d'objection à de telles conclusions. À quoi bon avoir déplacé l'accent de l'identité vers la jouissance si c'est pour retrouver à l'arrivée la plus éculée, la plus essentialiste, la plus patriarcale des définitions du féminin, celle qui renvoie les femmes à leur nature de génitrices, ou pire, à la Nature avec un grand N ? D'où la riposte de certaines féministes qui ont assimilé Lacan : « *La* femme n'existe pas, eh bien oui, c'est que la Nature n'existe pas ! La sexuation est une construction entièrement culturelle. Il faut affirmer avec force qu'en fin de compte il n'y a pas de différence entre *sex* et *gender*. Le choix de l'identité sexuelle est performatif. » Judith Butler est la plus subtile et la plus articulée des propagandistes de cette théorie[3]. Je suis sensible aux raisons politiques qui ont fait son succès, je n'en pense pas moins que cette théorie est fausse et qu'elle ne rend pas service à la cause féministe. Car il est indéniable que les femmes sont faites pour enfanter. Si on l'accorde à toutes les femelles du règne animal, je ne vois pas pourquoi on devrait le refuser aux femmes, et encore moins comment on pourrait le leur refuser. Nul besoin d'y mettre un grand N pour reconnaître que la nature existe. Il faudrait un jour faire l'histoire des blocages idéologiques qui ont fait tenir aux yeux de certains pour intouchable la sacro-sainte coupure nature/culture,

---

3   Judith Butler, *Trouble dans le genre, Pour un féminisme de la subversion*, La découverte, Paris, 2005.

et analyser ce que ces blocages ont pu entraîner de cécité, y compris de cécité féministe. En ce qui concerne par exemple Françoise Héritier, qui est une disciple de Lévi-Strauss, il est à mon avis assez clair que le tabou de l'inceste fait obstacle à la remontée de sa réflexion en direction de la nature.

Quant à moi, par nature avec un petit n j'entends Darwin – je veux dire, l'évolution des espèces guidée en aveugle par la sélection naturelle. Les personnes qui résistent à l'idée que les femmes sont faites pour enfanter mettent du finalisme dans cette assertion là où le darwinien exerce, comme dirait Kant, son jugement téléologique et ne fait que constater que l'espèce humaine, comme toutes les autres, est le fruit de la sélection naturelle. Des millions d'années avant Lucy, l'évolution des espèces a « décidé » d'une division du travail entre les sexes qui, en même temps qu'elle a « choisi » de faire porter les rejetons de l'espèce par les femelles, a « opté » pour l'incertitude de la paternité pour les mâles. (Les guillemets autour de ces mots qui connotent l'intention sont là pour souligner combien le jugement téléologique – jugement *réfléchissant*, disait Kant – est, pour le darwinien, une simple façon de parler.) Le féminisme n'y changera rien, sauf le jour où le clonage reproductif sera autorisé, ce qui, j'en ai parfois peur, nous pend au nez, ou le jour où des incubateurs artificiels porteront les enfants, ce qui est peut-être pour après-demain mais pas pour demain.

Le darwinisme ne nous mène nullement du constat que les femmes sont faites pour enfanter à la conclusion qu'elles jouissent d'être faites pour enfanter. Les humains ne sont pas tout à fait des animaux comme les autres, ce sont des animaux parlants, il serait assez absurde de croire que je l'oublie après avoir tant cité Lacan, pour qui la psychanalyse prend son départ dans le *parlêtre* qu'est l'animal humain. Mais le darwinisme nous autorise à remonter de l'être parlant que nous sommes aux êtres vivants les plus primitifs dont nous sommes issus, et à redescendre mentalement le long du tronc commun pour prendre éventuellement un embranchement que l'évolution n'a pas retenu ou même « envisagé ». C'est ce que j'ai fait dans ma fable de Beaubourg en imaginant une planète où l'évolution des espèces n'aurait pas divisé le travail entre les sexes comme chez nous. Elle aurait certes choisi de faire porter les rejetons de l'espèce par les femelles, mais elle n'aurait pas opté pour l'incertitude de paternité chez les mâles – deux « décisions » de l'évolution qui, sur notre terre, paraissent avoir été indissociables. Sur cette planète l'incertitude de paternité n'existerait pas parce que les partenaires d'un coït seraient informés sur le champ de ce que leur coït a été fécond.

C'était une fable. Elle n'est pas réaliste aux yeux des biologistes, qui me diront sans doute que cette solution au problème de la reproduction n'existant nulle part dans tout le règne animal, c'est qu'elle ne présentait aucun avantage sélectif. On pourrait tout au plus, me concéderont-ils, l'envisager au niveau de la fusion de deux unicellulaires ou de la reproduction d'organismes hermaphrodites très primitifs, mais dans les deux cas, elle serait sans signification. Du reste, la fécondation n'est pas instantanée. N'empêche, rien n'interdit de construire des fables et d'en tirer les conséquences. Rien n'interdit d'imaginer que la sélection naturelle ait trouvé avantageux d'accélérer la fécondation et de doter les deux partenaires du coït d'un signal somatique les informant que la conception est en cours : une qualité particulière d'orgasme, par exemple, que je me suis amusé dans ma fable à caractériser par la tachycardie instantanée, les bouffées d'amour, la respiration synchrone, l'excitation intellectuelle, que sais-je. Un plaisir plus intense et, partant, plus désirable que celui qui conclut un acte sexuel stérile. Et un plaisir parfaitement partagé, fusionnel, irrésistible, vécu à l'unisson par les partenaires dans l'étreinte. Un plaisir qu'ils n'auraient de cesse de retrouver et qui les souderait l'un à l'autre à la vie à la mort. Bref, la grande, la toute grande jouissance, le nirvâna.

Nul doute que la perpétuation de l'espèce y trouve avantage ; les couples, c'est une autre affaire. Vous voyez d'ici la dispute après l'extase : « Oh ! mon Dieu, nous avons déjà douze enfants, qu'allons-nous faire ? » Sans compter le manque qui va s'installer chez les junkies de l'orgasme ultime au moins durant toute la grossesse ! Nous pouvons nous estimer heureux que l'évolution des espèces n'ait pas retenu cette solution. Ma fable est décidément irréaliste. Néanmoins, je persiste. Après tout, la sélection naturelle aurait pu réguler autrement le désir sexuel : les chiennes ont des périodes de chaleur en-dehors desquelles elles oublient complètement d'être des junkies du sexe ; une quelconque loterie du métabolisme pourrait de temps en temps gratifier les partenaires d'une troisième sorte d'orgasme, aussi jouissif que le fécond mais garanti stérile, de manière à les inciter à remettre le couvert ; *et cætera*, la nature ne manque pas de ressources. Supposons donc les couples heureux sexuellement sur la planète de ma fable, et tirons-en les conséquences. Pas plus d'incertitude de paternité que de maternité et, du coup, si mon hypothèse de départ n'est pas tout à fait fausse, pas de femmes enfermées à double tour, prisonnières d'une ceinture de chasteté ou couvertes de pied en cap par une burka, pas d'hommes possessifs et jaloux dopés à la testostérone, pas de doutes sur les chaînes de filiation, pas de systèmes de parenté Crow, Omaha ou autres, pas d'oncles maternels qu'on nomme pères pour calmer l'angoisse, pas de patriarcat. Tant qu'on y est, pas de sexualité normative, pas de morale catholique, aucun tabou. Et puisque sur cette planète l'évolution ne s'est pas davantage faite en un jour que sur terre, pas non plus de bandes de chimpanzés sous la coupe d'un vieux mâle dominant qui s'accapare toutes les femelles. Au lieu de cela, une joyeuse société de bonobos, ces sympathiques singes qui intéressent de près les anthropologues et les féministes et qui, au moindre risque de conflit, le règlent en copulant à qui à mieux mieux sans distinction d'âge ni de sexe.

Ma fable tourne un peu trop à l'utopie, revenons sur terre. J'ai fait des raccourcis spectaculaires qui tirent d'énormes conséquences sociales et culturelles d'un fait naturel qui, s'il existait, affecterait les individus, même pas au niveau des organes sexuels mais au niveau des signaux chimiques que les organes sont supposés s'échanger. J'ai sauté en un éclair du moléculaire au molaire (comme diraient Deleuze et Guattari), voire même au planétaire. Tentons de nous figurer ce fabuleux orgasme qui coupe court à l'incertitude de la paternité. L'homme éjacule, un spermatozoïde chanceux pénètre l'ovule et le féconde instantanément, et quelque chose se passe dans l'utérus qui déclenche la grande jouissance. Peu importe le mécanisme, l'important est l'échange d'information aller-retour entre l'utérus et le pénis qu'il nous faut bien supposer pour expliquer que l'homme et la femme sachent ensemble qu'ils ont conçu et sachent qu'ils le savent tous deux. Leur jouissance fusionnelle se fonde et se nourrit de ce savoir partagé. Allons plus loin : elle *est* ce savoir partagé – telle serait en fait sa définition. C'est par conséquent au niveau de ces mêmes signaux chimiques qu'il convient de nous figurer *a contrario* le manque de communication entre l'homme et la femme qui fonde l'incertitude de la paternité sur notre planète, manque qui a bel et bien d'énormes conséquences sociales et culturelles, du moins si mon hypothèse de départ n'est pas tout à fait fausse. Et si ma lecture de Lacan n'est pas tout à fait fausse non plus, il faudrait mettre son « Il n'y a pas de rapport sexuel » au compte des conséquences psychiques, sociales et culturelles de ce même manque de communication au plan des signaux chimiques. Il vaut donc la peine de pousser ma fable un peu plus loin.

Nul besoin, pour ce faire, de résoudre l'antinomie entre le désir sexuel des partenaires et leur manque d'empressement à faire des enfants chaque fois qu'ils veulent jouir : cette antinomie est notre lot sur cette terre. Sauf ceux d'entre nous que la morale du pape tarabuste, nous la réglons par la contraception. Sur la planète de ma fable, la punition de la contraception (revanche papiste) serait immanente, puisque nos amis de là-bas se priveraient automatiquement de la jouissance suprême. Le scénario pour ceux que le risque de procréer n'arrête pas serait le suivant : Dieu sait quelle sécrétion de l'ovule fécondé, se répandant instantanément dans l'utérus et refluant dans le vagin, pénètre par osmose dans le gland, qui répond par une sécrétion analogue, une décharge électrique ou un spasme quelconque jouant le rôle d'accusé de réception, et voilà les deux partenaires du coït au septième ciel. Remarquez qu'on a sauté du moléculaire au molaire : la jouissance a fait passer à la conscience – et une fois qu'on a la conscience, toutes les superstructures culturelles et sociales ne s'en déduisent-elles pas ? – un processus métabolique qui aurait pu se dérouler sans que la conscience en soit informée, comme la sécrétion de suc gastrique dans la digestion ou, du reste, la fécondation réelle sur notre terre à nous. Si la sélection naturelle a « inventé » le plaisir sexuel conscient, c'est évidemment parce qu'il favorisait la reproduction, sur notre terre comme sur la planète de ma fable. Voilà donc nos deux partenaires extraterrestres informés par leur jouissance que leur coït est réussi. Réussi, oui, mais de quel point de vue ? Pas nécessairement du leur. Je ne vous dis pas leur scène de ménage *post coïtum*.

Le coït est réussi du point de vue de la vie. La vie a gagné, elle a fait en sorte qu'elle se perpétue, ce qui est la seule chose qu'elle « veut ». Le coït est réussi du point de vue du germe, du *germen*, comme disait un certain Weismann, un biologiste du XIXe siècle dont Freud fait grand cas dans *Au-delà du principe de plaisir*. August Weismann était darwinien, ce qui à l'époque était plutôt avancé, et soutenait une théorie originale devenue tout à fait banale aujourd'hui. Il divisait la substance vivante en *germen* et *soma*. Le germen, ou plasma germinatif, représentait la partie immortelle de la substance vivante, celle qui sert à la propagation de l'espèce et se transmet d'une génération à l'autre. Et le soma, le corps, représentait sa partie mortelle, l'enveloppe corporelle périssable que les êtres vivants laissent derrière eux en mourant. Weismann ignorait naturellement que son germen n'était autre que l'ADN, l'acide désoxyribonucléique. Il n'était pas en mesure de dire, comme les néo-darwiniens d'aujourd'hui qui connaissent par cœur leur Watson et Crick (et qui oublient comme d'habitude Rosalind Franklin), que dans la lutte pour la survie, le *struggle for life* de Darwin, le gagnant est l'organisme qui propage au maximum son ADN, peu importe ce qu'il en coûte à son corps individuel. Le soma de Weismann n'est que le support mortel et transitoire du germen, dont nous savons maintenant qu'il n'est autre qu'un message composé à partir d'un alphabet de quatre molécules basiques et disposé en codons à l'intérieur d'une échelle de sucres enroulée en double hélice. Les virus sont bien payés pour le savoir, eux qui ne sont pratiquement rien d'autre que de semblables bouts de message sans soma propre et qui s'en vont coloniser le premier corps venu, à ses dépens.

Sauf que, dira-t-on, les virus ne savent rien, ils n'ont aucune conscience. La plupart des biologistes ne les considèrent même pas comme vivants. Ils sont des bouts de message codé, des brins de langage chimique, mais eux-mêmes ne parlent pas. C'est très intéressant, le fait que les virus *soient* du langage et *n'aient* pas le langage. Cela nous éclaire sur les rapports entre langage, conscience et savoir. Cela nous apprend par exemple qu'il n'est pas du tout nécessaire de prêter conscience au virus – c'est-à-dire au message – pour lui supposer un certain savoir concernant la volonté immanente qu'a la vie de se perpétuer. Le code, la langue chimique, l'ADN, le sait à sa place. Cela nous apprend aussi qu'il n'est pas du tout suffisant de dire qu'une fois qu'on a la conscience, toutes les superstructures culturelles et sociales s'en déduisent. Il peut y avoir conscience sans langage. Car il n'y a pas de doute que les animaux ont conscience de jouir dans le coït. On n'en sera peut-être jamais sûr en ce qui concerne les vers de terre, mais pour ce qui est des mammifères, *a fortiori* des singes supérieurs, il n'y a qu'à le demander aux bonobos. Mais demandez-leur s'ils savent que leurs ébats n'a d'autre fonction que de propager leur ADN, ils en resteraient le bec dans l'eau. Leur corps jouit, ils en ont conscience ; leur ADN « sait » ce qu'il fait mais il est inconscient ; et cela s'arrête là ; il manque le langage pour faire le pont. Pour faire le pont mais aussi bien pour faire l'abîme que le pont franchit. Sans le langage, en effet, pas de séparation consciente entre le soma et le germen. Les bonobos peuvent s'envoyer en l'air dans la plus heureuse des insouciances parce qu'ils ne parlent pas. Il n'y a que pour un être parlant que la jouissance du corps, du soma, *est* le savoir du germen – le savoir *supposé* au germen *si* le germen avait conscience de soi (je reviendrai sur cette curieuse tournure grammaticale).

Dans ma fable, ce ne sont pas un mais deux êtres parlants et sexués qui jouissent à l'unisson, et qui jouissent de ce que le germen fait ce qu'il « veut » faire, se transmettre. Eh bien pour eux, dans l'étreinte, la différence des sexes telle que nous la connaissons n'existe plus : ils sont, à l'échelle moléculaire, l'androgyne du *Banquet* de Platon divisé par la méiose et recollant ses deux moitiés dans la fécondation. Relisons le passage de *Au-delà du principe du plaisir* qui encadre celui où Freud, à la recherche d'une explication du « mode d'apparition de la procréation sexuelle » et découragé de buter sur des hypothèses à deux inconnues, va en puiser une, fantaisiste et mythique, dans le *Banquet* de Platon[4]. Si la pulsion de vie n'existait pas déjà chez les unicellulaires, dit-il en substance, la sélection naturelle n'aurait pas retenu la reproduction sexuée, laquelle a peut-être commencé par « la copulation tout à fait accidentelle de deux protistes[5] ». Comme l'androgyne de Platon, la substance chimique vivante aurait d'abord été une et indivisible avant de se scinder en deux puis de se voir animée par le « désir de réunion, poussé au plus haut degré de concentration dans les cellules germinales[6] ». Cet essai de Freud est aussi spéculatif que ma fable. Freud n'arrête pas de faire l'aller-retour entre les niveaux du moléculaire et du molaire, par exemple quand il anthropomorphise

---

4 Sigmund Freud, « Au-delà du principe du plaisir », *in Essais de psychanalyse*, Payot, Paris, 1976, p. 71 et pp. 72–74.

5 *Ibid.*, p. 71. Cette hypothèse de Freud est aujourd'hui acceptée comme très vraisemblable. La fusion de deux cellules mononucléées est l'une des procédures qui expliquent la transformation des procaryotes en eucaryotes, dont la diploïdie est « l'explication la plus simple à l'origine de la sexualité. Dans toutes les formes de reproduction sexuée, des cellules diploïdes donnent naissance à des cellules haploïdes par une division cellulaire spéciale appelée méiose. La fusion de deux cellules haploïdes engendre ensuite une cellule diploïde possédant son propre ensemble caractéristique de gènes, différent de ceux des deux cellules diploïdes parentales. » Christian de Duve, *Poussière de vie, Une histoire du vivant*, Fayard, Paris, 1996, p. 268.

6 Freud, « Au-delà du principe du plaisir », *op. cit.*, p. 74.

« l'affinité chimique de la matière inanimée » ou quand il essaye « d'appliquer la théorie psychanalytique de la libido aux rapports des cellules entre elles » et va jusqu'à dire que « les cellules germinales feraient alors preuve d'un "narcissisme" absolu[7] ». Freud se permet ces changements d'échelle assez surprenants parce qu'une de ses grandes hypothèses heuristiques, appuyée sur les acquis de l'embryologie, est que l'ontogenèse rejoue la phylogenèse[8], c'est-à-dire que le développement de l'individu, depuis le moment de la conception jusqu'à l'âge adulte, lui fait en quelque sorte parcourir pour son compte toute l'histoire de la vie.

On dit que Lacan s'est nettement démarqué des spéculations biologiques de Freud dans *Au-delà du principe de plaisir*. J'ai bien peur qu'on le dise en vertu de la même allergie au biologique, idéologiquement surdéterminée et un tantinet corporatiste, qui motive la méfiance des psychanalystes à l'égard de la neuropsychiatrie (et celle des anthropologues structuralistes à l'égard de la sociobiologie), et qu'on retrouve chez certaines féministes dans leur détestation de toute espèce de naturalisation de la féminité. Bien sûr Lacan s'est démarqué de Freud, et quand il pense que Freud s'est trompé, il le dit. Mais ce n'est jamais le cas s'agissant du Freud de l'*Au-delà* ou de celui de l'*Entwurf*. Lacan n'a pas rompu avec lui, il l'a traduit, transposé d'une épistémè à une autre. Freud est fidèle au paradigme énergétique qui domine la science du XIXe siècle. Lacan le lit à travers la grille du paradigme informationnel qui est le nôtre depuis Norbert Wiener, Claude Shannon et les ingénieurs de la Bell Telephone Company. Autrement dit, Lacan dispose du concept d'information comme néguentropie. J'ai été relire les 150 premières pages du *Séminaire II* sur *Le moi*[9]. C'est Pontalis, à qui Lacan a demandé de faire une brève présentation de l'*Au-delà*, qui dit : « Pas question de suivre Freud dans la tentative biologique qu'il essaie de donner comme infrastructure » (p. 34). Lacan, au contraire, accepte de suivre Freud très loin dans sa confusion des registres biologique

---

7 *Ibid.*, p. 74, p. 63, p. 64.

8 La théorie selon laquelle l'ontogenèse récapitule la phylogenèse remonte à Étienne Serres (1786–1868) et a été formulée le plus vigoureusement par le disciple de Darwin Ernst Haeckel (1834–1919).

9 Jacques Lacan, *Le Séminaire, Livre II, Le moi dans la théorie de Freud et dans la technique de la psychanalyse*, Seuil, Paris, 1978. Lacan cite la Bell Telephone Company, p. 104.

et humain (p. 35), confusion que, loin de critiquer, Lacan salue comme radicale et qu'il va ensuite passer plusieurs séances du séminaire à articuler en invoquant la cybernétique, c'est-à-dire la stricte équivalence du vivant et de la machine. Il y aurait là matière à discussion, texte en main. Je me contente ici de ce que je crois comprendre de l'*Au-delà* et des commentaires de Lacan, car c'est important pour saisir ce que ma fable implique.

Principe de plaisir et principe de réalité ne s'opposent qu'en apparence ; ils se ramènent tous deux au principe de constance, c'est-à-dire à l'homéostasie. Doit-on en conclure qu'en définitive pulsion de vie et pulsion de mort ne s'opposent pas non plus ? Freud introduit la pulsion de mort parce qu'il juge insuffisante l'opposition qu'il avait faite jusque là entre instincts du moi et instincts sexuels et qu'il tient bon sur le dualisme des instincts : tous ne sont pas libidinaux, contrairement à ce que pense Jung. Mais il a du mal à soutenir son dualisme, car il a fait basculer tous les instincts de conservation du côté d'Éros, aussi bien celui qui pousse le *soma* à faire le détour le plus long possible dans son chemin vers la mort que la pulsion sexuelle qui conduit deux cellules germinales à vouloir fusionner. C'est donc à même les instincts tendant à la conservation de la vie que Freud localise la tendance générale du vivant à retourner à l'inorganique, à aller vers « l'égalisation des tensions chimiques, c'est-à-dire à la mort[10] ». Lacan reconnaît immédiatement dans cette égalisation une manifestation du second principe de la thermodynamique et suppute que Freud la reconnaît aussi. L'entropie fait la loi à tout ce qui vit.

Mais Freud est embarrassé parce qu'il a du mal à ne pas voir les instincts tendant à la conservation de la vie comme une manifestation du premier principe, la conservation de l'énergie. D'où l'embarras du lecteur, qui ne peut se départir de l'impression que le point mystérieux où le principe de plaisir passe au-delà de lui-même est l'asymptote vers lequel il tend, sans qu'un autre principe entre en jeu pour autant. La mort est l'ombilic du principe d'homéostasie. Je pense que Freud a raison de tenir bon sur le dualisme des pulsions mais qu'il le méconnaît. Il n'a pas les moyens intellectuels de penser le caractère strictement inséparable d'Éros et de Thanatos parce qu'il

---

10 Freud, « Au-delà du principe du plaisir », *op. cit.*, p. 70.

est d'avant la Bell Telephone Company. Je le dis avec la même ellipse que Lacan lorsqu'il dit de Condillac qu'il était d'avant la machine à vapeur[11]. Lacan, lui, a déjà son téléphone branché sur les travaux des ingénieurs des communications de chez Bell. Il a déjà assimilé la théorie de l'information de Shannon et Weaver, ce qui est assez extraordinaire, en 1954[12]. Plus extraordinaire encore, il semble déjà avoir anticipé, cinq ans avant sa parution, le théorème de Brillouin, lequel énonce, comme dit Costa de Beauregard, « le coefficient de conversion réciproque de l'information en néguentropie au taux du change anthropomorphique[13] ». (C'est ce taux de change qui autorise les aller-retours entre les niveaux moléculaire et molaire.)

Lacan mentionnera Brillouin en 1970 dans *L'envers de la psychanalyse*, pour dire qu'« il n'y a pas que la dimension de l'entropie dans ce qui se passe du côté du plus-de-jouir. Il y a quelque chose d'autre [...], c'est que le savoir, ça implique l'équivalence entre cette entropie et une information[14]. » C'est précisément à cette conception du savoir que j'ai fait appel plus haut pour dire que l'ADN « sait ». Mais c'est du côté du plus-de-jouir que ma fable a des implications qui vont loin. Tous les biologistes nous diront que si le vivant remonte en apparence le cours de l'entropie, c'est parce que le soleil brûle et que l'organisme est un système ouvert ; malgré cela, le corps, le soma, finit par mourir parce qu'il succombe au second principe de la thermodynamique. Mais le germen, lui, convertit une part de l'énergie dégradée en information, la stocke dans des molécules très peu coûteuses en énergie et très riches en quantité d'information, et la transmet à la génération suivante au cours du coït quand il est fécondant. Or le coït ne fait pas qu'engendrer un petit être nouveau, il produit de la jouissance. Un surplus. Sur la planète de ma fable, il produit même une jouissance spéciale et superlative quand et seulement quand il engendre un petit être nouveau. Chose fabuleuse (c'est le cas de le dire), cette jouissance est ressentie à l'unisson par l'homme et la femme, dans une indis-

---

11 Lacan, *Le Séminaire, Livre II, op. cit.*, p. 80.

12 Claude E. Shannon et Warren Weaver, *The Mathematical Theory of Communication*, University of Illinois Press, Urbana, 1949.

13 Olivier Costa de Beauregard, *Le second principe de la science du temps*, Seuil, Paris, 1963, p. 92.

14 Jacques Lacan, *Le Séminaire, Livre XVII, L'envers de la psychanalyse*, Seuil, Paris, 1991, p. 94.

tinction fusionnelle parfaitement égalitaire. Je l'ai appelée nirvâna, qui est un des noms freudiens de la pulsion de mort et de l'entropie tout aussi bien. Quand j'ai dit que pour nos deux partenaires extra-terrestres, dans l'étreinte, la différence sexuelle telle que nous la connaissons n'existe plus, j'aurais aussi pu dire qu'il n'y a pour eux plus de différence entre pulsion de vie et pulsion de mort.

De là à soutenir que Freud maintient mordicus son dualisme des pulsions parce que nous ne vivons pas sur la planète de ma fable, il y a un pas que j'ai bien envie de franchir. C'est Lacan qui m'y autorise, avec ses coq-à-l'âne géniaux. La mention de Brillouin dans son séminaire de 1970 est insérée sans prévenir au beau milieu d'un parallèle entre plus-de-jouir et plus-value (au sens de Marx), lui-même amené par une discussion du savoir absolu selon Hegel (dont Lacan dit, exactement comme en 1955, qu'il « n'avait pas vu naître la thermodynamique[15] »). Que dit Lacan, en substance ? Que l'esclave possède un savoir caché, recelé, qui est le moyen de la jouissance, et que le maître fait payer à l'esclave la plus-value qu'il tire de lui, soit son propre plus-de-jouir, lequel est un savoir. Et que puis-je, moi, tirer des coq-à-l'âne de Lacan ? D'abord, que le plus-de-jouir, c'est l'énergie dégradée par le travail de l'esclave, convertie en néguentropie pour le bénéfice du maître. Ensuite, que la jouissance de la femme est du côté du savoir de l'esclave. Cela ne surprendra pas les analystes lacaniens, qui sont familiers de la théorie des quatre discours[16], mais pensez au pauvre profane que je suis. Et soyez, je vous prie, assez indulgents pour me suivre ne fût-ce qu'un instant dans mes propres spéculations, pour voir. Dans ma fable, la jouissance de la femme est strictement la même que celle de l'homme, égale et égalitaire. Elle a d'ailleurs lieu dans ce moment d'indistinction où les corps ne font qu'un, fusionnés dans un savoir qu'un hégélien nommerait absolu non parce qu'il est

---

15 *Ibid.*, p. 91. En janvier 1955, Lacan dit : « Il y a dans Freud une chose dont on parle, et dont on ne parle pas dans Hegel, c'est l'énergie. [...] Entre Hegel et Freud, il y a l'avènement d'un monde de la machine. » J. Lacan, *Le Séminaire, Livre II, Le moi dans la théorie de Freud et dans la technique de la psychanalyse*, Seuil, Paris, 1978, p. 95. Cf. mon essai « Après Lacan : la fin de l'épistémè du Witz », *in* T. de Duve, *Essais datés II – Adresses*, Mamco, Genève, 2016, pp. 13–23.
16 Sur les quatre discours, du maître, de l'hystérique, de l'universitaire, et de l'analyste, cf. *Le Séminaire, op. cit., Livre XX*, p. 21, ainsi que *Livre XVII*, pp. 31–42.

totalisé mais parce qu'il est sans frontières intersubjectives. Aucun des partenaires ne ramasse la plus-value dans cette économie de la jouissance qui, dès lors, est à la fois pure dépense, potlatch, entropie, et conversion intégrale de l'énergie dissipée en savoir, excès, néguentropie. Ma fable débouche sur une utopie bataillienne, cet *hegelianisme sans réserve*, comme disait Derrida[17]. Mais nous ne vivons pas sur la planète de ma fable, et Bataille non plus. Ce n'est pas par hasard s'il y a peu d'auteurs chez qui la pulsion de mort est à ce point le maître-mot de la pulsion de vie. Laissons donc Bataille. Le sens terrestre de ma fable est beaucoup plus prosaïque, et pas utopique pour un sou. Il est dans l'ordre des choses naturelles que la naissance d'un être nouveau le voue dès la première seconde de son existence à la mort. La mort est le prix que la pulsion de vie paye à se transmettre, et le détour de la vie est, comme Freud l'avait vu, le prix que la pulsion de mort paye au « dur désir de durer » (le mot est d'Éluard, cité par Lacan[18]).

Geneviève Morel m'a fait une remarque après mon exposé de la semaine dernière[19]. Elle m'a dit que j'avais défini la jouissance féminine comme quelque chose de supposé, sous-entendu d'hypothétique, de fantasmatique et de non réel. J'avais dit en effet qu'on suppose aux femmes une autre jouissance, au-delà du sexuel phallique, non limitée par lui, une jouissance supposée infinie. J'ai même insisté sur l'accent mis par deux fois sur la supposition, dans cette phrase[20]. Or, m'a dit Geneviève, la jouissance féminine non phallique, l'autre jouissance, existe. Je la crois. Comme je ne suis pas Tiresias et que je ne suis pas analyste, je m'étais prudemment retranché derrière quelqu'un qui l'est, analyste, sans m'interroger outre mesure sur les raisons de sa prudence à lui. Après tout, peut-

---

17 Jacques Derrida, « De l'économie restreinte à l'économie générale, *Un hegelianisme sans réserve* », in Derrida, *L'écriture et la différence*, Seuil, Paris, 1967, pp. 369–408.

18 Lacan, *Le Séminaire, Livre XVII, op. cit.*, p. 64. On trouve ici l'écho de la définition de la vie par Bichat, citée à l'occasion par Lacan : « La vie est l'ensemble des fonctions qui résistent à la mort. »

19 Il s'agit de l'exposé que j'avais donné en mars 2006 au colloque « Parler sexes » à l'université de Lille, colloque auquel participait Geneviève Morel. Le présent chapitre est tiré de la version du même exposé délivré une semaine plus tard devant l'association lilloise *Savoirs et Clinique* à son invitation. Cf. *supra*, Avant-propos, p. 14.

20 Cf. *supra*, chapitre deux, p. 58.

être Serge André, puisque c'est de lui qu'il s'agit, ne fait-il que reconnaître qu'il n'est pas Tiresias non plus lorsqu'il dit dans son livre, *Que veut une femme ?* :

> Il n'est pas question de faire de cette Autre jouissance le trait féminin par excellence, ce qui reviendrait à rétablir deux ensembles fermés : d'un côté, pour les hommes, la jouissance phallique, et de l'autre côté, pour les femmes, la jouissance du corps. De cette jouissance autre que la jouissance phallique, on ne sait rien. On ne peut donc que la supposer[21].

Fort de cette citation, j'ajoutais qu'il est extrêmement difficile pour les sujets des deux sexes de ne pas la supposer, et je terminais pratiquement mon intervention en disant qu'il y a encore du travail à faire. En disant cela j'ai voulu me garder des objections des féministes qui (pure supposition) assumeraient mal ce fait biologique que la nature avec un petit n les a faites pour enfanter et que, qu'elles choisissent d'enfanter ou non, il y a pour elles dans le fait que la maternité est certaine de quoi suppléer au manque de signifiant du féminin. Je ne voulais pas qu'on puisse confondre cette suppléance et ce supplément avec la jouissance féminine. Maintenant, j'aimerais tout de même défendre cette idée de supposition, pour sa logique. Elle est tordue, mais c'est dans Lacan.

Le passage est connu, Serge André l'analyse également. « S'il y en avait une autre que la jouissance phallique, dit Lacan, il ne faudrait pas que ce soit celle-là[22]. » S'interrogeant sur ce que désigne « celle-là » (la jouissance phallique ou l'autre), Lacan joue sur la même équivoque qu'à la page précédente entre *faillir* et *falloir* pour écrire « faudrait » « faux-drait » et puis pour ajouter :

> Supposez qu'il y en ait une autre – mais justement il n'y en a pas. Et, du même coup, c'est pas parce qu'il n'y en a pas, et que c'est de ça que dépend le *il ne faudrait pas*, que le couperet n'en tombe pas moins sur celle dont nous sommes partis [la jouissance phallique][23].

Il n'y en a pas d'autre, mais quand même. Serge André a raison et Geneviève Morel aussi. J'ai commis plus haut, et très consciem-

---

21 Serge André, *Que veut une femme ?*, Le Seuil (Points), Paris, 1995, p. 231.
22 Lacan, *Le Séminaire, Livre XX, op. cit.*, p. 56.
23 *Ibid.*

ment, une torsion semblable de la logique en disant : il n'y a que pour un être parlant que la jouissance du corps, du soma, *est* le savoir supposé du germen si ce dernier *avait* conscience de soi. La phrase est grammaticalement errronée. J'aurais dû dire que la jouissance du corps *serait* le savoir supposé du germen si ce dernier *avait* conscience de soi. Or le germen, c'est-à-dire l'ADN, n'a pas conscience de soi pour la raison que j'ai déjà dite : il *est* du langage qui *n'a* pas le langage. Et pourtant la jouissance du soma *est* le savoir qu'on suppose à l'ADN, tel qu'il le communiquerait au corps. Ma fable a peut-être une petite utilité pour tenter de comprendre ce qu'il en est de la jouissance féminine, car elle postule des partenaires sexuels qui auraient au fond tous deux le savoir de Tiresias. Ils seraient informés par leur jouissance, une jouissance fusionnelle fondée, nourrie et définie par leur savoir partagé. Et ce savoir se situerait au niveau moléculaire des échanges chimiques entre les organes sexuels des partenaires, et accéderait à leur conscience sous la forme du plaisir sexuel. Les deux partenaires éprouveraient, comme nous, la jouissance sexuelle phallique et, en outre, la fameuse et énigmatique autre jouissance.

C'était une fable. Dans la réalité, seules les femmes sont supposées éprouver, pardon Geneviève, éprouvent dans leur corps cette autre jouissance. N'empêche, il se pourrait que ma fable jette un peu de lumière sinon sur la nature « naturelle » de cette autre jouissance, du moins sur la nature théorique *réelle* de la supposition qu'on en fait. Elle serait, si l'on veut, la jouissance que tirerait le corps du fait qu'il vit, qu'il se sent vivre, qu'il se sent fait pour perpétuer la vie en lui et en-dehors de lui. Le corps en tant qu'être non parlant ou plutôt, ce qui de l'être parlant ne parle pas, le corps qui, comme tel, inconscient, ne pourrait concevoir que la vie a un terme. Un corps éternel, le corps réel, au sens lacanien, le corps comme si soma et germen n'étaient pas différenciés[24]. L'autre jouissance, ce serait la jouissance que la vie, la matière vivante, aurait à se propager. Je parle au conditionnel, et d'une jouissance supposée, parce que, justement, nous sommes des êtres parlants et que de ce fait, la matière vivante purement organique dont notre corps est fait n'est jamais pour nous qu'un effet de ce que le langage nous

---

24 Parlant du germen, Lacan écrit : « C'est de là que vient l'*en-corps*. Il est donc faux de dire qu'il y a séparation du soma et du germen, puisque, de loger ce germen, le corps porte des traces. » Lacan, *Le Séminaire, Livre XX, op. cit.*, p. 11.

sépare d'elle. Nous exprimons cette séparation quand nous disons que nous avons un corps ; cela dit bien que nous ne le sommes pas. Le seul moyen de nous figurer ce que pourrait être la jouissance du corps que nous *sommes*, si nous en *étions* un (remarquez la même torsion logique ou grammaticale qu'il y a deux minutes), serait d'en passer par la jouissance de l'autre, comme dans le supplice sadien. Le sadique jouit du corps de sa victime comme le père primitif de *Totem et Tabou* jouit des femelles de la horde. Il peut dire, comme nous tous : j'ai un corps, mais ce n'est pas du sien qu'il parle – ou c'est du sien dans la mesure où l'impératif catégorique du sadisme implique la charge de revanche. C'est donc le sien en tant qu'il est présentifié par celui de l'autre qu'il torture, et à qui il suppose la jouissance sans limite après laquelle court son propre désir.

La jouissance selon Lacan, ce n'est pas très réjouissant ; c'est plutôt dangereux. Son terme c'est la mort, mais la mort ignorée. (On ne meurt pas beaucoup chez Sade, on souffre à perpétuité.) Ma fable propose une alternative au *thought experiment* sadien, aussi fictive et expérimentale mais mettant en scène un couple non sadique parce que, dans son étreinte fusionnelle, ce ne serait pas la pulsion de mort qui absorbe la pulsion de vie mais l'inverse. Sa jouissance serait infinie parce que, comme chez Sade mais sans la souffrance, comme chez sainte Thérèse ou saint Jean de la Croix, plutôt, elle serait celle d'un Autre chez qui *être* un corps et *avoir* un corps coïncideraient. C'est la jouissance de Dieu, ou du grand Tout, du cosmos, de la matière, de l'univers. « L'univers n'a pas d'autre raison d'être et de continuer à être que la jouissance » – c'est Lacan qui le dit. À quoi j'ajouterais volontiers pour terminer que s'il y a un sens à dire que l'univers jouit, c'est qu'il était gros de la vie[25]. Ce n'est pas moi qui le dis.

Bruxelles, mars 2006

---

25 « Si les autres galaxies ressemblent à la nôtre, elles aussi devraient grouiller de vie. Multipliant le chiffre d'un million, le nombre estimé de planètes porteuses de vie dans notre Galaxie, par le nombre de galaxies (de l'ordre de cent milliards), on trouve qu'il pourrait y avoir quelque 10^{17} (un suivi de 17 zéros) foyers de vie dans l'Univers. [...] À moins que les estimations des astronomes, ainsi que les miennes, soient totalement erronées, *la vie devrait être fort répandue* à travers tout l'Univers. » Christian de Duve, *À l'écoute du vivant*, Odile Jacob, Paris, 2002, p. 329.

Émancipation et néoténie

Une suggestion à Marcel Gauchet pour le livre que Luc Ferry souhaite le voir écrire

> *Il m'apparaît (à tort ou à raison) que les arguments*
> *directs contre le christianisme et le déisme ont peu*
> *d'effets sur le public, et que la liberté de pensée est*
> *mieux servie par l'éclairement graduel de l'esprit des*
> *hommes qui résulte de l'avancement de la science.*
>
> Charles Darwin

Ce n'est un secret pour personne que nous assistons au moins depuis le 11 septembre 2001 au retour spectaculaire des questions religieuses dans l'actualité, retour qui caractérise des phénomènes très divers, qui vont de la croisade américaine en Irak à l'aveuglement des ultra-religieux en Israël, des appels à la guerre sainte dans le monde islamique à la montée de l'antisémitisme en Europe, ou de la loi sur la laïcité en France au succès des communautés évangéliques en Amérique latine. C'est sur fond de cette omniprésence du religieux dans l'actualité que deux publications récentes, toutes deux datées d'octobre 2004, se proposent de prendre le problème de plus haut et de plus loin. Elles le font en réactivant le chantier ouvert en 1985 par *Le désenchantement du monde* de Marcel Gauchet, un grand livre dont les thèses principales sont que l'Occident démocratique a quitté irréversiblement l'âge religieux et que le christianisme est la « religion de la sortie de la religion[1] ».

Dans *Un monde désenchanté ?* Gauchet revient sur ces thèses, engage le dialogue avec des intellectuels catholiques, répond à des objections et des demandes d'éclaircissements, et s'efforce d'inscrire le débat actuel sur le retour des questions religieuses dans la perspective de longue durée qui est la sienne[2]. Dans *Le religieux après la religion*, Gauchet discute avec Luc Ferry de la légitimité qu'il y aurait, ou non, à parler de la permanence du sacré ou de son retour dans la société laïque contemporaine, dont les deux interlocuteurs

---

1 Marcel Gauchet, *Le désenchantement du monde, Une histoire politique de la religion*, Gallimard, Paris, 1985.

2 Marcel Gauchet, *Un monde désenchanté ?*, Les Éditions de l'atelier, Paris, 2004.

s'accordent à dire qu'elle est en effet sortie de la religion[3]. *Un monde désenchanté* ? offre une excellente introduction au *Désenchantement du monde* pour qui ne l'a pas lu et, pour qui l'a lu, apporte par petites touches quantité de précisions à la pensée de Gauchet et fait percevoir l'ampleur des enjeux auxquels elle s'attelle, bien au-delà des flux et reflux de l'actualité. *Le religieux après la religion* fait dialoguer sans hargne dogmatique et dans une grande courtoisie deux intellectuels que le religieux préoccupe mais qui pensent à partir de prémisses très différentes, philosophiques pour Ferry, davantage historiques et anthropologiques pour Gauchet.

Si c'est surtout la première de ces publications qui a nourri mes réflexions dans ce qui suivra, c'est la seconde qui m'a poussé à intervenir dans un débat qui intéresse à un double titre l'historien et théoricien de l'art moderne que j'essaie d'être.

1° Il ne me paraît pas possible de comprendre la revendication d'autonomie de l'art qui émerge à la Renaissance, prend forme avec l'instauration de l'esthétique, puis s'institutionnalise avec la création des musées vers le milieu du XVIIIe siècle, et encore moins de comprendre la nouveauté des avant-gardes artistiques qui exacerbent cette revendication un siècle plus tard, sans prendre au sérieux la question : autonomie par rapport à quoi ? En définissant le religieux comme *le choix de l'hétéronomie*, Gauchet éclaire d'un jour neuf le fait paradoxal que « l'art pour l'art », c'est-à-dire l'art dégagé de la religion, a débouché sur l'art comme religion, que ce soit dans sa mouture romantique, hégélienne ou messiano-politique. Ce « retour » (déjà) du religieux n'étonne que ceux que n'étonne pas la survie de l'activité artistique dans une société définitivement sortie de la religion. Ne convient-il pas, pour prendre la mesure des deux petits siècles de modernité qui ont vu naître les avant-gardes, de les profiler sur le fond d'une histoire de l'art hétéronome d'une longueur extraordinaire, puisqu'elle se confond pratiquement avec l'histoire de l'humanité ? Durant tout ce temps et partout, l'art, dans ses aspirations les plus hautes, était inséparable des religions, de leurs croyances, de leurs rites et de leurs institutions. À considérer comme allant de soi que l'art se soit purifié en se défaisant de sa gangue religieuse, le discours moderne et autonomiste sur l'art n'a cessé de voir l'inertie historique se venger de lui et les noces de

---

3   Luc Ferry et Marcel Gauchet, *Le religieux après la religion*, Grasset, Paris, 2004.

l'art et de la religion faire retour sous les espèces de l'une ou l'autre religion de l'art. La pensée de Gauchet conduirait plutôt à l'idée que tout au long de l'histoire la question du choix entre art et religion a dû se poser, et qu'elle a de tout temps fait l'objet d'un combat. Cruciale pour Gauchet, dont je pense que c'est l'intuition la plus féconde malgré les énormes questions qu'elle pose (celle du sujet de l'histoire n'étant pas la moindre), cette problématique du *choix* permet de rendre compte du retour périodique du religieux dans l'art tout en évitant d'y céder.

2° Il ne me paraît pas davantage possible de faire de l'esthétique ou de la théorie de l'art sans avoir une anthropologie, ne fût-ce qu'implicite. Les œuvres d'art sont faites par des humains pour des humains, et quiconque réfléchit sur l'art connaît de temps à autre des moments où il éprouve le besoin de s'arrêter sur la conception de l'humanité qui sous-tend sa pensée. À la confection de quelle sorte d'anthropologie et donc – le mot peut déplaire mais il est nécessaire – de quelle sorte d'humanisme les pratiques artistiques modernes travaillent-elles depuis qu'elles se sont affranchies du religieux ? L'anti-humanisme qu'on prête aux avant-gardes depuis Dada est usé et trop commandé par des idéologies qui ont fait la preuve de leur échec pour être encore crédible. Comme cet anti-humanisme a sa source dans les contradictions internes et les espoirs déçus du discours des Lumières, c'est vers ce dernier et son vocabulaire qu'il faut se tourner afin de sortir de l'impasse et d'interpréter à nouveaux frais le destin historique des avant-gardes. Depuis les Saint-Simoniens, chez qui elle acquiert son sens moderne, la notion d'avant-garde n'a cessé d'épouser et d'amplifier la rhétorique de l'émancipation et du progrès héritée des Lumières[4]. L'intuition de Gauchet quant au choix – ou bien l'hétéronomie et la religion, et tant pis pour la liberté, ou bien l'autonomie et le monde sans Dieu, et tant pis pour la sécurité des fins dernières – reconduit la thématique de l'émancipation à sa racine anthropologique et oblige l'historien à se demander pourquoi

---

4 Typique est ce passage des *Misérables* (1862) de Victor Hugo : « Les ency-clopédistes, Diderot en tête, les physiocrates, Turgot en tête, les philosophes, Voltaire en tête, les utopistes, Rousseau en tête, ce sont les quatre légions sacrées. L'immense avance de l'humanité vers la lumière leur est due. Ce sont les quatre avant-gardes du genre humain allant aux quatre points cardinaux du progrès, Diderot vers le beau, Turgot vers l'utile, Voltaire vers le vrai, Rousseau vers le juste. » Cité dans le *Trésor de la langue française*, Éditions du CNRS, Paris, 1974, Vol. III, p. 1056.

les penseurs des Lumières ont choisi le mot « émancipation » pour signifier « revendication d'autonomie ». À quelle anthropologie, à quelle conception de l'animal humain faisaient-ils référence, peut-être par devers eux, en employant ce terme ? Telles sont les questions que je me pose et qui m'incitent aujourd'hui à faire à Marcel Gauchet une suggestion qui prend relief de son débat avec Luc Ferry.

Le désenchantement du monde m'intéresse et me nourrit depuis longtemps. Dans un texte de 1999 destiné au catalogue d'une exposition thématique consacrée au « retour du religieux » dans l'art contemporain, thème qui m'inspirait une certaine méfiance, je me suis appuyé sur le livre de Marcel Gauchet pour prendre un maximum de distance par rapport au thème[5]. Je résumais ainsi le fil conducteur du livre :

> [Partons donc, avec Gauchet, de] « la ferme conviction qu'il est un au-delà possible de l'âge religieux[6] ». Gauchet prend à rebours la thèse la plus courante des historiens des religions, à savoir que l'idée religieuse serait allée s'approfondissant, se complexifiant et se systématisant au fur et à mesure que se sont développées des pratiques et des doctrines religieuses de plus en plus raffinées, et ceci, à partir d'un sentiment religieux primitif qui aurait été la première réponse existentielle à l'incontournable horizon de la mort et la première tentative de s'expliquer, afin de se le rendre tolérable, l'extrême dénuement des hommes jetés au milieu d'une nature dont l'hostilité est le grand mystère. Cette vision des choses, suggère Gauchet, est unilatérale et néglige la part de choix volontaire dans le geste des premiers hommes lorsqu'ils posèrent les fondements du religieux. Ce geste, dans lequel Gauchet voit l'essence de la religion, est une sorte de pacte passé avec la nature aux termes duquel les hommes consentent à un ordre cosmique investi de part en part de forces surnaturelles qu'ils renoncent à dominer, en échange d'une place stable dans ce cosmos garantie par le respect de la loi des ancêtres et l'immuable reconduction de l'ordre social voulu par eux. Il est clair qu'il y a fort longtemps que nous ne vivons plus selon ce pacte mais plutôt selon un autre, inverse, aux termes duquel la nature nous est offerte, soumise à la domination que nous exerçons sur elle par la science et la technique, au prix de l'expulsion du surnaturel

---

5 Voir le chapitre un.
6 Gauchet, *Le désenchantement du monde, op. cit.*, p. V.

hors du monde et de notre précipitation dans l'irréversibilité de l'histoire. L'espèce humaine aurait ainsi fait, selon Gauchet, deux choix successifs opposés quant à ce qui fonde et structure son être-ensemble, deux choix dont le premier seulement ouvre sur le religieux.

Gauchet n'explique pas pourquoi ils se sont succédé dans cet ordre, mais on peut le comprendre d'un point de vue darwinien : l'animisme de la nature et l'immobilisme social ont dû avoir pour nos ancêtres à peine hominisés un avantage sélectif certain. Une fois ce choix fait, la possibilité du choix inverse n'a pu émerger qu'excessivement lentement. Dans cette optique, « la religion la plus systématique et la plus complète, c'est au départ qu'elle se trouve », et les étapes par lesquelles se sont constituées les grandes religions mondiales, loin de représenter un développement du geste religieux primitif et un progrès dans la conception du divin, « constituent en fait autant d'étapes sur le chemin d'une remise en cause du religieux[7] ». Les trois principales de ces étapes sont l'émergence de l'État, l'avènement du monothéisme et le mouvement interne du christianisme, que Gauchet n'hésite pas à proclamer « religion de la sortie de la religion ». Je ne saurais ici développer plus avant la thèse de Gauchet, mais je voudrais souligner à quel point elle rafraîchit et renouvelle la question du religieux et la déleste de son poids de fatalité historique. En faisant du rapport au fondement social le centre de gravité du religieux, Gauchet retourne comme un gant la vision commune qui faisait du rapport au religieux le centre de gravité du fondement social et rendait du coup si difficile de désintriquer le politique du religieux[8].

Ce bref résumé contenait une part d'interprétation sur laquelle les deux publications récentes évoquées m'incitent à revenir aujourd'hui. J'y prenais le risque de suppléer à ce que Gauchet n'explique pas dans son livre : pourquoi l'humanité aurait fait d'abord le choix du religieux avant de l'inverser. Il s'imposait de fournir une explication à cet ordre de succession, car la démarche descriptive et historienne de Gauchet enracinait l'origine du religieux dans un choix effectué par l'humanité archaïque de l'intérieur de ce qu'il décrivait comme un « système d'options », un « nombre défini de contraintes constitutives », un « corps restreint de conditions primordiales », ou encore, « la matrice des choix sous-jacente à l'option religieuse[9] ». Autrement

---

7   *Ibid.*, p. 12.
8   Cf. plus haut, pp. 17–19.
9   Gauchet, *Le désenchantement du monde, op. cit.*, p. IX, p. XIII, p. XIII, p. XII.

dit, dès les origines de l'humanité, le religieux était une option parmi d'autres. Dans la partie « débat » d'*Un monde désenchanté ?*, Hubert Faes objecte à Gauchet que l'existence d'une telle matrice est un postulat de sa part, un présupposé « préformationniste » qui l'amène à ériger globalement l'espèce humaine en sujet de son histoire. Cette objection m'était venue à l'esprit à la lecture du *Désenchantement du monde* mais ne m'avait pas arrêté dans la mesure où s'esquissait une voie de réponse, satisfaisante pour moi, dans le « point de vue darwinien » que j'avance dans mon texte de 1999 pour suppléer à ce que Gauchet n'expliquait pas : il doit y avoir eu pour nos ancêtres à peine hominisés un avantage sélectif décisif à choisir l'animisme de la nature et l'immobilisme social. Ceux des hominidés primitifs qui auraient fait trop tôt le choix du progrès n'ont pas survécu. Le « préformationnisme » dont Hubert Faes accuse Gauchet impliquerait selon ce point de vue darwinien un goulet d'étranglement qui n'exclut nullement la liberté de choisir mais ne retient que le choix gagnant à l'épreuve de la sélection naturelle[10]. Aussi irais-je un peu plus loin que Faes quand il demande à Gauchet s'il ne faut pas « opérer dans le domaine de l'anthropologie cette révolution qu'a opérée Darwin dans le domaine de l'évolution biologique et ne plus considérer l'espèce humaine avec ses possibles comme un donné *a priori*[11]. » Je ne vois aucune raison de ne pas adopter une conception darwinienne de l'anthropologie plutôt que d'y opérer une révolution épistémologique équivalente mais distincte. En effet, Faes affirme que

> ce qui nous manque, c'est une épistémologie des sciences humaines qui définisse le statut d'un discours qui ne peut se tenir qu'à un niveau intermédiaire entre ce qui est purement relatif et particulier et l'universel dont la définition vaudrait dans l'absolu pour l'espèce humaine[12].

En invoquant une épistémologie se tenant à un niveau intermédiaire entre le particulier et l'universel, Faes me semble en appeler à ce qui, dans les découvertes de Darwin, possède une incidence épis-

---

10 Pour la notion de goulet d'étranglement de l'évolution naturelle, voir Christian de Duve, *Singularités, Jalons sur les chemins de la vie*, Odile Jacob, Paris, 2005.
11 Gauchet, *Un monde désenchanté ?*, *op. cit.*, p. 60.
12 *Ibid.*, p. 62. (J'ai regroupé deux phrases en une dans l'ordre inverse où elles apparaissent dans le livre.)

témologique majeure, à savoir que la sélection naturelle n'opère ni au niveau de l'individu ni à celui de l'espèce mais bien au niveau d'une population donnée. Pour l'illustrer par un exemple grossièrement simplifié : une mutation qui ferait naître un canard avec des pattes palmées alors que ses géniteurs en sont dépourvus n'a de conséquences pour l'évolution que parce qu'elle favorise sa descendance par rapport à ses congénères *du même étang*. L'avantage de l'individu muté porte sur la propagation de ses gènes, sans signification évolutive pour lui. S'il finit par en acquérir une au niveau de l'espèce, c'est parce que, de proche en proche, la survie du plus apte aura essaimé les canards mutés vers les étangs voisins tout en en ayant éliminé les canards sans pattes palmées, et ainsi de suite. Darwin offre un cadre épistémologique à l'objection d'Hubert Faes sur le préformationnisme de Gauchet, car cette objection a tout à voir avec l'échelle spatio-temporelle à laquelle il convient de poser la question du choix du religieux par l'humanité. Faes dit en effet :

> Plus on remonte dans le temps, plus cette idée d'options fondamentales et successives engageant toute l'humanité (à l'échelle planétaire !) est invraisemblable. Considérer que pendant les dizaines de millénaires durant lesquels l'humanité était la plus dispersée, elle a vécu d'un même choix fondamental est invraisemblable et de plus incohérent avec l'idée soutenue en même temps qu'il n'y avait aucune nécessité à commencer par ce choix-là[13].

C'est parce que je pense qu'il y a dans la manière de Gauchet de poser le problème en termes de choix une intuition juste et féconde, qui l'a conduit à affirmer, d'un mot très kantien, qu'« il y a du transcendantal dans l'histoire[14] », que je pense aussi qu'il faut diverger de lui quand il prétend, comme le dit Faes, qu'il n'y avait aucune nécessité à commencer par ce choix-là. La question de l'échelle non seulement spatiale (la mare aux canards *versus* l'échelle planétaire) mais aussi temporelle impose de faire remonter le choix du religieux, *a fortiori* « la matrice des choix sous-jacente », jusqu'à des bifurcations qui datent d'avant la dispersion géographique de l'humanité.

---

13 *Ibid.*, p. 60.
14 Gauchet, *Le désenchantement du monde, op. cit.*, p. XIV.

Alors que j'évoque nos ancêtres à peine hominisés, Gauchet écrit pour sa part dans *Le désenchantement du monde* :

> Ce qui est parvenu jusqu'à nous en fait de vestiges de l'humanité la plus archaïque, ce sont des sociétés déjà pleinement civilisées, appartenant clairement à la même histoire que la nôtre et participant sans doute ni réserve du système d'options sur lequel nous continuons de vivre[15].

Gauchet situe sa réflexion à l'échelle de l'histoire, non de l'évolution naturelle. Pourtant, dans sa réponse aux objections d'Hubert Faes, il écrit :

> Les philosophies de l'histoire qui nous sont familières reposent sur la connaissance des cinq à six mille ans d'État où nous avons nos repères. Or ces cinq mille ans s'enlèvent sur le fond de plusieurs dizaines de milliers d'années au moins, plusieurs centaines de milliers d'années peut-être, où une humanité pleinement humaine a vécu selon d'autres orientations que celles qui font l'identité de la séquence comparativement courte sur laquelle nous avons construit nos schèmes du devenir. Il n'y a pas une histoire, pourrait-on dire, il y a deux histoires, tendues, à partir des mêmes éléments d'humanité, dans deux directions différentes. Et l'histoire des religions se trouve être le pont entre ces deux histoires[16].

Le paradoxe est profond : deux histoires successives, l'une optant pour le religieux, l'autre contre, sont reliées par un pont qui n'est autre que l'histoire des religions instituées, laquelle fait prendre à l'humanité le tournant qui l'amènera à rompre avec le religieux. Et pour la raison que l'humanité a fait ses choix dans un certain ordre, ces deux histoires n'en font qu'une : « mon but premier, dit Gauchet, c'est l'élucidation des choses telles qu'elles se sont réellement passées[17]. » Son dialogue avec Faes l'a amené à reconnaître devoir profiler le choix du religieux sur fond d'une histoire qui, dès lors qu'elle s'étend sur « plusieurs centaines de milliers d'années peut-être », n'est plus séparable de l'évolution des espèces au sens darwinien. Du reste, que cette histoire concerne « une humanité pleinement humaine » demeure un postulat requis par la théorie du choix. Pour

---

15 *Ibid.*, p. IX.
16 Gauchet, *Un monde désenchanté ?*, *op. cit.*, p. 70.
17 *Ibid.*, p. 69.

la paléontologie, ce n'est guère plus qu'une hypothèse, quand on sait que les Néandertaliens, qui ne se sont éteints que 35 000 ans avant notre ère, ont longtemps coexisté avec les Cro-Magnon, nés en Afrique il y a quelque 200 000 ans d'une racine unique et seuls à être reconnus jusqu'à nouvel ordre comme pleinement humains. Quoi qu'il en soit, le paradoxe de ces deux histoires en une « tendues à partir des mêmes éléments d'humanité » reconduit à l'énigme de leur matrice de choix *transcendantale* et de la pensée de l'histoire qu'elle requiert. Ce n'est pas par hasard que Gauchet pêche une fois de plus un mot kantien pour en parler dans sa réponse aux objections de Faes :

> Toute pensée de l'histoire est prise dans une antinomie, j'emploie le mot à dessein, entre deux thèses également intenables et également indispensables : le « préformationnisme » pour reprendre votre terme, et le « créationnisme », si l'on veut, que j'identifierais volontiers à une position comme celle de Castoriadis sur le nouveau pur qui surgirait des opérations de « l'imaginaire radical ». [...] La résolution de l'antinomie exige deux choses : elle demande d'aller chercher la « préformation » à un niveau beaucoup plus profond qu'on ne l'a fait d'ordinaire, et corrélativement, elle demande d'identifier plus exactement la teneur des actes d'authentique « création » – sur quoi portent-ils au juste ?[18]

C'est sur ces deux choses exigées par la résolution de l'antinomie de l'histoire que j'aimerais faire une suggestion à Marcel Gauchet. En quoi concerne-t-elle le livre que Luc Ferry souhaite le voir écrire, ainsi que l'annonce mon titre ? Tout simplement en ce qu'elle rebondit sur la dernière phrase de leur entretien dans *Le religieux après la religion*. La discussion porte depuis une cinquantaine de pages sur le sentiment d'un « absolu terrestre » dont tous deux reconnaissent la légitimité et sur la possibilité de le penser en termes radicalement affranchis du religieux. Ferry ne croit pas que ce soit possible, à moins de retomber dans les divers matérialismes réducteurs qui se contentent de dénoncer l'aspiration religieuse comme illusion. Il préfère réinvestir le vocabulaire religieux et le réinterpréter dans l'horizon de ce qu'il appelle « l'humanisation du divin » et la « divinisation de l'humain ». Gauchet lui oppose que c'est possible, et le fait avec

---

18 *Ibid.*, pp. 70–71.

une telle conviction que Ferry lui demande à plusieurs reprises de lui expliquer comment. Mais Gauchet n'a pas d'arguments probants à lui donner. Reconnaissant que « nous n'en sommes qu'aux balbutiements », il invoque de façon quelque peu incantatoire un « avenir de la pensée » dévolu à la recherche d'une « entente nouvelle de l'anthropogenèse[19] » – ce qui, pour frustrant, indique néanmoins une direction qui ne peut qu'intéresser l'observateur attentif à la spéciation darwinienne. Au fil de la discussion, les interlocuteurs se cèdent mutuellement du terrain, Gauchet concédant qu'une continuité lie son absolu *terrestre* à l'absolu que Ferry ne voit pas comment nommer si ce n'est *religieux*, Ferry demandant pratiquement à Gauchet de l'en délivrer. Dans les dernières pages, le réductionnisme se révèle de plus en plus être leur adversaire commun, voire l'objet funeste de leur ressentiment à tous deux. L'échange se termine par cette intervention de Gauchet :

> Franchement, s'il y a une chose qui n'est plus croyable, ce sont ces fables puériles qui nous expliquent la vérité ou la morale par les ruses de la vie, de la libido ou de la domination. Même si elles ont encore des adeptes, elles appartiennent à une époque révolue. Le réductionnisme a été la maladie infantile de l'anthropologie. Nous n'y sommes pas condamnés[20].

À quoi Ferry réplique : « Eh bien, il ne nous reste qu'à attendre ton prochain livre[21]. » Dernier mot de ce livre-ci.

Est-ce parce que *Le religieux après la religion* mettait aux prises deux intellectuels de formation philosophique qu'ils se sont retrouvés spontanément sur leur terrain commun ? Ou faut-il invoquer le divorce des deux cultures dénoncé naguère par Charles P. Snow pour expliquer que la science ait été la grande absente de leur débat ? Toujours est-il que la parole ne lui a jamais été donnée au nom, semble-t-il, d'une entente tacite sur le fait qu'elle n'aurait rien à dire des données du problème religieux, excepté les déclarer illusoires. Tout se passe comme si les interlocuteurs s'étaient convenu d'assimiler le réductionnisme, qui est une épistémologie et la seule qui tienne en sciences, au positivisme et au scientisme du XIXe siècle,

---

19 Ferry & Gauchet, *Le religieux après la religion, op. cit.*, p. 131, p. 136.
20 *Ibid.*, pp. 143–144.
21 *Ibid.*, p. 144.

qui sont des idéologies obsolètes. En ceci qu'ils croyaient naïvement que la science arriverait un jour prochain à tout expliquer et à en finir avec les questions métaphysiques, le positivisme et le scientisme méritent d'être qualifiés de « fables puériles », produits d'une « maladie infantile ». Je n'en trouve pas moins symptomatiques les métaphores qui les relèguent dans l'enfance de la pensée. Comme tout symptôme, ces métaphores ont leur vérité déplacée. Il est navrant de voir l'auteur du *Désenchantement du monde* faire si peu de crédit au rôle que le réductionnisme scientifique a joué et joue toujours dans le désenchantement du monde au sens de Max Weber, et ironique de le voir évoquer « la crise de la Science avec un grand S » en termes, justement, de désenchantement. Plus décevant encore est qu'il associe sans plus de précaution cette crise au « reflux des grandes espérances des XIXe et XXe siècles » et des promesses « d'accomplissement de l'histoire au travers duquel l'humanité viendrait à bout de sa propre énigme[22] ». Quand il prétend que cette crise « est sortie cette fois des cercles d'initiés pour descendre dans le peuple et produire tous ses effets », on peut se demander s'il ne la fait pas indûment remonter du peuple vers les cercles d'initiés alors que ce serait plutôt la corporation des philosophes qu'elle affecte :

Ce désenchantement de la science se répercute dans le champ philosophique sous la forme d'une disqualification des réductionnismes qui, sans puiser forcément à la source scientifique, en empruntaient le modèle. La vie, la libido, les rapports de production, leurs ruses et leurs mystifications ont perdu leur magie explicative[23].

Soit. On voit bien qui est visé : Nietzsche (à moins que ce soit Darwin), Freud, Marx. Mais la pique est un demi-aveu de la mécompréhension de la démarche scientifique de la part des philosophes. Que Gauchet me pardonne, la suggestion que j'aimerais lui faire a tout à voir avec les « ruses de la vie » et rien à voir avec les prétendues mystifications dont seraient coupables les hommes de science qui s'en font les porte-parole. (C'est peut-être la sociobiologie qui est visée ici, et tout le tintouin fait autour du « gène altruiste ». Il se pourrait que Gauchet, n'en pensant pas moins, donne ici des gages

---

22 Gauchet, *Un monde désenchanté ?, op. cit.*, p. 16.
23 *Ibid.*, p. 17.

à Ferry[24].) Je préfère m'adresser à lui à partir de la conscience qu'il a – tout à fait remarquable de la part de quelqu'un qui a voulu écrire une histoire politique de la religion – de ce que la clé du choix du religieux par l'humanité réside bien en amont de toute histoire et de toute politique, et même bien en amont de ce choix :

> La bonne clé de lecture me semble résider dans un approfondissement du problème de la spécificité humaine. La question fondamentale que nous avons à reprendre est celle de la nature de l'homme. Il s'agit évidemment de la détrivialiser en plaçant le mystère autour duquel nous tournons en son centre. L'homme est cet animal tout à fait particulier dont la nature est de se définir en fonction de ce qu'il a compris très longtemps comme une surnature. Enlevons la surnature, mais gardons l'indication d'extranéité instituante par rapport à la nature ordinaire. Elle détermine un niveau d'être et une forme d'existence qui sont ce que nous avons à éclaircir[25].

Le programme que Gauchet dessine vise bel et bien à une « entente nouvelle de l'anthropogenèse » et pousse quiconque voudrait s'y atteler à faire un choix quant à ce qui émancipe l'animal humain de son animalité tout court. Ferry, du reste, est tout aussi conscient que Gauchet de la nécessité de faire ce choix, et le prouve en lui rappelant qu'il cite dans tous ses livres « le petit passage du *Discours sur l'origine de l'inégalité* de Rousseau sur la différence entre l'homme et l'animal », ajoutant que « cet écart même est le divin en l'homme[26] ». Or, que dit Rousseau ? Que la « qualité très spécifique » qui distingue l'homme de l'animal, « c'est la faculté de se perfectionner[27]. » Ferry fait un saut que pour ma part je me refuse à faire et que Gauchet, j'en suis sûr, ne ferait pas non plus, quand il identifie cette faculté au « divin en l'homme ». Mais il touche juste en citant Rousseau. De plus, Ferry indique quelque chose qui a sa part étrange de vérité réflexive, à savoir que de *notre choix* de la limite homme/animal

---

24 Voir Luc Ferry, *Le nouvel ordre écologique*, Grasset, Paris, 1992. Sur le gène altruiste, cf. *infra*, p. 178, note 44.
25 Ferry & Gauchet, *Le religieux après la religion*, *op. cit.*, pp. 113–114.
26 *Ibid.*, p. 100.
27 Jean-Jacques Rousseau, *Discours sur l'origine et les fondements de l'inégalité parmi les hommes* (1775), Flammarion, Paris, 2008, p. 197 ; cité par Ferry, *Le nouvel ordre écologique*, *op. cit.*, p. 51.

dépend la juste intelligence du *choix* que firent les premiers hommes quand ils optèrent pour la religion contre ce que nous appellerions la science. Gauchet en convient :

> La question devant laquelle nous sommes jetés, en fin de compte, est celle des ressources et des limites de la réflexivité dont nous sommes capables. Jusqu'où peut aller la capacité de l'homme à penser sa spécificité d'homme ?[28]

Dans les mots de Rousseau : jusqu'où l'homme peut-il *perfectionner* sa faculté de réflexion ? Convoquons l'explication que donne le néo-darwinisme de la place de l'espèce humaine au bout de la chaîne évolutive, car elle est réflexive de part en part. Et entendons-nous sur ce que signifie « réflexif » dans un contexte où le processus de l'hominisation est loin d'être achevé et nous interdit donc d'y rétro-projeter la faculté de réflexion intellectuelle évoluée d'*homo sapiens*. « Réflexif » veut dire rétroactif au sens cybernétique du terme. L'évolution naturelle procède, comme le dit François Jacob, « à travers le détour d'une longue boucle de rétroaction qui ajuste la qualité du message par la quantité de la descendance[29] ». La « réflexivité dont nous sommes capables » ne saurait être que le produit immanent des boucles de rétroaction le long desquelles ont été sélectionnées une à une les mutations viables qui ont engendré l'homme moderne. Quand faut-il donc dire que l'animal hominidé devient proprement humain ? Le poids croissant du cerveau sur l'échelle ascendante de l'évolution est évidemment décisif dans la voie qu'elle a prise. Encore la courbe autocatalytique de la croissance du cerveau n'est-elle une explication que si elle est elle-même expliquée. Les biologistes, les anthropologues, les paléontologues et les spécialistes de l'évolution diffèrent d'avis quant à l'importance respective de l'antéposition du pouce, de la convergence des orbites oculaires, de la station debout, de la descente du larynx ou, comme il a été avancé récemment, de l'inflexion du sphénoïde, dans le processus d'hominisation. La première a permis la saisie d'outils et la seconde un champ visuel stéréoscopique, la troisième a accru la mobilité dans un environnement de savane et exposé les organes génitaux, la quatrième

---

28 Ferry & Gauchet, *Le religieux après la religion*, *op. cit.*, p. 134.
29 François Jacob, *La logique du vivant*, Gallimard, Paris, 1970, p. 319.

a rendu possible le langage articulé, la cinquième serait au dire de ses promoteurs « le fil rouge qui semble traverser toute l'histoire de l'évolution depuis les primates jusqu'à l'homme[30] ». Comment trancher ? Les sauts évolutifs cités ont tous les cinq leur importance. Mais c'est un sixième qui a ma préférence, car c'est lui qui achève de libérer l'animal humain du déterminisme de la nature et le précipite dans la culture. Ce saut évolutif, c'est la néoténie.

On appelle néoténie le fait que l'animal humain naît prématurément. L'évolution s'est trouvée, au cours des six millions d'années qui nous séparent de l'ancêtre que nous avons en commun avec les chimpanzés, devant le « choix » suivant (et dans ce mot, *choix*, il y a toute la problématique du « sujet » de l'histoire, ou plutôt, de l'évolution, qui pose problème aux lecteurs de Gauchet) : ou bien élargir le bassin des femelles ou bien faire naître les petits avant que leur boîte crânienne n'ait atteint le volume suffisant pour que leur cerveau soit câblé conformément à l'adaptation que leur biotope exige d'eux. L'évolution a « choisi » la seconde solution (la première aurait pris beaucoup plus de temps). L'embryologie a reconnu depuis longtemps que le cerveau humain possède ses quelque cent milliards de neurones dès le quatrième mois de vie intra-utérine et qu'à partir de là il ne fait qu'en perdre. Mais ce qu'il ne cesse de perdre en quantité tout au long de la vie de l'individu, il le gagne en complexité. La prééminence du cortex et du néo-cortex sur les structures cérébrales plus anciennes (au sens à la fois onto- et phylogénétique), qui a favorisé le formidable développement des capacités intellectuelles de l'homme, est due à la croissance post-natale du volume et surtout de la surface du cortex. Le petit de l'homme passe le plus clair de son temps, dans les premières années de sa vie et même jusque dans l'âge adulte, à se fabriquer le prodigieux réseau synaptique qui fait que chaque neurone du cerveau se trouve connecté à quelque 10 000 autres. En l'absence de stimulation par la parole, ces connexions ne se font pas, ou beaucoup moins bien, comme l'ont montré les cas recensés d'« enfants-loups ». Elles sont créées puis complexifiées, mises en réseau, couplées en d'innombrables boucles rétroactives elles-mêmes sélectionnées et renforcées par des boucles rétroactives, au cours des divers apprentissages que fait l'enfant, au premier chef

---

30 *Le Monde*, dimanche 30-lundi 31 octobre 2005, p. 19.

celui du langage. La réflexivité de la pensée – la faculté qu'a notre intellect de réfléchir, c'est-à-dire d'effectuer ce que Kant nommait des jugements réfléchissants – est le produit d'un cerveau qui se trouve de par sa nature poussé à outrepasser ses capacités « préformées » et à « créer ». Un humain qui aurait dès la naissance un cerveau entièrement câblé, fût-il du poids de celui d'un adulte, serait doté d'un entendement mais non d'une raison, encore moins d'une imagination et d'une faculté de juger réfléchissante. Son esprit ne connaîtrait pas la tentation du supra-sensible, ne chercherait pas à *penser* ce qu'il ne peut *concevoir*, n'aurait pas la curiosité de la « chose en soi », ne ferait pas d'art et ne se poserait pas de questions métaphysiques, quand bien même son cerveau traiterait autant sinon plus d'information que le nôtre.

Je ne recours pas ici au vocabulaire kantien uniquement pour faire allusion au mot « antinomie » employé à dessein par Gauchet plus haut. Il s'impose, car Kant a été *le* philosophe par excellence à avoir confronté la pensée aux « limites de la réflexivité dont nous sommes capables ». Dire à quelles conditions la pensée est autorisée à outrepasser ses propres limites fait tout le sens de l'entreprise critique, au sens kantien : l'entendement est borné par sa nature et par la nature en général ; la raison est capable de poser et de penser une surnature (l'expression de Gauchet pour « suprasensible ») qu'elle ne peut cependant connaître ; et la réflexion passe outre en sachant qu'elle passe outre. Que le jugement réfléchissant soit la forme non seulement du jugement esthétique mais aussi du jugement téléologique, c'est-à-dire de ce jugement qui prête de la finalité à l'évolution naturelle tout en sachant que c'est là un artefact de nos facultés de connaître, prend toute sa résonance quand on lit la troisième *Critique* en ayant Darwin en tête. À la question de Gauchet, « jusqu'où peut aller la capacité de l'homme à penser sa spécificité d'homme ? » – ou dans les mots de Rousseau, jusqu'où l'homme peut-il *perfectionner* sa faculté de réflexion ? –, la néoténie répond : guère plus loin que l'éducation la meilleure possible et l'acquisition d'une culture la plus vaste et la plus critique possible câblent le cerveau informe et labile de nos enfants. Il se pourrait bien que cette limite soit atteinte, du moins avec le cerveau dont l'espèce humaine dispose actuellement (c'est ce qu'énonce à sa manière le théorème de Gödel).

La néoténie expose les jeunes humains au monde extérieur, aux stimuli sensoriels, à la présence du langage dans leur environnement, aux soins et à l'affection des parents, à la qualité de l'éducation qu'ils reçoivent, aux relations sociales en général, et donc à la culture, d'une façon qui les rend infiniment plus vulnérables et dépendants d'autrui que les jeunes primates. C'est elle aussi par conséquent qui fait que nous avons un inconscient. Même les plus anodins des traumas de la petite enfance favorisent ou inhibent ce que Freud, du temps où il n'avait pas encore renoncé à fonder la psychanalyse dans la neurologie, appelait des *frayages*. Ceux-ci représentent les câblages neuronaux formant le substrat physiologique de nos névroses. Un cerveau complètement câblé gouverne instinctivement l'organisme qui dépend de lui. Avoir des instincts, c'est être préprogrammé pour répondre aux stimuli de l'environnement par des comportements qui leur sont adaptés d'avance parce qu'ils sont en dernier ressort déterminés génétiquement et qu'ils ont donc pu être retenus par la sélection naturelle. Les humains n'ont pas d'instincts, ou plutôt, ce qu'ils ont d'instinctif s'appelle pulsions (*Triebe*), et la psychanalyse ne nous aurait rien apporté si elle ne nous avait pas appris à faire cette distinction : parce que les pulsions de l'animal humain entrent dans le circuit de la demande et que celle-ci est conditionnée par notre existence d'êtres parlants, nos « instincts » sont eux-mêmes des produits, d'une plasticité qui n'a d'équivalent nulle part ailleurs dans le règne animal, de la néoténie. Sans elle, l'espèce humaine n'aurait jamais développé tout cet appareil compliqué de mécanismes – le refoulement, la censure, la résistance, la dénégation, le déni ou le désaveu, la sublimation, mais aussi le retour du refoulé, les symptômes, les rêves, les lapsus, les actes manqués, les formations de compromis, bref, toute la machinerie névrotique qui régule la « psychopathologie de la vie quotidienne » – au moyen desquels les humains négocient le hiatus entre les capacités rationnelles de leur cerveau et les archaïsmes instinctifs qui leur viennent des stades antérieurs de l'évolution naturelle que leur organisme n'a pas oubliés. C'est du reste la néoténie que Jacques Lacan invoque sous le nom de « *prématuration spécifique de la naissance* chez l'homme » dans son fameux article sur « le stade du miroir »[31]. On sait que Lacan y formule sa première théorie du sujet, un sujet dont l'identité est littéralement *imaginaire* en ce qu'elle passe par l'identification à l'image de soi que l'enfant de six à dix-huit mois aperçoit dans le miroir et dont il tire une jubilation

---

31 Jacques Lacan, Écrits, Seuil, Paris, 1966, p. 96.

particulière. Lui qui se vit encore, à cet âge précoce, comme un corps morcelé indistinct des objets partiels auxquels il est relié par ses orifices (la bouche au sein qui le nourrit, l'anus aux fèces dont il éprouve la perte), il se projette, grâce à son image spéculaire, dans une totalité unitaire – orthopédique, dit Lacan – en avance sur ses capacités réelles de coordination motrice. Cette avance imaginaire, source de méconnaissance et souche de toutes les identifications secondaires par lesquelles passera plus tard le petit être humain en devenir, compense en le niant le retard dû à l'inachèvement de son système nerveux central. Ainsi s'explique, pour Lacan, que « le *stade du miroir* est un drame dont la poussée interne se précipite de l'insuffisance à l'anticipation[32]. »

Malgré ou plutôt à cause de son insuffisance, l'anticipation est pour moi ce qui donne son sens éthique, proprement humain, à la néoténie. L'anticipation est le devoir biologique des hommes – et leur chance, car les hommes ne peuvent faire autrement que s'acquitter de ce devoir ; ils ont l'avenir vissé au corps ; créer du neuf est leur lot. Mais la néoténie est aussi la base scientifique *choisie* de l'anthropologie élémentaire que j'ai faite mienne et que j'aimerais suggérer à Gauchet de partager. En faisant ce choix, j'opte pour l'autonomie et la culture tout en reconnaissant que c'est ma nature hétéronome d'enfant d'humains qui m'y pousse. Je n'avais pas le choix. L'évolution naturelle dont je suis le produit a opté pour l'autonomie il y a environ un million d'années en « choisissant » de faire naître les humains prématurément plutôt que d'élargir le canal pelvien de leurs mères. La néoténie ne serait-elle pas ce « donné irréductiblement énigmatique » que cherche Gauchet, « qui ne peut être compris que sous le signe d'une donation devant laquelle il n'y a qu'à s'incliner », et sur lequel, dit-il, bute la puissance de l'homme à rendre compte de soi-même[33] ? C'est parce que ma compréhension de moi-même bute sur mon propre statut de prématuré que j'ai beau être informé par la science du rôle que la néoténie a joué dans l'évolution, je n'ai d'autre choix que de l'accueillir comme un don de la nature aux hommes. Son sens éthique réside dans cet accueil. Je me sens proche de Hannah Arendt quand elle fonde la condition humaine sur la capacité à prendre des initiatives et celle-ci sur

---

32 *Ibid.*, p. 97.
33 Ferry & Gauchet, *Le religieux après la religion, op. cit.*, p. 134.

la *natalité*, « le fait que des êtres humains, de nouveaux hommes, viennent au monde, sans cesse, en naissant[34]. »

Arendt ne paraît pas comme moi inscrire sa conception de l'homme dans les acquis du néo-darwinisme, mais c'est secondaire. Il ne faut pas se laisser abuser par son créationnisme apparent quand elle dit, commentant du reste saint Augustin :

> C'est avec la création de l'homme que le principe du commencement est venu au monde, ce qui évidemment est une façon de dire que le principe de liberté fut créé en même temps que l'homme, mais pas avant[35].

Le créationnisme d'Arendt est du même ordre que celui que Gauchet identifiait « volontiers à une position comme celle de Castoriadis sur le nouveau pur », dont il faisait l'un des termes de l'antinomie de l'histoire, l'autre étant le préformationnisme que lui reprochait Hubert Faes[36]. Ce créationnisme n'a rien à voir avec le refus du néo-darwinisme professé par les intégristes protestants de la *Bible Belt* ou les biologistes partisans du « dessein intelligent ». Mais comme Arendt n'a pas réfléchi à la néoténie, elle ne semble pas voir que « le principe du commencement est venu au monde » *prématurément*, autrement dit, que la naissance prématurée des petits de l'homme est elle-même le produit de l'anticipation de la nature sur les insuffisances du temps dont elle a « disposé » pour « progresser ». Arendt en tire pourtant les conséquences justes :

> Parce qu'ils sont *initium*, nouveaux venus et novateurs en vertu de leur naissance, les hommes prennent des initiatives, ils sont portés à l'action[37].

L'argument est puissamment poétique, utopique, même. Peut-être seule une femme pouvait-elle porter tant de crédit à la natalité. Il y a quelque chose d'excessivement confiant dans l'émerveillement d'Arendt devant le fait de la naissance. Un esprit plus sceptique peut douter qu'il y ait une corrélation entre le fait de naître et celui

---

34 Hannah Arendt, *Le Vouloir*, PUF, Paris, 1983, p. 246.
35 Hannah Arendt, *Condition de l'homme moderne*, Calmann-Lévy, Paris, 1961–1994, p. 234.
36 Cf. Cornelius Castoriadis, *L'institution imaginaire de la société*, Seuil, Paris, 1975, pp. 493 sq.
37 Arendt, *Condition de l'homme moderne*, op. cit., p. 233.

de faire naître des événements. Mais si l'on entend « néoténie » dans la condition humaine élémentaire qu'Arendt appelle natalité, l'argument devient convaincant et le lien se fait, lumineux. C'est celui de la phylogenèse et de l'ontogenèse. Tout se passe comme si une « initiative » de la sélection naturelle avait engendré des êtres capables d'initiative. Hannah Arendt le dit à sa manière : « le principe de liberté fut créé en même temps que l'homme. » La néoténie est la condition phylogénétique du libre-arbitre ; elle est du même coup la condition ontogénétique de la liberté. Or l'évolution darwinienne avance en aveugle (d'où les guillemets d'avertissement dont j'entoure les expressions téléologiques comme « choix »). Il se fait qu'elle a « préféré » ne pas « attendre » que le bassin des femmes soit assez large pour livrer passage à une tête d'enfant entièrement câblée et aussi grosse qu'une tête d'adulte. Il se fait aussi que nous sommes là : l'espèce humaine a été retenue par la sélection naturelle. La pression sélective a orienté l'évolution des primates vers la lignée que nous incarnons, alors même que nous naissons comme des ébauches d'homme inachevées jetées trop tôt dans la vie. Le handicap ontogénétique qu'est l'extrême dénuement des nouveaux-nés s'est avéré être l'avantage sélectif le plus décisif dans la voie de l'hominisation, c'est-à-dire – il ne pouvait pas en être autrement – de la culture. Parce que nous naissons avant terme, nous sommes et restons des prématurés appelés, tout au long de notre vie, à anticiper sur une maturité qui demeure à jamais sans fondement biologique. Il n'y a pas de câblage-type du cerveau qui puisse se donner comme le modèle naturel de référence pour tout cerveau adulte. C'est la culture, ce sont les cultures dans leur diversité, qui définissent ce qu'est l'âge adulte, la plupart du temps d'ailleurs au moyen de rites de passage qui mettent à l'épreuve la faculté d'anticipation de l'individu. À chaque génération cet apprentissage est à refaire, car les caractères acquis ne se transmettent pas génétiquement. L'humanité n'a aucun espoir d'atteindre l'âge adulte globalement. Son aptitude au progrès ne sera jamais plus grande que la somme organisée des capacités anticipatoires de ses membres, et c'est pourquoi les penseurs des Lumières avaient choisi le mot juste quand ils identifièrent la lutte pour la liberté et le progrès à l'émancipation du genre humain.

Que veut dire émanciper ? Cela signifie accorder la majorité juridique à un mineur, c'est-à-dire lui reconnaître prématurément le statut d'adulte alors qu'il n'en a pas la maturité. C'est accréditer que ce qui le définit dans sa qualité d'homme n'est pas d'être un

animal *rationnel* – il ne l'est pas encore, il ne le sera jamais entièrement – mais bien un animal *raisonnable*. Il possède, comme dit
Rousseau, la faculté de se perfectionner. Tout se passe comme si les
Lumières avaient pris acte du fait de la néoténie. L'anti-humanisme
qui a sa source dans les contradictions internes et les espoirs déçus
du discours des Lumières a été peu perspicace de ne pas le noter. À
force de prendre l'émancipation pour une promesse d'âge adulte et
un projet à accomplir, il était fatal que le désabusement s'ensuive[38].

« Reprendre la question de l'humanisme à nouveaux frais, en plaçant en son centre la question de la *nature culturelle* de l'homme, si
j'ose dire[39]. » Tel est l'un des énoncés de la tâche que Gauchet s'est
fixée quand il disait chercher à résoudre l'antinomie de l'histoire.
Celle-ci n'est pas une contradiction dialectique qu'un stade ultérieur
de l'histoire dépassera. Elle est hors-histoire tout en y survenant et
s'y répétant sans cesse (c'est pourquoi « il y a du transcendantal
dans l'histoire »). Elle oppose la thèse du « préformationnisme »
à l'antithèse du « créationnisme ». Sa résolution oblige à ne pas
choisir l'un ou l'autre mais à les rendre compossibles. Elle « exige
deux choses », disait Gauchet : « elle demande d'aller chercher la
"préformation" à un niveau beaucoup plus profond qu'on ne l'a fait
d'ordinaire… » Arrêtons-nous là : la néoténie est une préformation
au plan phylogénétique qui permet et impose la création au plan
ontogénétique ; l'antinomie est résolue moyennant le pontage des
deux plans. Gauchet poursuit : « et corrélativement, elle demande
d'identifier plus exactement la teneur des actes d'authentique
"création" – sur quoi portent-ils au juste ? » Une bonne hypothèse
serait qu'ils portent eux aussi sur le pontage de deux plans, l'un
« onto », l'autre « phylo » : un plan individuel et un plan collectif
aussi bien qu'un plan transcendantal et un plan historique. S'il y
a, de la part de cette humanité prématurée de naissance, un acte
d'authentique création collective que Gauchet a identifié mieux que
quiconque, c'est bien celui qui a porté sur son autonomie, qui a
inversé son choix initial de l'hétéronomie, et qui l'a conduite à
s'émanciper du religieux. Un acte ou une série d'actes, en réalité,
égrenés le long des étapes historiques qu'ont été l'émergence de

---

38 Sur l'émancipation comme projet et comme maxime, voir T. de Duve, « Fonction critique de l'art ? Examen d'une question », *in Extra Muros, Zeitgenössische
Schweizer Kunst* (catalogue), La Chaux-de-Fonds, 1991.
39 Gauchet, *Un monde désenchanté ?, op. cit.*, p. 248.

l'État, l'avènement du monothéisme et le mouvement interne du christianisme, « religion de la sortie de la religion ». Les penseurs des Lumières qui ont vu dans cette série d'actes le processus par lequel l'humanité sortait de l'enfance ne se sont pas trompés en nommant ce processus émancipation, mais ils se sont illusionnés sur la capacité des hommes à atteindre l'âge adulte collectivement. L'erreur des Lumières et des « grandes espérances » qu'elles ont engendrées a été de croire qu'il s'en trouvait parmi la masse des humains certains – philosophes, despotes éclairés, tandems des deux, classe sociale fer de lance de l'humanité future, parti d'avant-garde porte-parole de ladite classe, comité central du parti, homme lige du comité central qui finit par concentrer tous les pouvoirs – à être émancipés d'origine et adultes par pétition de principe, bref, à ne pas être nés prématurément.

En regard de cet orgueil prométhéen, le choix du religieux par l'humanité archaïque paraît la sagesse même : reconnaître qu'on ne sort jamais tout à fait de l'enfance, demeurer sa vie durant « fils de… », s'inscrire dans la filiation ininterrompue du lignage et construire tout l'ordre social sur la reconduction de la volonté des aïeux, renoncer au savoir sur la nature et investir celle-ci de pouvoirs surnaturels qu'il vaut mieux ne pas défier sont des choix qui devaient s'imposer à l'humanité tant qu'elle n'avait pas accumulé le capital culturel suffisant à se constituer un exo-cortex transmissible autrement que par l'hérédité. Hubert Faes avait raison de s'étonner qu'il n'y ait eu pour Gauchet aucune nécessité à commencer par ces choix-là. Il y a bien eu nécessité. Il y a bien eu une pression sélective naturelle qui a poussé l'humanité dans une forme religieuse, c'est-à-dire hétéro-nome, de culture, *avant* que la culture n'exerce sa pression sélective à son tour en poussant l'humanité à s'affranchir de la nature et de ses divinités immanentes. La pression sélective n'agit pas comme un déterminisme ni bien entendu comme un finalisme, elle s'auto-renforce. Elle agit par feedback, elle pousse le vivant dans des goulets sélectifs ou restrictifs qui « forcent le parcours évolutif dans un passage de plus en plus étroit qui débouche sur une singularité[40]. »

La néoténie est une singularité de l'évolution et le choix du religieux une singularité de l'histoire, toutes deux ayant ces propriétés qu'ont les singularités d'être des carrefours à plusieurs entrées et une

---

40 Christian de Duve, *Singularités*, *op. cit.*, p. 14.

seule sortie qui décide de l'orientation ultérieure des événements. La néoténie a déterminé la *nature* culturelle de l'homme une fois pour toutes, le choix du religieux a engagé la nature *culturelle* de l'homme dans la voie de l'hétéronomie pour plusieurs dizaines sinon centaines de milliers d'années, jusqu'à ce que l'homme inverse la tendance. Si Faes avait raison de s'étonner que Gauchet n'éprouve pas le besoin de justifier pourquoi l'histoire a fait choisir à l'humanité le religieux d'abord, Gauchet avait raison aussi d'insister sur le *choix* du religieux – un choix forcé mais un *choix* –, au risque qu'on ne puisse dire à quel sujet de l'histoire, ou à quelle faculté du sujet, il convient de l'imputer.

Gauchet récuse « l'idée courante selon laquelle la créature angoissée se bornerait à diviniser spontanément les forces naturelles qui la dominent[41]. » La religion, dit-il, n'est pas l'émanation d'un sentiment inné du sacré, elle est « un fait d'institution[42]. » Pourtant, reconnaît-il, « il faut bien qu'il y ait quelque chose comme un substrat anthropologique à partir duquel l'expérience humaine est susceptible de s'instituer et de se définir sous le signe de la religion[43]. » Il faut bien que le choix de l'hétéronomie se fonde sur quelque disposition de l'humanité. La néoténie est-elle une candidate plausible ? À première vue, non. Elle prédispose les humains à se vouloir autonomes avant l'heure. La tendance à l'anticipation est première et inhérente à la *nature* culturelle de l'homme. Le choix du religieux va donc à l'encontre de la pente naturelle des humains. Voilà un bon argument contre la prétendue innéité du sentiment religieux, mais il est embarrassant si on lui demande d'expliquer pourquoi le choix du religieux est intervenu en premier dans l'histoire de l'humanité. Il joue en réalité de façon paradoxale. Le fait de la néoténie permet tout aussi bien d'arguer que ce n'est pas la tendance à l'anticipation qui est première et inhérente à la nature *culturelle* de l'homme (l'accent se déplace), mais au contraire son extrême vulnérabilité, sa sujétion, son hétéronomie. Le petit de l'homme est infiniment dépendant de la culture qui l'environne, laquelle comprend l'institution familiale, la division sociale du travail entre les parents, la place de l'amour et du devoir dans leur conception de la parentalité, et de fil en aiguille tout l'ordre social. Le paradoxe est que l'enfant doit néanmoins faire

---

41 Ferry & Gauchet, *Le religieux après la religion, op. cit.*, p. 59.
42 *Ibid.*
43 *Ibid.*, p. 60.

l'*apprentissage* de cette dépendance. Elle ne va pas de soi pour lui. Sa jubilation au stade du miroir exprime à quel point il éprouve sa toute-puissance. C'est pour l'observateur ou pour les parents que celle-ci est une illusion et « un drame dont la poussée interne se précipite de l'insuffisance à l'anticipation ». En entrant un peu plus tard dans l'Œdipe, l'enfant devra renoncer à ce « narcissisme primaire », à la perception qu'il a de soi comme ce qui va venir combler le manque du monde. Le Dieu extérieur naît pour chaque enfant de sa propre destitution comme enfant-dieu.

La néoténie prédispose l'homme à la religion précisément parce qu'elle le dispose *prématurément* à la liberté, et qu'il le lui faudra bien reconnaître pour atteindre « l'âge de raison ». Les métaphores qui comparent l'histoire des civilisations aux âges de la vie ne tombent pas du ciel. Les caractères acquis ne se transmettant pas par les gènes, toute vie humaine commence comme a commencé la vie de l'espèce. Le choix du religieux par l'histoire n'est ni plus ni moins premier, ontologiquement, que l'acceptation de la dépendance par l'individu, psychologiquement. Il y a toutes les chances qu'il ait été un choix secondaire, au sens freudien. Qui sait si les Néandertaliens ne se sont pas éteints parce qu'ils ont fait le choix de l'autonomie trop tôt ? Il n'empêche que le religieux fut un choix, au même titre que le choix inverse qui lui a succédé. Tous deux ont été, comme dit Gauchet, des actes d'authentique création. Ils donnent toute la mesure du paradoxe de la « donation devant laquelle il n'y a qu'à s'incliner » mais qui n'en procède pas moins d'un « système d'options ».

Ce dernier n'est pas un postulat, comme le croit Hubert Faes. Il est fondé. Le choix du religieux par l'histoire prend acte de la néoténie tout autant que le choix inverse. Et l'un et l'autre mettent tout autant en œuvre le pontage de deux plans « onto » et « phylo » que le « choix » de la néoténie par l'évolution. Savoir s'ils impliquent nécessairement l'hypostase d'un sujet de l'histoire est une grosse question où il vaut peut-être mieux ne pas s'aventurer. « Le vivant » hypostasie-t-il un sujet de l'évolution ? Tout au plus suppute-t-on que la naissance d'un sujet (voire du concept de sujet) prend elle-même appui sur le pontage des plans « onto » et « phylo ». En ce sens et en ce sens seulement, mon choix de privilégier la néoténie parmi d'autres sauts évolutifs ayant orienté l'évolution en direction d'*homo sapiens* est un choix subjectif. Il en appelle à la question « des ressources et des limites de la réflexivité dont nous sommes capables ». La ressource à laquelle je propose de puiser est en même temps la limite que je me reconnais, que je nous reconnais – nous les humains et nous les intellectuels, philosophes et hommes de science. Nul réductionnisme ici, sauf au sens strictement scientifique. Je n'entends pas réduire l'anthropologie à sa composante darwinienne, encore moins prôner je ne sais quel darwinisme social. Et bien entendu, le sens éthique que je prête à « l'invention » de la néoténie par l'évolution des espèces ne se laisse pas déduire de l'éventuelle origine de la morale dans le « gène altruiste » et la sélection de parentèle[44]. Je ne fais pas de la liberté humaine un épiphénomène, et je ne pense pas le moins du monde que « la question fondamentale de la nature de l'homme » soit résolue ou épuisée par la néoténie. Cette question sera toujours à remettre sur le chantier. Gauchet souhaite « la détrivialiser en plaçant le mystère autour duquel nous tournons en son centre[45]. » En lui suggérant que le fait absolument non trivial de la néoténie ouvre sur ce mystère, je n'espère pas davantage.

Le désenchantement du monde se voulait une histoire politique de la religion. *Un monde désenchanté ?* et *Le religieux après la religion* ouvrent cette histoire politique à la question anthropologique. La thèse puissante de Gauchet, selon laquelle « la religion la plus systématique et la plus complète, c'est au départ qu'elle se trouve », demandait qu'on l'étaye en nommant le substrat anthropologique du religieux non comme siège d'un sentiment mais comme matrice d'un choix. Proposer que la néoténie soit ce substrat est compatible avec la thèse. Pour être plausible, la thèse non moins puissante et paradoxale selon laquelle les étapes par lesquelles se sont instituées les grandes religions mondiales « constituent en fait autant d'étapes sur le chemin d'une remise en cause du religieux » devait en outre se proposer comme la mise en œuvre effective du déploiement historique des virtualités du substrat naturel. Cela est compatible

---

44 Cf. Edward O. Wilson, *Sociobiology, The New Synthesis,* Harvard University Press, Cambridge, MA, 1975, chapitre cinq, « Group Selection and Altruism », pp. 106–129 ; pour une critique de la notion de sélection de parentèle chez Wilson, cf. Richard Dawkins, *The Selfish Gene,* Oxford University Press, Oxford, 1976 ; pour une revue de l'état de la controverse, cf. Arthur L. Caplan, éd., *The Sociology Debate,* Harper & Row, New York, 1978.
45 Ferry & Gauchet, *Le religieux après la religion, op. cit.,* p. 113.

avec l'explication qui envisage la néoténie comme le pontage par excellence du culturel sur le naturel s'offrant comme « la matrice des choix sous-jacente à l'option religieuse » et à l'option inverse. Pontant l'« onto » sur le « phylo », la néoténie opère un transfert de responsabilité du biologique vers l'historique : avec elle, la sélection naturelle cesse d'être le moteur immanent, aveugle et inconscient de l'évolution. La sélection culturelle prend le relais et devient détermi-nante ; l'évolution se change en progrès, notamment politique ; le progrès dépend dorénavant de l'aptitude des hommes à transmettre et cumuler leurs acquis culturels *et* des risques qu'ils prennent en innovant, conformément à leur nature.

Tout ceci, *Le désenchantement du monde* le montre fort bien. Pour pouvoir faire entrer l'altérité religieuse dans la sphère humaine, l'émergence de l'État a dû être tout autant, sinon plus, une concré-tion de capital culturel et spirituel accumulé qu'une concentration politique du capital économique. Pour que l'invention du mono-théisme ait été l'opération symbolique qui change en présence le passé fondateur et en grand absent le Dieu-Un dorénavant muet et transcendant, il a fallu que s'actualisent en se transformant les virtualités dont ce passé était gros. Lorsque le christianisme ramène le Dieu-Un sur terre en l'incarnant et en même temps le projette dans une extériorité telle, par rapport aux affaires du monde, qu'elle finira par disjoindre complètement l'humain du divin, il achève de déployer l'inversion du choix initial que les virtualités du substrat naturel contenaient de tout temps. À chacune de ces étapes, « il y a deux histoires, tendues, à partir des mêmes éléments d'huma-nité [la néoténie et ses conséquences], dans deux directions dif-férentes. Et l'histoire des religions se trouve être le pont entre ces deux histoires » parce qu'à chacune de ces étapes, l'immaturité constitutive des humains ponte les choix effectifs qu'ils font sur le système d'options qui les leur permet et les leur impose. Quelle sera la prochaine étape ? Y en aura-t-il une ? La sortie du religieux est-elle une singularité issue d'un goulet sélectif sans retour en arrière ? Le retour du religieux dans l'actualité d'aujourd'hui montre que tout n'est pas joué.

> Nous sommes les habitants d'un monde qui a d'ores et déjà tourné radi-calement le dos au règne des dieux. Rien ne dit, certes, que le pas qui a été ainsi franchi est irréversible. Reste [...] qu'il aura été démontré [...]

qu'une société structurée de part en part hors religion est non seulement pensable, mais viable[46].

Rien ne dit que « l'avenir d'une illusion » – l'expression de Freud spéculant sur les chances de survie du religieux – ne se présente pas dans notre « société structurée de part en part hors religion » sous un masque laïc qui ne laisse rien percevoir de ses origines religieuses. Le débat politique majeur qui agite le monde contemporain concernant les choix de société porte sur la manière de réconcilier l'opposition principielle entre liberté et sécurité. Comment ne pas y voir la répétition à courte vue du choix historique fondamental entre autonomie et hétéronomie ? La social-démocratie arc-boute la liberté à l'égalité et à la solidarité, et préconise la redistribution des richesses sous l'égide de l'État-providence pour répondre au besoin de sécurité. Le néolibéralisme est convaincu que la dérégulation économique est en soi porteuse de démocratie, quitte à pratiquer des politiques sécuritaires répressives pour calmer l'angoisse des classes dirigeantes et innovantes. En Occident ex-chrétien, les termes du choix sont entièrement laïcisés, mais ailleurs, dans le monde islamique, en Israël, dans la *Bible Belt* américaine, la tentation est grande d'investir le désir de sécurité dans des certitudes religieuses sans faille et d'opter pour un retour à l'hétéronomie. Malgré son omniprésence spectaculaire dans l'actualité, la question religieuse est peut-être l'arbre qui cache la forêt. Rien ne prouve que dans un avenir proche ou lointain la tentation du retour à l'hétéronomie n'emprunte d'autres voies que celle du religieux au sens idéologique du terme. Le monde sort à peine d'un siècle qui a emprunté massivement de telles voies en engendrant les totalitarismes, monstres d'hétéronomie athée ou païenne. Du fascisme, du nazisme et du communisme, le plus pernicieux n'a peut-être pas été le plus réactionnaire, le plus ouvertement violent et le plus mythique des trois, mais bien celui qui a étouffé la liberté sous la sécurité d'une théorie *correcte* au nom de l'émancipation *accomplie* du genre humain. S'il y a une chose que les thèses de Gauchet nous enseignent, c'est que la vigilance politique doit être attentive aux formes inédites du retour à l'hétéronomie – y compris celles que Luc Ferry pour sa part voit s'annoncer dans l'écologie dite *profonde*.

---

46 Gauchet, *Le désenchantement du monde, op. cit.*, p. 290.

Bien que ce courant de pensée, ou plutôt de croyance, ait à mon avis peu de chance de représenter un danger réel pour la démocratie, il est symptomatique. Panthéisme de la nature et sacralisation de la vie comme telle sont les visages archaïques et religieux de l'écologie profonde, mais n'en disent pas le dernier mot. L'appel qu'elle lance à un retour volontaire à l'hétéronomie va beaucoup plus loin, il s'en prend au substrat anthropologique. Je ne partage pas tout dans l'analyse de Ferry, mais je pense qu'il a raison d'insister sur la haine de l'humanisme de ce mouvement, voire, chez les plus radicaux de ses zélateurs, la volonté d'abandonner tout anthropocentrisme dans nos rapports avec la nature au nom de « la continuité fondamentale entre le genre animal et le genre humain[47] ». L'homme est un animal donc il n'est qu'un animal : c'est le type même de réductionnisme qui était la tête de Turc commune à Gauchet et Ferry dans leur débat. L'écologie profonde a en apparence la biologie dans son camp. Les biologistes qui s'en réclament sont souvent les mêmes que ceux enclins à penser que la conscience et la liberté sont des épiphénomènes. Leur causalisme obtus déduit l'ontogenèse de l'animal humain de sa phylogenèse et ignore l'idée qu'on puisse et qu'on doive *ponter*. Aucune place au jugement réfléchissant : les choix de l'évolution n'ont aucun écho dans les nôtres ; aucune raison pour eux, par conséquent, de faire le choix de la néoténie, comme s'il était aussi indifférent pour les hommes que les pattes palmées des canards. Du fait que les gènes sont « égoïstes » même quand ils sont « altruistes », ils déduisent que seul compte l'intérêt de « la vie », non celui des espèces, et l'espèce humaine serait bien avisée d'y fonder sa morale. On en arrive ainsi à la conclusion suicidaire, mais parfaitement logique, qu'avec la néoténie l'évolution s'est peut-être trompée en précipitant l'espèce humaine dans la culture et l'histoire, et qu'il vaut mieux, dans l'intérêt de « la vie », que nous disparaissions.

Je préfère voir dans les thèses les plus radicales de l'écologie profonde la démonstration par l'absurde de la justesse qu'il y a à faire de la néoténie le substrat anthropologique des choix les plus vitaux que l'humanité a faits, et fera. Et je vois dans le choix de ce substrat-là la meilleure justification de l'optimisme de Gauchet et de sa confiance en la démocratie. Un optimisme tout relatif, malgré tout, quand on se persuade qu'à très long terme la voie absurde de l'écologie pro-

---

47 Ferry, *Le nouvel ordre écologique, op. cit.*, p. 95.

fonde n'est pas fermée par la matrice transcendantale des choix. On ne peut exclure que la sélection naturelle opère à notre insu sur les choix de société résultant de la sélection culturelle. Il y a même tout lieu de le penser – et d'y *réfléchir*. La néoténie a mis irréversiblement l'humanité sur la voie de la liberté mais elle lui impose aussi, pour toujours et sans garantie aucune, d'anticiper sur sa capacité à assumer sa liberté. Le dernier mot, pour autant qu'il y en ait un, revient à Marcel Gauchet :

> Tout ce que demain sera est présentement dans les mains des vivants. Ils ne sauront pas forcément toujours ce qu'ils font ; mais ils ne peuvent et ne pourront ignorer que, quoi qu'il arrive, ce sont eux qui l'auront fait[48].

Bruxelles, mars–novembre 2005

---

48 *Le désenchantement du monde, op. cit.*, p. 278.

Sommaire

© DIAPHANES
Zurich-Berlin-Paris 2023
ISBN 978-2-88928-094-0

www.diaphanes.fr